U0558849

国家社科基金重大项目

英国文学的命运共同体表征与审美研究 文献卷

The Representation and Aesthetics of Community in
English Literature　Literary Criticism

总主编：李维屏 / 主编：查明建 张和龙

共同体

（第三版）

COMMUNITY

（THIRD EDITION）

杰拉德·德兰蒂（Gerard Delanty）著

曾桂娥 译

上海外语教育出版社
SHANGHAI FOREIGN LANGUAGE EDUCATION PRESS

Routledge
Taylor & Francis Group

图书在版编目（CIP）数据

共同体：第三版 /（英）杰拉德·德兰蒂著；曾桂娥译. -- 上海：上海外语教育出版社，2022
（英国文学的命运共同体表征与审美研究 / 李维屏总主编）
ISBN 978-7-5446-7409-6

Ⅰ.①共… Ⅱ.①杰… ②曾… Ⅲ.①共同体-研究
Ⅳ.①D033

中国版本图书馆CIP数据核字（2022）第251289号

图字：09-2021-0187

出版发行：**上海外语教育出版社**
（上海外国语大学内） 邮编：200083
电　　话：021-65425300 (总机)
电子邮箱：bookinfo@sflep.com.cn
网　　址：http://www.sflep.com
责任编辑：苗　杨

印　　刷：上海中华商务联合印刷有限公司
开　　本：890×1240　1/32　印张10.5　字数261千字
版　　次：2023年9月第1版　2023年9月第1次印刷

书　　号：ISBN 978-7-5446-7409-6
定　　价：58.00元

本版图书如有印装质量问题，可向本社调换
质量服务热线：4008-213-263

总论

英国文学典籍浩瀚、源远流长，自盎格鲁-撒克逊时期的开山之作《贝奥武甫》（*Beowulf*, 700-750）问世起，经历了 1 200 余年漫长而丰富的历程。其间，思潮起伏，流派纷呈，文豪辈出，杰作林立。作为世界文学之林中的一大景观，英国文学不仅留下了极为丰富的文学资源，而且也引发了我们的种种思考与探索。近半个世纪以来，我国学者对英国文学的研究取得了长足进步，并不断呈现出专业化和多元化的发展态势。时至今日，中国学者一如既往地以敏锐的目光审视着英国文学的演进，对其文学想象、题材更迭和形式创新方面某些规律性的沿革和与此相关的诸多深层次问题进行深入探索。

值得关注的是，长达千余年的英国文学史折射出一个极为重要的现象：历代英国作家不约而同地将"命运共同体"作为文学想象的重要客体。英国的经典力作大都是作家在不同历史阶段对社会群体和其中个体的境遇和命运的生动写照。许多经典作家在书写人的社会角色、话语权利和精神诉求时体现出强烈的"命运"意识和"共同体"理念。在对英国文学历史做一番哪怕是最粗略的浏览之后，我们不难发现，自开山之作《贝奥武甫》起，英国文学中的命运共同体表征一脉相承，绵亘不绝。例如，杰弗雷·乔叟（Geoffrey Chaucer, 1343－1400）的《坎特伯雷故事集》（*The Canterbury Tales*, 1387－1400）、托马斯·马洛礼（Thomas Malory, 1415－1471）的《亚瑟王之死》（*Le Morte d'Arthur*, 1470）、托马斯·莫尔（Thomas More, 1478－1535）的《乌托邦》（*Utopia*, 1516）、约翰·弥尔顿（John Milton, 1608－1674）的《失乐园》（*Paradise Lost*, 1665）和约翰·班扬（John Bunyan, 1628－1688）的《天路历程》（*The Pilgrim's Progress*, 1678, 1684）等早期经典力作都已不同程度地反映了共同体思想。从某种意义上说，英国文学不仅生动再现了共同体形态和社群结合方式的历史变迁，而且也充分体现了对命运共同体建构与解构的双重特征，因而在本质上是英国意识形态、文化观念和民族身份建构的深度参与者。此外，英国作家对共同体的着力书写也在一定程度上促进了文学批评与审美理论的发展，并引起了人们对共同体机制与悖反的深入思考与探索。显然，英国文学长达千余年的命运共同体表征已经构成了本体论和认识论评价体系。

一、"共同体"概念的形成与理论建构

英语中 community（共同体）一词，源自拉丁文 communis，意为"共同的"。从词源学意义上看，"共同体"概念形成于 2 000 多年前的古希腊时期，其思想的起源是对人类群体生存方式的探讨。早在公元前，古希腊哲学家柏拉图（Plato, 427－347 BC）在其《理想国》（*The Republic*, 约 380 BC）中以对话与故事的形式描绘了人类实现正

义和理想国度的途径，并展示了其心目中"真、善、美"融为一体的幸福城邦。柏拉图明确表示，"当前我认为我们的首要任务乃是铸造出一个幸福国家的模型来，但不是支离破碎地铸造一个为了少数人幸福的国家，而是铸造一个整体的幸福国家"[1]。亚里士多德（Aristotle, 384-322 BC）在其《政治学》（*The Politics*, 约 350 BC）中提出了城邦优先于个人与家庭的观点。他认为，个体往往受到其赖以生存的城邦的影响，并从中获得道德感、归属感和自我存在的价值。"我们确认自然生成的城邦先于个人，就因为个人只是城邦的组成部分，每一个隔离的个人都不足以自给其生活，必须共同集合于城邦这个整体才能让大家满足其需要……城邦以正义为原则。由正义衍生的礼法，可凭此判断人间的是非曲直，正义恰正是树立社会秩序的基础。"[2] 在亚里士多德看来，城邦不仅是人们生存的必要环境，而且在本质上具有塑造人的重要作用，使人懂得正义和礼法。自柏拉图和亚里士多德以降，现代西方多位重要思想家如洛克、卢梭、黑格尔和马克思等也对个体与城邦的关系、城邦内的人际关系以及社会的公道与正义等问题发表过各自的见解，并且不同程度地对人类共同生存的各种模式进行了探讨。

应当指出，现代意义上的共同体思想主要起源于德国社会学家斐迪南·滕尼斯（Ferdinand Tönnies, 1855-1936）的《共同体与社会》（*Gemeinschaft und Gesellschaft*, 1887）一书。滕尼斯在其著作中采用了二元对立的方式，将"共同体"与"社会"作为互相对立的两极加以阐释，认为前者的本质是真实的、有机的生命，而后者则是抽象的、机械的构造。在他看来，"社会的理论构想出一个人的群体，他

1　柏拉图：《理想国》，郭斌和、张竹明译，北京：商务印书馆，1986 年，第 133 页。
2　亚里士多德：《政治学》，吴寿彭译，北京：商务印书馆，2009 年，第 8-10 页。

们像在共同体里一样，以和平的方式相互共处地生活和居住在一起，但是，基本上不是结合在一起，而是基本上分离的。在共同体里，尽管有种种的分离，仍然保持着结合；在社会里，尽管有种种的结合，仍然保持着分离"[1]。他直言不讳地指出，"共同体是持久的和真正的共同生活，社会只不过是一种暂时的和表面的共同生活。因此，共同体本身应该被理解为一种生机勃勃的有机体，而社会应该被理解为一种机械的聚合和人工制品"[2]。值得关注的是，滕尼斯在《共同体与社会》中从三个层面对"共同体"展开论述：一是从社会学层面描述"共同体"与"社会"作为人类结合关系形态的基本特征；二是从心理学层面解释在"共同体"与"社会"两种形态中生存者的心理机制及其成因；三是从法学与政治学层面阐释这两种人类生存的环境所具有的法律与政治基础。此外，滕尼斯从人类社会发展的基本规律出发，将血缘、地缘和精神关系作为研究共同体的对象，分析了家族、氏族、宗族、乡村社团和行会等共同体形式，并指出这些共同体存在的核心物质条件是土地。而在滕尼斯的参照系中，与共同体相对的"社会"则是切断了有机、自然关联的现代市民社会，维系社会的条件不再是自然、有机的土地，而是出于个人利益更大化需求所缔结的社会契约，其标志性符号则是流动的、可交换的货币。在分析共同体与社会两者内部的个体心理差异时，滕尼斯别开生面地使用了"本质意志"与"抉择意志"两个概念，并认为前者源于有机体，是不断生成的，其情感要素从属于心灵整体，而后者则纯粹是人的思维与意志的产物。从滕尼斯对共同体概念的提出与分析中，不难发现共同体理论内部两个重要的问题域：一是共同体或社会群体的结合机制，二是社会形态

1　斐迪南·滕尼斯：《共同体与社会——纯粹社会学的基本概念》，林荣远译，北京：商务印书馆，1999年，第95页。
2　同上，第54页。

的演变、发展与共同体之间的关联。上述两个问题域成为后来共同体研究与理论建构的重要内容。今天看来，《共同体与社会》一书对共同体思想最大的贡献在于系统地提出了自成一体的共同体理论，其二元框架下的共同体概念对现代西方的共同体研究产生了重要影响。显然，滕尼斯提出的共同体概念具有一定的逻辑性和说服力，不仅为日后共同体研究提供了宏观的理论框架，而且也在研究方法上具有重要的参考价值。

19 世纪下半叶，西方共同体理论建构步伐加快，并折射出丰富的政治内涵。对政治共同体的探索因其在社会生活和历史进程中的重要性占据了政治与哲学思考的核心地位。缔结政治共同体所需的多重条件、复杂过程和理论挑战引起了一些西方思想家的兴趣与探索。法国社会学家埃米尔·涂尔干（Émile Durkheim, 1858-1917）的《社会分工论》（De la division du travail social, 1893）便是对共同体思想中"机械团结"与"有机团结"两个问题域的探究，但他与滕尼斯在面对传统与现代社会的态度方面具有明显差异。涂尔干采用"机械团结"和"有机团结"两个名称来解释不同社会结构中群体联系的发生方式。他认为"机械团结"产生于不发达的传统社会结构之中，如古代社会和农村社会。由于传统社会规模小、人口少，其中的个体在宗教观念、价值观念、生产生活方式和情感意识等核心问题上具有高度的一致性。虽然机械团结占主导地位的社会往往具有强烈的集体意识，并且能产生强大的社会约束力，但其中的个体意识主要被集体意识所吸纳。相较之下，"有机团结"产生于较为发达的现代社会，人口数量与密度的大幅提升导致生存竞争不断加剧，迫使个体需要拥有更为专业化的竞争技能和手段以赢取竞争机会。在此过程中，人际关系和社会分工变得更加错综复杂。在专业化程度不断提升的过程中，个体逐渐失去独自在发达社会中应对生存环境的能力，于是对社会的依赖程度反而提升。涂尔干对共同体思想的主要贡献在于他以带有历史纵深和现代关怀的客观视角分析了个人与社会结合所产生的诸多问题。如果说滕尼斯的"共同体"与"社会"二元框架具有整体论的特点，那么涂尔干的社会分工论则强调个体在整体和社会中的角色与功能。

此外，德国社会学家马克斯·韦伯（Max Weber, 1864–1920）也对政治共同体理论进行了有益的探索。他在《经济与社会》（*Wirtschaft und Gesellschaft*, 1922）一书中指出，政治共同体的社会行动之目的在于通过包括武力在内的强制力量，使人服从并参与有序统治的"领土"之中的群体行为。显然，韦伯探讨的是政治共同体运行的必要条件，即领土、强制约束力以及与经济相关的社会行为，其特点是从经济史视角出发，指出政治共同体离不开"领土"的经济支撑，而基于"领土"的税收与分配制度则构成了政治共同体必不可少的经济基础。就总体而言，韦伯阐述了实体或类实体政治共同体的经济基础与运行机制，但并未深入探究构建政治共同体的诸多理论问题及其在实践中突破的可能性。

值得关注的是，卡尔·马克思（Karl Marx, 1818–1883）对人类的政治共同体构想具有革命性的突破。尽管马克思的理论体系中并没有关于共同体的系统表述，但他的共同体思想贯穿于他对社会、政治、经济和文化等一系列问题的论述之中。马克思在引入阶级意识的同时，建构了一种具有未来向度的政治共同体形式。如果说强调民族意识的共同体思想认为人与人之间的联系纽带是建立在共同生存的空间之上的民族意识与精神情感，那么，在1848年欧洲革命的大背景下，马克思批判性地思考了此前法国大革命所留下的政治智慧和哲学资源，对社会结构的演变与人类结合方式进行了深刻思考与深入探索，指出阶级意识和共同发展理念是促使人类结合相处的强大而又根本的联系纽带。马克思将人的阶级意识、经济地位以及是否从事劳动视为明显的身份标记，从而为无产阶级政治共同体的建构提供了重要的理论依据。马克思先后提出了"自然的""虚幻的""抽象的"和"真正的"共同体的概念，并对人在不同共同体中的地位、权利和发展机会做了深刻的阐释。他认为，只有"真正的"共同体才能为人提供真正自由的发展空间，才是真正理想的、美好的生存环境。"只有在共同体中，个人才能获得全面发展其才能的手段，也就是说，只有在共同体中才可能有个人自由。在过去的种种冒充的共同体中，如在国家等中，个人自由只是对那些在统治阶级范围内发展的个人来说是存在的，他们之所以有个人自由，只是因为他们是这一阶级的个人。从前各个人联合而成的虚假的共同体，总是相对于各个人而独立的；这种共同体是一个阶级反对另一个阶级的联合，因此对于被统治的阶级来说，它不仅是完全虚幻的共同体，而且是新的桎梏。在真正的共同体的条件下，各个人在自己的联合中并通过这种联合获得自己的自由。"[1] 显然，马克思的共同体思想体现了深刻的政治内涵和伟大思想家的远见卓识，对我们深入研究文学中命运共同体的性质与特征具有重要的参考价值。

20 世纪上半叶，国外学界的共同体理论建构呈现出进一步繁衍与多元发展的态势，相关研究成果纷纷出现在哲学、政治学和社会学领域，其中对共同体思想的理论研究最为突出。社会学视阈下的共同体研究突出了其研究方法在考察城市、乡村和社区等社群结集的优势，着重探讨区域基础上组织起来的共同体及其聚合方式。其中，以美国的芝加哥学派在城市共同体方面的研究最具代表性。其研究方法秉承实证研究的传统，利用美国成熟且多样化的城市环境，对城市社

---

1 马克思、恩格斯：《德意志意识形态》（节选本），中共中央马克思恩格斯列宁斯大林著作编译局编译，北京：人民出版社，2018 年，第 65 页。

区中的家庭、人口、种族、贫民窟等问题展开调查分析，产生了一批带有都市社会学特色的研究成果。例如，威廉·I. 托马斯（William I. Thomas, 1863-1947）和弗洛里安·兹纳涅茨基（Florian Znaniecki, 1882-1958）的《身处欧美的波兰农民》（*The Polish Peasant in Europe and America*, 1918-1920）研究了 19 世纪末至 20 世纪初移居欧美各国的波兰农民群体；罗伯特·E. 帕克（Robert E. Park, 1864-1944）的《城市——有关城市环境中人类行为研究的建议》（*The City: Suggestions for the Study of Human Nature in the Urban Environment*, 1925）将城市视为一个生态系统，并使用生态学方法研究城市内的共同体问题；哈维·沃伦·佐尔博（Harvey Warren Zorbaugh, 1896-1965）的《黄金海岸与贫民窟》（*The Gold Coast and the Slum*, 1929）关注城市内部造成社会与地理区隔的原因和影响。总体而言，芝加哥学派的城市共同体研究关注城市内部的人文区位，研究其中的种族、文化、宗教、劳工、社会和家庭等问题，该学派擅长的生活研究法和精细个案研究是经验社会学方法，为共同体的细部问题研究提供了大量的史料文献，其主要不足在于扁平化的研究范式以及在共同体的理论探索方面表现出的形式主义倾向。

20 世纪下半叶，人类学和政治学视阈下的共同体研究进一步凸显了文化与身份认同在共同体中的作用。当代英国社会学家安东尼·保罗·科恩（Anthony Paul Cohen, 1946- ）的《共同体的象征性建构》（*The Symbolic Construction of Community*, 1985）一书认为共同体并不是一种社会实践，而是某种象征性的结构。这一观点与此前社会学家的研究具有很大差异，在一定程度上摒弃了空间在共同体中的重要性，将关注的焦点从空间内的社会交往模式转向了作为意义和身份的共同体标志。本尼迪克特·安德森（Benedict Anderson, 1936-2015）的《想象的共同体》（*Imagined Communities*, 1983）探讨了国族身份认同的问题，将共同体视为一种想象性的虚构产物，试图证明共同体是由认知方式及象征结构所形塑的，而不是由具体的生活空间和直接的社会交往模式所决定的。这类观点呈现出 20 世纪下半叶共同体研究的文化转向，事实上，这一转向本身就是对人类社会在 20 世纪下半叶所发生的变化，尤其是全球化的一种反映。值得一提的是，近半个世纪以来，一些西方社会学家对资本主义制度能否产生有效的共同体并未达成共识。例如，让-吕克·南希（Jean-Luc Nancy, 1940－2021）和莫里斯·布朗肖（Maurice Blanchot, 1907－2003）两位法国哲学家分别在《不运作的共同体》（*La Communauté désœuvrée*, 1986）和《不可言明的共同体》（*La Communauté inavouable*, 1983）中强调了人的自由与"独体"概念，不仅在理论上对共同体进行解构，而且否定人类深度交流与合作的可能性。南希认为，"现代世界最重大、最痛苦的见证……就是对共同体（又译共通体，communauté）的分裂、错位或动荡的见证"[1]。自 20 世纪 80 年代起，不少主张"社群主义"（Communitarianism）的人士在与自由主义的抗辩中进一步探讨了共同体的内涵、功能和价值。他们全然反对自由主义价值观念，认为自由主义在本质上忽略了社群意识对个人身份认同和文化共同体构建的重要性。总之，近半个世纪以来，国外哲学、政治学和社会学界对共同体众说纷纭，学术观点层出不穷，尽管分歧较大，但具有一定的理论建构意义和参考价值。

概括说来，自滕尼斯于 19 世纪下半叶开始对共同体问题展开深入探讨以来，近一个半世纪的共同体观念演变与理论建构凸显了其内涵中的三个重要方面。一是共同体的空间特征与区域特征。无论在历

1　让-吕克·南希：《无用的共通体》，郭建玲、张建华、夏可君译，郑州：河南大学出版社，2015 年，第 1 页。（该著作在本丛书中统一译为《不运作的共同体》。）

史纵轴上的社会形态发生何种变化，或者在空间横轴上的共同体范畴是小至村落还是大到国家，基于地域关联而形成的互相合作的共同体是其研究中不可忽视的重要主题。二是个体在共同体中的归属感与身份认同。如果说共同体的空间特征与区域特征研究的是共同体的客观物质环境以及存在于其中的权力组织、社会网络和功能性结构，那么归属感与身份认同研究的是共同体内个体的心理状况以及自我与他者关系这一永恒的哲学命题。三是伴随着经济社会的发展与变化，共同体的性质与特征随之产生的相应变化。从 19 世纪至今的共同体研究几乎都将共同体问题置于特定的时间背景之下进行剖析，这就意味着共同体研究具有历史意义和实践价值。尤其是面对高度分化的现代社会，如何挖掘共同体内个体的整合模式是未来的共同体研究需要解决的问题。如果说，100 多年来西方思想家对共同体的探讨和理论建构已经涉及共同体问题的诸多核心层面，那么，在当今学科分类日益精细、研究方法逐渐增多的大背景之下，不同学科与领域的共同体研究开始呈现出不断繁衍、分化和互涉的发展态势。

应当指出，近半个世纪以来，命运共同体在西方文学批评界同时引起了马克思主义文学批评家和解构主义批评家的高度关注。作为历史最久、书写最多的文学题材之一，共同体备受文学批评界的重视无疑在情理之中。英国马克思主义文学理论家雷蒙德·威廉斯（Raymond Williams, 1921–1988）在其《漫长的革命》（*The Long Revolution*, 1961）一书中对社会、阶级和共同体的性质与特征做了深刻阐述。他认为工人阶级是处于社会底层的贫困群体，"在许多人看来，工人阶级的名称仅仅是对贫穷的记忆"[1]。威廉斯明确指出，很多

1　Williams, Raymond. *The Long Revolution*. Beijing: Foreign Language Teaching and Research Press, 2019, p.381.

人并未真正理解共同体的性质，"如果我们不能采取现实主义的态度看待共同体，我们真实的生活水平将继续被扭曲"[1]。而法国著名解构主义批评家雅克·德里达（Jacques Derrida, 1930-2004）则认为，"共同体若要生存就必须培育其自身免疫性（autoimmunity），即一种甘愿破坏自我保护原则的自我毁灭机制"[2]。值得注意的是，威廉斯和德里达这两位在当代西方文学批评界举足轻重的学者对待共同体的态度存在明显差异，前者倡导"无阶级共同体"（classless community）的和谐共存，而后者则认为"每个共同体中都存在一种他称之为'自身免疫性'的自杀倾向"[3]。显然，20世纪下半叶西方批评家们对共同体态度的分歧正在不断加大。正如美国著名批评家 J. 希利斯·米勒（J. Hillis Miller, 1928-2021）所说，"这些概念互相矛盾，他们无法综合或调和"[4]。从某种意义上说，现代共同体思想在西方文学批评界的分化与20世纪西方社会动荡不安和现代主义及后现代主义文学对共同体的怀疑和解构密切相关。

综上所述，100多年来，共同体研究在理论建构方面取得了长足的发展，为当今的文学批评提供了重要的理论依据和研究思路。毋庸置疑，对文学的命运共同体表征与审美展开深入系统的研究是对历史上共同体理论建构的补充与拓展。以中国学者的视角全面考察和深刻阐释英国文学的命运共同体表征与审美接受不仅具有实践意义和学术价值，而且在理论上也必然存在较大的创造空间。

1　Williams, Raymond. *The Long Revolution*. Beijing: Foreign Language Teaching and Research Press, 2019, p.343.

2　Qtd. Derrida, Jacques. *Communities in Fiction*. J. Hillis Miller. Beijing: Foreign Language Teaching and Research Press, 2019, p.17.

3　Ibid.

4　Miller, J. Hillis. *Communities in Fiction*. Beijing: Foreign Language Teaching and Research Press, 2019, p.17.

二、英国的共同体思想与文学想象

英国长达千余年的文学历史表明，共同体思想与文学想象如影随形，密切相关。如果说英国文学充分反映了社会主体的境遇和命运，那么其丰富的文学想象始终受到历代共同体思想的影响。值得关注的是，英国作家对共同体的想象与探索几乎贯穿其社会与文学发展的全过程。早在公元前，当英伦三岛尚处于氏族社会阶段时，凯尔特族人由于血缘、土地、生产和宗教等因素生活在相互割据的部落或城邦之中。这种早期在恶劣环境中生存的氏族部落在一定程度上反映出人们互相依赖、合力生存的群体意识。雷蒙德·威廉斯认为，这种建立在血缘、家族、土地和精神关系上的"共同体相对较小，并具有一种直接感和地缘感"[1]。这便是英国共同体思想的源头。公元前 55 年，罗马人在尤利乌斯·恺撒（Julius Caesar, 100-44 BC）的率领下开始入侵不列颠，并于公元 43 年征服凯尔特人，这种原始的共同体意识也随之发展。在罗马人长达五个世纪的统治期间，不列颠人纷纷建要塞、修堡垒、筑道路、围城墙，以防异域族群和凶猛野兽的攻击，从而进一步确立了"抱团驱寒"的必要性，其实质是马克思所说的人类早期在劳动谋生过程中形成的"自然共同体"。公元 5 世纪中叶，居住在丹麦西部和德国西北部的盎格鲁-撒克逊人入侵不列颠，并最终成为新的统治者。从此，英国开启了历史上最早以盎格鲁-撒克逊氏族社会与文化为基础的古英语文学时代。

英国"共同体"思想在盎格鲁-撒克逊时期的社会分隔与治理

---

1 Qtd. Williams, Raymond. *Communities in Fiction*. J. Hillis Miller. Beijing: Foreign Language Teaching and Research Press, 2019, p.1.

中得到了进一步发展。在盎格鲁－撒克逊人的统治下，不列颠的大片土地上出现了许多大小不一的氏族部落。异邦的骚扰和侵犯不仅使部落族群常年处于焦虑和紧张气氛之中，而且还不时引发氏族部落之间的征战和倾轧。无休止的相互威胁和弱肉强食成为盎格鲁－撒克逊时期的氏族共同体挥之不去的噩梦，使其长期笼罩在命运危机的阴影之中。盎格鲁－撒克逊时期数百年的冲突轮回最终产生了七个军事实力较强、领土面积较大的王国，其中位于北方的诺森伯兰和南方的威塞克斯在政治、经济和文化方面最为发达，后者的繁荣与发展在很大程度上归功于其国王阿尔弗雷德大帝（Alfred the Great, 849-899）。经过联合、吞并和重建之后，不列颠剩下的这些部落和王国成为建立在文化、方言、习俗和生产关系之上的"氏族共同体"（tribal community），其结合机制、生产方式和价值观念与此前罗马人统治的"自然共同体"不尽相同。引人瞩目的是，自罗马人入侵到阿尔弗雷德大帝登基长达近千年的历史中，英国始终处于混乱无序、动荡不安之中。持续不断的异国入侵和部落冲突几乎贯穿了英国早期历史的全过程，从而强化了不列颠人的"命运危机"意识和加盟"共同体"的欲望。雷蒙德·威廉斯认为，历史上各类"共同体"大都具有"一种共同的身份与特征，一些相互交织的直接关系"[1]。从某种意义上说，盎格鲁－撒克逊时期的"氏族共同体"依然体现了个人需要联合他人，以集体的力量来弥补独立生存与自卫能力不足的社会特征。应当指出，作为人们互相依赖、合作谋生的社会组织，盎格鲁－撒克逊时期的"氏族共同体"在政治制度、生产方式和社会管理方面都比罗马人统治时期的部落城邦更加先进，并在一定程度上体现了人的社会

1　Qtd. Williams, Raymond. *Communities in Fiction*. J. Hillis Miller. Beijing: Foreign Language Teaching and Research Press, 2019, p.1.

性与阶级性特征。更重要的是，虽然盎格鲁－撒克逊人生活在诸多分散独立的氏族部落中，但他们似乎拥有某些共同的价值观念。除了具有相同的习俗和生产方式，他们似乎都向往大自然，崇拜英雄人物，赞美武士的勇敢和牺牲精神。由于盎格鲁－撒克逊时期的共同体人口有限、规模不大，其中的个体在宗教思想、价值观念、生产方式和精神诉求方面体现了威廉斯所说的"共同的身份与特征"。显然，部落族群的共同身份与共情能力为古英语诗歌的诞生奠定了重要基础。

在盎格鲁－撒克逊时期留下的文学遗产中，最重要、最有价值的无疑是英国文学的开山之作——《贝奥武甫》。这部令英国人引以为豪的民族史诗以古代氏族共同体为文学想象的客体，通过描写主人公为捍卫部落族群的生命财产奋力抵抗超自然恶魔的英勇事迹，深刻反映了古代族群的共同体理念，不仅为英国文学的命运共同体表征开了先河，也为历代英国作家提供了一个绵亘不绝的创作题材。"这部史诗的统领性主题是'共同体'，包括它的性质、偶然的解体和维系它的必要条件。"[1] 不仅如此，以现代目光来看，这部史诗的价值与其说在于成功描写了一个惊险离奇的神话故事和令人崇敬的英雄人物，倒不如说在于反映了氏族共同体的时代困境与顽瘴痼疾：旷日持久的冲突轮回和命运危机。"这部史诗中的一个核心主题是社会秩序所遭受的威胁，包括侵犯、复仇和战争，这些都是这种英雄社会固有的且不可避免的问题，却严重地威胁着社会的生存。"[2] 如果说，《贝奥武甫》生动反映了盎格鲁－撒克逊时期氏族共同体的衰亡，那么，作为人类集结相处、合力生存的场域，命运共同体从此便成为英国作家文学想象的重要题材。

1　Williamson, Craig. *Beowulf and Other Old English Poems*. Philadelphia: University of Pennsylvania Press, 2011, p.29.
2　Ibid., p.28.

在英国历史上,"诺曼征服"(Norman Conquest, 1066)标志着盎格鲁-撒克逊时代的终结和氏族共同体的衰亡,同时也引发了中世纪英国社会与文化的深刻变迁。"诺曼征服"不但开启了英国的封建时代,而且形成了新的社会制度、生产关系和意识形态,并进一步加剧了阶级矛盾和社会分裂。在近 500 年的中世纪封建体制中,英国社会逐渐划分出贵族、僧侣、骑士和平民等主要阶层,每个社会阶层都有一定的诉求,并企图维护各自的利益。封建贵族为了巩固自身的权力和统治地位,纷纷建立各自的武装和堡垒,外防侵略,内防动乱,经常为争权夺利而与异邦发生征战。构成中世纪英国封建社会统治阶级的另一股势力是各级教会。以大主教和主教为首的僧侣阶层不仅拥有大量的土地和财产,而且还得到了罗马教皇的大力支持,在法律和意识形态等重大问题上具有绝对的话语权。作为社会第三股势力的骑士阶层是一个虽依附贵族与教会却惯于我行我素的侠义群体。他们是封建制度的产物,崇尚道义、精通武术、行侠仗义,热衷于追求个人的荣誉和尊严。而处于社会最底层的是占人口绝大多数的被压迫和被剥削的平民阶层(包括相当数量的农奴)。因难以维持生计,平民百姓对统治阶级强烈不满,经常聚众反抗。始于 1337 年的英法百年战争和肆虐于 1349-1350 年的黑死病更是令平民百姓不堪其苦,从而引发了 1381 年以瓦特·泰勒(Wat Tyler, 1341-1381)为首领的大规模农民起义。总体而言,中世纪英国社会的主要特征表现为由封建主和大主教组成的统治阶级与广大平民阶级之间的矛盾。在新的历史条件下,英国人的共同体意识得到了进一步强化。封建贵族、教会僧侣、游侠骑士和劳苦大众似乎都出于维护自身利益的需要在思想上归属于各自的阶级,抱团取暖,互相协作,从而使英国社会呈现出地位悬殊、权利迥异、贫富不均和观念冲突的多元共同体结构。

　　"诺曼征服"导致的英国社群格局的蜕变对共同体思想的分化和文学创作的发展产生了直接的影响。从某种意义上说，"诺曼征服"这一事件本身并不重要，重要的是它为英国此后两三百年的意识形态、文化生活、文学创作和民族身份建构所带来的一系列变化。如果说此前异邦的多次入侵加剧了英伦三岛的战乱与割据，那么，"诺曼征服"不仅结束了英国反复遭受侵略的局面，逐步形成了由贵族、僧侣、骑士和平民构成的四大社会阶层，而且也为这片国土带来了法国习俗和欧洲文化，并使其逐渐成为欧洲文明的一部分。引人注目的是，当时英伦三岛的语言分隔对共同体思想的分化产生了显著的影响。在诺曼贵族的庄园、宫廷、法院和学校中，人们基本使用法语，教会牧师更多地使用拉丁语，而广大平民百姓则使用本土英语。三种语言并存的现象不仅加剧了社会分裂，而且不可避免地筑起了社会与文化壁垒，并导致英国各阶层共同体思想的进一步分化。当然，长达两百年之久的语言分隔现象也为文学的创作、翻译和传播提供了千载难逢的机遇。

　　在中世纪英国文学的发展过程中，社会各阶层的共同体思想分别在罗曼司（romance）、宗教文学（religious literature）和民间文学（folk literature）中得到了一定的反映。"中世纪英语文学以多种声音表达，并采用不同风格、语气和样式描写了广泛的题材"[1]，与此同时，中世纪法国文学、意大利文学以及欧洲其他国家的文学也相继在英国传播，尤其是但丁·阿利吉耶里（Dante Alighieri, 1265－1321）、弗兰齐斯科·彼特拉克（Francesco Petrarch, 1304－1374）和乔万尼·薄伽丘（Giovanni Boccaccio, 1313－1375）三位意大利人文主义作家的作品对

1　Abrams, M. H. *The Norton Anthology of English Literature*. Fourth edition. Vol. 1. New York: W. W. Norton & Company, 1979, pp.6－7.

中世纪英国文学中的人文主义和共同体思想的表征产生了积极的影响。

　　值得关注的是，罗曼司在反映中世纪骑士共同体方面发挥了难以替代的作用。作为以描写游侠骑士的传奇经历为主的文学体裁，罗曼司无疑是封建制度和骑士文化的产物。作品中的骑士大都出自贵族阶层，他们崇尚骑士精神（chivalry），即一种无条件地服从勇敢、荣誉、尊严、忠君和护教等信条的道德原则。骑士像贵族一样，属于中世纪英国封建社会中利益相关且拥有共同情感的上流社会群体。与盎格鲁-撒克逊时期的英雄史诗《贝奥武甫》不同的是，罗曼司中的主人公不再为民族或部落族群的利益赴汤蹈火，而是用所谓的"爱"和武器来捍卫封建制度和个人荣誉，并以此体现自身的美德和尊严。应当指出，中世纪罗曼司所反映的骑士群体既是英国历史上的"过客"，也是封建制度产生的"怪胎"，其社会角色在本质上只能算是统治阶级的附庸。事实上，罗曼司所描写的浪漫故事与传奇经历并不是骑士生活的真实写照，而是对英国骑士共同体的一种理想化虚构。

　　在描写骑士共同体的罗曼司中，马洛礼的散文体小说《亚瑟王之死》无疑是最具代表性和影响力的作品。《亚瑟王之死》生动塑造了英国小说的第一代人物，并开了小说中共同体书写的先河。这部作品以挽歌的情调描述了封建制度全面衰落之际骑士共同体的道德困境。整部作品在围绕亚瑟王的传奇经历、丰功伟绩和最终死亡展开叙述的同时，详尽描述了亚瑟王与以"圆桌"为象征的骑士共同体中其他成员之间的复杂关系和情感纠葛。骑士共同体中的兰斯洛特、特里斯川、高文、加兰德、帕斯威尔和佳瑞斯等人的形象与性格也描写得栩栩如生，他们的冒险、偷情和决斗等传奇经历给读者留下了深刻印象。书中既有共同体成员之间的争风吃醋和残酷杀戮的场面，也有男女之间花前月下的绵绵情意。在诗歌一枝独秀的时代，马洛礼别开生面地采用散文体来塑造封建骑士形象，获得了良好的艺术效果。应当指出，作者笔下的人物属于一个由少数游侠骑士组成的共同体。他们崇尚的行为准则和生活方式使其成为中世纪英国社会的"另类"，与普通百姓没有丝毫关系。显然，骑士共同体既是英国封建制度的代表，也是中世纪骑士文化的象征，对封建时代的上流社会具有明显的美化作用。然而，《亚瑟王之死》虽然试图歌颂骑士精神，却在字里行间暴露出诸多传奇人物的行为与骑士精神不相符合的事实。在作品中，人物原本以"忠君"或"护教"为宗旨，后来却滥杀无辜；原本主张保护女士，后来却因与他人争风吃醋而进行决斗；原本看似正直，后来却荒淫无度。此类例子可谓不胜枚举，其中不乏讽刺意义。显然，《亚瑟王之死》深刻揭示了中世纪英国骑士共同体的性质与特征，对当代读者全面了解英国历史上这一特殊社会群体具有参考价值。

　　同时，中世纪英国宗教文学也在社会中广为流传，为宗教共同体的形成与发展起到了推波助澜的作用。在"诺曼征服"之后的三四百年中，在地方教会和僧侣的鼓动与支持下，用法语、英语和拉丁语撰写的宗教文学作品大量出现，源源不断地进入人们的日常生活。这些作品基本摆脱了盎格鲁－撒克逊时期宗教诗歌中的多神教成分、英雄事迹和冒险题材，而是沦为教会和僧侣用以灌输宗教思想、宣扬原罪意识和禁欲主义以及教诲劝善的工具。中世纪英国的宗教文学作品种类繁多，包括神话故事、圣人传记、道德寓言、说教作品、布道、忏悔书和牧师手稿等。宗教文学在很大程度上强化了人们的赎罪意识和向往天堂的心理，助长了基督徒精神上的归属感。从某种意义上说，中世纪英国宗教文学不仅有助于巩固教会与僧侣的权威、传播基督教正统教义，而且也是各地教区大小宗教共同体（religious communities）形成与发展的催化剂。以现代目光来看，中世纪绝大多数宗教作品并无多少文学价值可言，只有《论赎罪》（*Handlyng*

Synne, 1303–1338?)、《良心的责备》(Pricke of Conscience, 1340?) 和
《珍珠》(Pearl, 1370?) 等少数几部作品保留了下来。应当指出，虽
然有组织或自发形成的各类宗教共同体唤起了人们创作和阅读宗教文
学的兴趣，但中世纪英国文学的整体发展却受到了极大的限制，以
至于批评界往往将英国文学的这段历史称为 "停滞时代"(the age of
arrest)[1]。由于人们的创作和阅读空间被铺天盖地的宗教作品所占据，
英国其他文学品种的创作水平与传播范围受到限制。"读者会感受到
这种停滞现象，15 世纪创作的罗曼司和 13 世纪的几乎毫无区别，两
者往往分享类似的情节。"[2] 就此而言，中世纪宗教文学虽然在劝导教
徒弃恶从善和激发他们的精神归属感方面起到了一定的作用，但明
显缺乏原创性和美学价值。"中古英语缺乏原创性的部分原因是许多
宗教和非宗教作家试图在其作品中反映中世纪基督教教义的僵化原
则。"[3] 显然，中世纪宗教文学虽然在建构思想保守、观念僵化的基督
教共同体过程中发挥了一定作用，但也在一定程度上影响了英国文学
的创新发展。

乔叟的《坎特伯雷故事集》是中世纪英国文学的丰碑和宗教共同
体书写最成功的案例。在这部故事集中，作者生动塑造了中世纪英
国社会各阶层的人物形象，并巧妙地将形形色色的朝圣者描写成同时
代的一个宗教共同体，充分反映了 14 世纪英法战争、黑死病和农民
起义背景下的宗教气息和英国教徒的精神诉求。这部诗体故事集不仅
展示了极为广阔的社会画卷，而且深刻揭示了英国封建社会宗教共同
体的基本特征。在诗歌中出现的包括乔叟本人在内的 31 位前往坎特

1　Long, William J. *English Literature*. Boston: Ginn & Company, 1919, p.97.
2　Abrams, M. H. *The Norton Anthology of English Literature*. Fourth edition. Vol. 1.
New York: W. W. Norton & Company, 1979, pp.7–8.
3　Ibid., p.7.

伯雷的朝圣者几乎代表了中世纪英国社会的所有阶层和职业，包括武士、乡绅、修女、牧师、商人、学者、律师、医生、水手、木匠、管家、磨坊主、自由农、手工业者、法庭差役和酒店老板等。《坎特伯雷故事集》在展示朝圣者的欢声笑语和打情骂俏情景的同时，反映了中世纪英国教会的腐败和堕落，并不时对共同体中某些神职人员的贪婪和荒淫予以鞭挞和讽刺。概括地说，《坎特伯雷故事集》在描写宗教共同体方面体现了两个显著的特征。一是人物形象的多样性。此前，英国文学作品中从未出现过如此丰富多彩的人物形象。高低贵贱、文武雅俗的人一起涌入作品，而且人人都讲故事，这无疑充分展示了中世纪英国宗教共同体形态的多元特征。二是人物形象的现实性。乔叟笔下的宗教共同体成员来自社会各个阶层，在现实生活中扮演着各自的角色。这些具有现实主义色彩的人物形象既是乔叟熟悉的，也是读者喜闻乐见的。这些形形色色的人物是中世纪英国社会的缩影，他们所讲的故事是现实生活的真实写照。总之，作为中世纪英国宗教文学的杰出范例，《坎特伯雷故事集》不仅生动描写了当时英国的宗教氛围和教徒的心理世界，而且反映了宗教共同体的结集形式与精神面貌，向读者展示了与罗曼司迥然不同的文学视角和社会场域。

此外，以社会底层尤其是被压迫农民为主的平民共同体也在中世纪英国文学中得到了一定的反映。普通大众的日常生活和精神诉求往往成为民谣和民间抒情诗等通俗文学作品的重要题材。从某种意义上说，英国平民共同体的发展与 14 世纪下半叶的社会动荡密切相关。日趋沉重的封建压迫、百年英法战争和肆虐横行的黑死病导致民不聊生，社会矛盾激化，从而引发了以瓦特·泰勒为首的大规模农民起义。在英国各地农民起义的影响下，平民共同体的队伍持续壮大，从而形成了英国历史上同感共情、人数最多的平民共同体。抗议封建压迫、反对残酷剥削和争取自由平等的思想情绪在当时的民谣、抒情诗和讽刺诗等通俗文学作品中得到了充分的展示。在反映平民共同体心声的作品中，有些已经步入了经典行列，其中包括约翰·高尔（John Gower, 1330?–1408）的《呼号者之声》（*Vox Clamantis*, 1382?）和民间诗人创作的《罗宾汉民谣集》（*The Ballads of Robin Hood*, 1495?）等作品。前者体现了贵族诗人高尔对农民起义军奋勇反抗封建统治的复杂态度，而后者则是匿名诗人根据历史事件采用简朴语体写成的歌谣，表达了普通百姓对农民起义的同情与支持。在反映中世纪平民共同体的生存状态和普通人的心声方面最成功的作品莫过于威廉·兰格伦（William Langland, 1332?–1400?）的《农夫皮尔斯》（*The Vision of Piers Plowman*, 1360?）。尽管这部作品因包含了说教成分而具有明显的历史局限性，但它抨击奢靡浪费和腐化堕落的行为，并倡导上帝面前人人平等和勤奋劳动最为高尚等理念，对英国中世纪以降的平民百姓具有一定的启迪作用。从某种意义上说，主人公皮尔斯既是真理的化身，也是平民共同体的代言人。由于平民共同体构成了中世纪英国通俗文学的主要读者群体，民歌、民谣和抒情诗的社会影响力也随之得到了提升。

英国文学的命运共同体表征在文艺复兴运动的催化下发生了深刻的变化。当欧洲人文主义思潮席卷英伦三岛时，各社会阶层和群体都不同程度地经受了一次思想与文化洗礼。毋庸置疑，文艺复兴是引导英国走出漫长黑暗中世纪时代的思想运动和文化变革，同时对人文主义共同体和新兴资产阶级共同体的形成起到了推波助澜的作用。随着新兴资产阶级社会地位的不断提升，绝对君主作为共同体中心的思想受到了挑战。在新的社会经济格局中，英国市民阶层逐渐形成了新的共同体伦理观念，人性中的真、善、美作为共同体道德原则的理念基本确立。应当指出，英国文学在文艺复兴时期空前繁荣在很大程度上得益于共同体思想的激励。在文艺复兴时期的共同体中，对文学想象影响最大的当属人文主义共同体。人文主义者不仅否认以"神"为中心的理念，反对封建主义、蒙昧主义和苦行禁欲思想，而且弘扬以"人"为本的世界观，充分肯定个人追求自由、财富、爱情和幸福等权利，并积极倡导个性解放和人的全面发展。威廉·莎士比亚（William Shakespeare, 1564–1616）、莫尔、汤姆斯·魏阿特（Thomas Wyatt, 1503–1542）、埃德蒙·斯宾塞（Edmund Spenser, 1552–1599）、菲利普·锡德尼（Philip Sidney, 1554–1586）和弗兰西斯·培根（Francis Bacon, 1561–1626）等人文主义作家以复兴辉煌的古希腊罗马文化为契机，采取现实主义视角观察世界，采用民族语言描写了广阔的社会图景和浓郁的生活气息。他们的作品代表了英国文艺复兴时期辉煌灿烂的文学成就，成为人文主义思想的重要载体。

英国文艺复兴时期的人文主义作家在作品中全面书写了人性的真谛，呼吁传统伦理价值与道德观念的回归，颂扬博爱精神，充分反映了人们对理想世界和美好生活的向往。显然，人文主义者的这种文学想象对促进人类社会进步具有积极作用。在莎士比亚等人的戏剧与诗歌中，对友谊、爱情、平等、自由等公认价值的肯定以及对美好未来的追求不仅体现了人文主义共同体的基本理念，而且成为日后作家大都认同和弘扬的主题思想。莎士比亚无疑是文艺复兴时期共同体表征的先行者。他在《威尼斯商人》（*The Merchant of Venice*, 1596）、《亨利四世》（*Henry IV*, 1598）、《终成眷属》（*All's Well That Ends Well*, 1602）、《李尔王》（*King Lear*, 1605）、《安东尼与克莉奥佩特拉》（*Antony and Cleopatra*, 1606）以及《科里奥兰纳斯》（*Coriolanus*, 1607）等一系列历史剧、喜剧和悲剧中不同程度地反映了共同体理念，并且生动地塑造了"王族共同体"（the community of royal families）、"封建勋爵共同体"（the community of feudal lords）、"贵族夫人共同体"（the community of aristocratic ladies）、"小丑弄人共同体"（the community of fools and clowns）和以福斯塔夫（Falstaff）为代表的"流氓无赖共同体"（the community of scoundrels）等舞台形象。如果说，莎士比亚加盟的"环球剧场"（Globe Theatre）的盛极一时和各种人文主义戏剧的轮番上演有助于共同体思想的传播，那么莫尔的《乌托邦》则是文艺复兴时期人文主义作家对未来命运共同体最具吸引力的美学再现。"《乌托邦》是莫尔对当时的社会问题认真思考的结果……其思想的核心是关于财产共同体的观念。他从柏拉图和僧侣规则中找到了先例，只要还存在私有财产，就不可能进行彻底的社会改良。"[1] 从某种意义上说，文艺复兴时期的人文主义作家在生动描写错综复杂且不断变化的现实世界的同时，对命运共同体给予了充分的审美观照和丰富的文学想象。

英国文艺复兴时期另一个重要的社会群体是新兴资产阶级共同体。如果说人文主义是英国工业革命前夕资产阶级上升时期反封建、反教会的思想武器，那么新兴资产阶级就是人文主义的捍卫者和践行者。16 世纪英国宗教改革期间顽强崛起的新兴资产阶级共同体对社会发展做出了积极贡献，其思想和行动在当时具有一定的进步意义。以城市商人、店主、工厂主和手工业者为代表的新兴资产阶级在与教会展开斗争的同时，在政治和经济上支持都铎王朝，不断壮大其队伍和力量。"支持都铎王朝并从中受惠的'新人'（the new men）比15 世纪贵族家庭的生存者们更容易适应变化了的社会。"[2] 生活在英国封建社会全面解体之际的新兴资产阶级共同体崇尚勤奋工作、发家致富的理念，旨在通过资本的原始积累逐渐发展事业，提升其经济实力和政治地位，并扩大其社会影响。这无疑构成了新兴资产阶级共同体

1　Abrams, M. H. *The Norton Anthology of English Literature*. Fourth edition. Vol. 1. New York: W. W. Norton & Company, 1979, p.436.

2　Ibid., p.418.

思想的基本特征。在反映新兴资产阶级共同体的价值观念和社会作用方面，英国早期现实主义小说家们可谓功不可没。他们致力于描写当时的社会现实，将创作视线集中在以商人、工厂主和手工业者为代表的新兴资产阶级身上，其别具一格的现实主义小说题材与人物形象颠覆了传统诗人和罗曼司作家的文学想象和创作题材，在同时代的读者中引起了很大的反响。在反映新兴资产阶级共同体的作家中，最具代表性的当属托马斯·迪罗尼（Thomas Deloney, 1543?–1600?）。他创作的《纽伯雷的杰克》（*Jack of Newbury*, 1597）等小说不仅生动描写了这一社会群体的工作热情、致富心理和冒险精神，而且还真实揭示了原始资本的积累过程和资本家捞取剩余价值的手段与途径。"托马斯·迪罗尼为标志着英国纪实现实主义小说的诞生做出了贡献。"[1] 应该说，文艺复兴时期日益壮大的新兴资产阶级共同体对包括"大学才子"（the university wits）在内的一部分作家的创作思想产生了积极影响，为英国现实主义小说的诞生奠定了重要基础。

17 世纪是英国的多事之秋，也是共同体思想深刻变化的时代。封建专制不断激化社会矛盾，极大地限制了资本主义的发展。资产阶级同封建王朝和天主教之间的斗争日趋激烈，导致国家陷入了残酷内战、"王政复辟"和"光荣革命"的混乱境地。与此同时，文艺复兴时期普遍认同的人文主义思想和莎士比亚等作家奠定的文学传统在动荡不安的时代面临危机。然而，引人瞩目的是，在伊丽莎白时代"快乐的英格兰"随风而逝、怡然自得之风荡然无存之际，出现了以托马斯·霍布斯（Thomas Hobbes, 1588–1679）和约翰·洛克（John Locke, 1632–1704）为代表的哲学家和思想家。他们继承人文主义传统，推进了英国哲学、社会科学研究和共同体思想的发

1　Neill, S. Diana. *A Short History of English Novel*. London: Jarrolds Publishers, 1951, p.25.

展。霍布斯肯定人的本性与诉求，强调理性与道德的作用，要求人们遵守共同的生活规则。他对英国共同体思想的最大贡献当属他的"社会契约论"（Social Contract Theory）。他以人性的视角探究国家的本质，通过逻辑推理揭示国家与个人的关系。他认为，若要社会保持和平与稳定，人们就应严格履行社会契约。如果说霍布斯的"社会契约论"为英国共同体思想提供了理论依据，那么他的美学理论也在一定程度上反映了共同体审美观念的差异性。在霍布斯看来，文学中的史诗、喜剧和歌谣三大体裁具有不同的美学价值和读者对象，分别适合宫廷贵族、城市居民和乡村百姓的审美情趣。显然，霍布斯不仅以人性的目光观察社会中的共同体，而且还借鉴理性与经验阐释人们履行社会契约的必要性，对文学作品与共同体审美接受之间的关系做了有益的探索。对 17 世纪英国共同体思想和文学想象产生积极影响的另一位重要哲学家是约翰·洛克。作为一名经验论和认识论哲学家，洛克在政治、经济、宗教和教育等领域都有所建树，发表过不少独特见解。像霍布斯一样，洛克在本质上也是资产阶级共同体的代言人。尽管他并不看好政治共同体在个体生活中的作用，但他批判"君权神授"观念，反对专制统治，主张有限政府，强调实行自由民主制度和社会契约的必要性。他认为，公民社会的责任是为其成员的生命、自由和财产提供保护，因为这类私人权利只能通过个人与共同体中其他成员的结合才能获得安全与保障。显然，霍布斯和洛克均强调公民的契约精神以及个人与社会的合作关系。这两位重要哲学家的出现表明，17 世纪是英国共同体思想理论体系形成与发展的重要时期。

　　17 世纪英国的社会动荡与危机激发了作家对新形势下共同体的文学想象。当时英国社会的主要矛盾表现为主张保王的国教与激进的清教之间的斗争。英国的宗教斗争错综复杂，且往往与政治斗争密切相关，因此催生了具有明显政治倾向的清教徒共同体。事实上，清教徒共同体是当时反对封建主义和宗教腐败的重要社会力量，其倡导的清教主义在一定程度上成为新兴资产阶级为自己的社会实践进行辩护的思想武器。然而，由于其思想观念的保守性和历史局限性，清教徒共同体的宗教主张与社会立场体现出两面性与矛盾性。一方面，清教运动要求清除天主教残余势力，摒弃宗教烦琐仪式，反对贵族和教会的骄奢淫逸。另一方面，清教徒宣扬原罪意识，奉行勤俭清苦的生活方式，倡导严格的禁欲主义道德，竭力反对世俗文化和娱乐活动。显然，清教主义是英国处于封建制度解体和宗教势力面临严重危机之际的产物。然而值得肯定的是，清教徒共同体对文艺复兴后期英国文学的发展具有积极的推动作用，清教主义作家对创作题材、艺术形式和人物塑造进行了有益的探索，取得了卓越的文学成就。从某种意义上说，弥尔顿和班扬两位重要作家的出现使 17 世纪英国文学的命运共同体书写跨上了一个新的台阶。

在倡导清教主义的作家中，弥尔顿无疑是最杰出的代表。面对英国政教勾结、宗教腐败和社会动荡的局势，作为文艺复兴人文主义的继承者，弥尔顿撰写了多篇言辞激昂的文章，强烈反对政教专制与腐败，极力主张政教分离和宗教改革，一再为英国百姓的权益以及离婚和出版自由等权利进行辩护。在史诗《失乐园》中，弥尔顿以言此而及彼、欲抑而实扬的笔触成功塑造了"宁在地域称王，不在天堂为臣"的叛逆者撒旦的形象。在《失乐园》中，撒旦无疑是世界上一切反对专制、挑战权威、追求平等的共同体的代言人。弥尔顿着力塑造了一位因高举自己、反叛上帝而沦为"堕落天使"的人物，在一定程度上折射出他内心的矛盾以及他对受封建专制压迫的清教徒命运的关切与忧虑。

清教徒共同体的另一位杰出代言人是"17 世纪后半叶最伟大的

散文作家"[1]班扬。在他创作的遐迩闻名的宗教寓言小说《天路历程》中,班扬假托富于象征意义的宗教故事和拟人的手法向同时代的人表明恪守道德与教规的重要性。从某种意义上说,《天路历程》的主人公基督徒是清教徒共同体的喉舌,其形象折射出两个值得关注的现象。其一,主人公在去天国寻求救赎的过程中遇到了艰难险阻,并遭受了种种磨难。这一现象表明,班扬不仅继承了英国文学中共同体困境描写的传统,而且使共同体困境主题在宗教领域得以有效地发展和繁衍。其二,与文艺复兴时期罗曼司中一味崇尚贵族风范、追求荣誉和尊严的"另类"骑士相比,《天路历程》的主人公基督徒似乎更加贴近社会现实。他虽缺乏非凡的"英雄气概",但他关注的却是英国清教徒共同体面临的现实问题。面对当时的宗教腐败、信仰危机和人们因原罪意识而产生的烦恼与焦虑,他试图寻求解决问题的答案。毋庸置疑,作为17世纪最受英国读者欢迎的作品之一,《天路历程》对清教徒共同体思想的发展产生了重要影响。

在18世纪社会与经济快速发展的背景下,英国的共同体思想经历了深刻的变化。随着封建制度的全面解体,英国工业革命和资本主义经济步入上升期,中产阶级队伍日益壮大,海外殖民不断扩张。伏尔泰(Voltaire, 1694-1778)、孟德斯鸠(Charles-Louis de Secondat, baron de La Brède et de Montesquieu, 1689-1755)和让-雅克·卢梭(Jean-Jacques Rousseau, 1712-1778)等法国哲学家的启蒙主义思想席卷整个欧洲,也使英国民众深受启迪。与此同时,18世纪英国经济学家亚当·斯密(Adam Smith, 1723-1790)的《国富论》(*The Wealth of Nations*, 1776)奠定了资本主义经济的理论基础,为"重商

1　阿尼克斯特:《英国文学史纲》,戴镏龄等译,北京:人民文学出版社,1980年,第68页。

主义"（Mercantilism）的崛起鸣锣开道。哲学家和经济学家的理论对英国共同体思想产生了重要影响，催生了启蒙主义和重商主义两大共同体。如果说英国此前的各种共同体与英雄主义、封建主义、人文主义或清教主义相联系，那么18世纪的启蒙主义共同体则以"理性"为原则，对自然、秩序以及宇宙与人的关系进行探究，其基本上是一个由追求真理、思想开放的文人学者组成的社会群体。尽管当时英国本身并未出现世界级或具有重要社会影响力的启蒙主义思想家，但他们与法国启蒙主义运动遥相呼应，倡导理性主义和民主精神，成为英国社会反封建、反教会的先行者。英国启蒙主义共同体是一个松散的且思想与主张不尽相同的社会阵营，其成员包括无神论者、唯理主义者、空想社会主义者以及启蒙主义温和派和激进派等不同派别（其本身也是大小不一的共同体）。然而，他们都不约而同地批判封建制度的全部上层建筑，宣扬民主思想，其共同目标是唤醒民众、推进社会改革以及建立资产阶级民主国家。与启蒙主义共同体形影相随的是重商主义共同体。这是一个主要以资本家、公司经理、投机商人、工厂老板和手工业者为主的社会群体，其主张的是一种基于工商业本位并以发展生产与贸易为目标的经济理念。重商主义共同体是受工业革命和启蒙思想共同影响的产物。作为当时英国流行的经济个人主义的践行者，重商主义者相信人们可以在各类经济活动中获取最大的个人利益，从而达到增进国民财富与公共利益的目的。总体而言，18世纪的启蒙主义者和重商主义者是英国工业革命时期中产阶级人生观与价值观的代言人，两者不仅同属于中产阶级群体，而且对英国当时势力庞大且地位不断上升的中产阶级共同体的整体发展起到了推动作用。

18世纪英国启蒙主义和重商主义思想的流行以及中产阶级队伍的日益壮大进一步激发了作家对共同体的文学想象。在诗歌领域，亚历山大·蒲柏（Alexander Pope, 1688–1744）和塞缪尔·约翰逊

（Samuel Johnson, 1709－1784）等人遵循理性原则，在诗歌创作中追求平衡、稳定、有序和端庄的审美表达，与启蒙主义价值观念彼此呼应、互为建构，传达出一种带有古典主义风格的乌托邦共同体想象。尽管以理性为基础的共同体想象在诗歌中占据主导地位，但文学固有的情感特质并未消失。恰恰相反，诗人对情感始终不离不弃，情感主义的暗流一直在当时的诗歌中涌动，并最终在后来的浪漫主义诗歌中达到了登峰造极的地步。

引人注目的是，启蒙主义和重商主义的流行使小说的共同体书写迎来了黄金时代。英国小说家不约而同地运用现实主义手法积极推进共同体书写。正如英国著名文学批评家伊恩·瓦特（Ian Watt, 1917－1999）所说，"人们已经将'现实主义'作为区分 18 世纪初小说家的作品与以往作品的基本标准"[1]。毋庸置疑，18 世纪顽强崛起的小说成为英国共同体思想十分恰当和有效的载体。与诗歌和戏剧相比，小说不仅为人们在急剧变化的现实世界中的境遇和命运的美学再现提供了更大的空间，而且对各类共同体的社会地位和精神诉求给予了更加全面的观照。18 世纪英国小说的共同体书写之所以取得了长足的发展，除了文学作品需要及时反映现实生活的变化及其自身肌理演进的规律之外，至少有以下两个重要原因。一是文坛人才辈出，名家云集，涌现了丹尼尔·笛福（Daniel Defoe, 1660－1731）、乔纳森·斯威夫特（Jonathan Swift, 1667－1745）、塞缪尔·理查逊（Samuel Richardson, 1689－1761）、亨利·菲尔丁（Henry Fielding, 1707－1754）和劳伦斯·斯特恩（Laurence Sterne, 1713－1768）等一批热衷于书写社会主体的境遇和命运的小说家。英国文学史上首次拥有如此强大的小说家阵营，而他们几乎都把崇尚启蒙主义和重商主义的中产阶级人物作为

---

1 Watt, Ian. *The Rise of the Novel*. London: Chatto & Windus, 1967, p.10.

描写对象。笛福的小说凸显了重商主义与资产阶级道德对共同体想象的塑造，斯威夫特小说中的刻薄叙事对英国社会中共同体所面临的文明弊端和人性缺陷予以辛辣的讽刺，而菲尔丁、理查逊和斯特恩的万象喜剧小说和感伤主义小说则构建了市民阶层的情感世界。18世纪小说家通过淡化小说与现实的界限并时而与读者直接对话的表达形式，已经将读者视为对话共同体的一部分。由于当时英国社会中十分活跃的共同体及其个体的境遇和命运在小说中得到了生动的反映，小说的兴起与流行便在情理之中。导致英国小说的共同体书写步伐加快的另一个原因是英国中产阶级读者群的迅速扩大。由于18世纪上半叶从事各行各业的中产阶级人数激增，教育更加普及，中产阶级的文化素养显著提高，小说在中产阶级读者群中的需求不断上升，而这恰恰激发了小说家对启蒙主义和重商主义共同体的文学想象。"在诸多导致小说在英国比在其他地方更早及更彻底地突破的原因中，18世纪阅读群体的变化无疑是至关重要的。"[1] 显然，上述两个原因不仅与中产阶级队伍的发展壮大密切相关，而且对小说中共同体的表现形式和审美接受也产生了一定的影响。总之，在18世纪启蒙主义和重商主义思想的影响下，英国的共同体形塑在日益走红的长篇小说中得到了充分的展示，作家对共同体的文学想象也随之达到了相当自信与成熟的境地。

19世纪，英国共同体思想在浪漫主义思潮、文化批评、宪章运动和民族身份重塑的背景下呈现出多元发展的态势。随着工业革命和资本主义经济的快速发展和海外殖民的不断扩张，英国哲学家、批评家和文学家们对资本主义社会的本质展开了新的探索。正如我们不能对19世纪的英国社会简单明确地下一个定义那样，我们也不能将当

1　Watt, Ian. *The Rise of the Novel*. London: Chatto & Windus, 1967, p.35.

时英国的共同体思想简单地视为一个统一体。19世纪英国社会各界对共同体的话题表现出浓厚的兴趣，并进行了广泛的讨论。约翰·罗斯金（John Ruskin, 1819-1900）、托马斯·卡莱尔（Thomas Carlyle, 1795-1881）、威廉·莫里斯（William Morris, 1834-1896）和马修·阿诺德（Matthew Arnold, 1822-1888）等著名作家分别从哲学、美学和文化批评视角对共同体做了有益的探索。在他们看来，封建社会留下的等级制度、资本主义社会的财富观念、生活方式以及充满文化因子的公共空间无时不在社会主体中构筑壁垒，从而催生了形形色色的共同体。事实上，19世纪英国上层建筑和意识形态的变化成为共同体演化的重要推动力，而英国文化观念的变化和差异则使共同体的类型更加细化。人们不难发现，维多利亚时代人们识别共同体的标签无处不在，例如家庭、职业、社交圈、生活方式、衣着打扮或兴趣爱好，甚至品什么酒、喝什么咖啡、读什么报纸或听什么音乐等，所有这些都可能成为识别个人共同体属性的标签。显然，英国社会的文化多元、价值多元和利益多元的态势不仅推动了共同体思想的现代化与多元化进程，而且也在一定程度上加快了民族文化身份的建构，使各种共同体的"英国性"（Englishness）特征日趋明显。在经济发展、文化流变和观念更新的大背景下，经过诸多具有洞见卓识的文人学者从哲学、文学和文化层面的探索与论证，19世纪英国共同体思想建构的步伐日益加快。

19世纪也是英国共同体的文学想象和美学表征空前活跃的时代。在文坛上，威廉·华兹华斯（William Wordsworth, 1770-1850）和乔治·戈登·拜伦（George Gordon Byron, 1788-1824）、珀西·比希·雪莱（Percy Bysshe Shelley, 1792-1822）和约翰·济慈（John Keats, 1795-1821）等浪漫主义诗人以及简·奥斯汀（Jane Austen, 1775-1817）、查尔斯·狄更斯（Charles Dickens, 1812-1870）、夏洛

蒂·勃朗特（Charlotte Brontë, 1816-1855）、乔治·爱略特（George Eliot, 1819-1880）和托马斯·哈代（Thomas Hardy, 1840-1928）等现实主义小说家都对共同体进行了生动的美学再现。尽管这些作家的社会立场与价值观念不尽相同，其创作经历与审美取向更是千差万别，但他们都对社会主体的境遇和命运表现出深切的忧虑，不约而同地将形形色色和大小不一的共同体作为文学表征的对象。从表面上看，维多利亚时代处于工业与经济发展的繁荣期，但隐藏在社会内部的阶级冲突与结构性矛盾使传统秩序和文化观念遭受巨大挑战。英国作家对现实社会大都体现出矛盾心理。"也许最具代表性的是阿尔弗雷德·丁尼生（Alfred Tennyson, 1809-1892），他偶尔表现出赞扬工业社会变化的能力，但更多的时候他觉得在工商业方面的领先发展是以人类的幸福为巨大代价的。"[1]而莫里斯对英国的社会现状更是心怀不满："他对死气沉沉的现代工业世界越来越感到不满，到晚年时他确信需要开展一次政治革命，使人类恢复到工作值得欣赏的状态，在他看来工人受剥削在维多利亚时代的英国十分普遍。"[2]此外，维多利亚时代晚期至爱德华时代的奥斯卡·王尔德（Oscar Wilde, 1854-1900）和萧伯纳（George Bernard Shaw, 1856-1950）等剧作家也向观众展示了工业化空前发展和城市消费文化日益流行的社会中的阶级矛盾和传统价值观念的消解。就总体而言，19世纪英国文学不仅反映了各种社会问题，而且表达了深刻的共同体焦虑，其描写的重点是乡村共同体、阶级共同体、女性共同体和帝国命运共同体等。总之，19世纪是英国共同体思想分化的时代，也是共同体书写空前活跃的时代。

---

1 Abrams, M. H. *The Norton Anthology of English Literature*. Third edition. Vol. 2. New York: W. W. Norton & Company, 1974, p.876.
2 Ibid., p.1501.

19 世纪初英国浪漫主义思潮的风起云涌成为诗人在大自然的怀抱中探索人类命运共同体的催化剂。作为一种反对古典主义和唯理主义、崇尚自然与生态、强调人的主观精神与个性自由的文学思潮，浪漫主义诗学无疑在抒发情感、追求理想境界方面与人们向往命运共同体的情结不谋而合。无论是以讴歌湖光山色为主的"湖畔派"诗人，还是朝气蓬勃、富有反叛精神的年轻一代诗人，都对工业社会中社会主体的困境表现出高度的关注，并对理想的世界注入了丰富的情感与艺术灵感。华兹华斯在一首题为《这个世界令人难以容忍》（"The World Is Too Much with Us"，1807）的十四行诗中明确表示，英国社会已经混乱无序，腐败不堪。在他看来，精神家园与自然景观的和谐共存是建构理想共同体的重要基础，人的出路就是到大自然中去寻找乐趣与安宁。在遐迩闻名的《抒情歌谣集》（Lyrical Ballads, 1798）中，华兹华斯以英国乡村的风土人情和家园生活为背景，从耕夫、村姑和牧羊人等农民身上摄取创作素材，采用自然淳朴的语言揭示了资本主义社会中最欠缺的勤劳、真诚、朴实以及人道主义和博爱精神，充分反映了诗人对乡村共同体的褒扬。无独有偶，同样崇尚大自然的拜伦、雪莱和济慈等年轻一代浪漫主义诗人也在诗歌中不同程度地表达了对命运共同体的文学想象。他们崇尚民主思想与个性自由，支持法国革命和民族解放运动，通过诗歌美学形塑了一系列令人向往的理想共同体。拜伦的不少诗歌谴责政府专制与腐败，赞扬为争取工作权利反对机器取代工人的"卢德运动"（Luddite Movement），起到了批判资本主义、针砭时事、声援无产阶级共同体的积极作用。同样，拜伦的好友雪莱也在《麦布女王》（Queen Mab, 1813）、《伊斯兰的反叛》（The Revolt of Islam, 1818）和《阿童尼》（Adonais, 1821）等著名诗歌中对反资本主义制度的空想社会主义者、革命者和诗人等不同类型的共同体进行了深入探索，充分反映了其文学想象力与社会责任感。而三位诗人中最年轻的济慈则通过生动的美学再现，将田园风光与自然力量提升至崇高的精神境界，为其注入丰富的神话意蕴与文化内涵，以此激发读者的民族身份认同感，建构不列颠民族共同体。显然，与"湖畔派"诗人相比，浪漫主义年轻一代诗人无疑表现出更加积极的人生态度和远大的人类理想。

如果说 19 世纪浪漫主义诗人大都将美妙的自然景观作为共同体想象的重要基础，那么现实主义小说家则将社会生活中摄取的素材视为其共同体形塑的可靠资源。自 19 世纪 30 年代起，英国资本主义工业家基本取代了土地贵族的统治地位，而资产阶级的胜利则使其成为国家经济和政治的核心力量。随着贫富差距的不断扩大，社会阶层进一步分化，阶级矛盾日趋尖锐。英国各阶层的社会身份与地位的差别很大，其民族文化心理与精神诉求更是大相径庭，因此英国小说家的共同体思想往往蕴含了对平民百姓强烈的同情心，体现出明显的批判现实主义倾向。尽管从奥斯汀到哈代的 19 世纪英国小说家们的共同体思想不能被简单地视为一个统一体，但其小说体现出日趋强烈的命运意识和共同体理念却是一个不争的事实。奥斯汀通过描写一个村庄几个家庭的人际关系、财富观念以及对婚姻与爱情的态度揭示了社会转型期乡村共同体在传统道德观念与世俗偏见影响下对幸福问题的困惑。狄更斯"以极其生动的笔触记录了变化中的英国"[1]，对英国城市中的社会问题和底层市民共同体的关注超过了同时代的几乎所有作家。勃朗特深刻反映了 19 世纪英国女性的不良境遇、觉醒意识和对自由平等的热切追求，成为书写女性命运共同体的杰出典范。爱略特通过对家庭和家乡生活的描写揭示了呵护血缘关系和亲情对乡村共同体的重要性，其笔下人物的心理困惑与悲惨命运在一定程度上反映了

1　Leavis, F. R. *Lectures in America*. London: Chatto & Windus, 1969, p.8.

作者对外部世界的无序性和对共同体前途的忧虑。如果说这种忧虑在狄更斯等人的小说中也是显而易见的，那么在哈代的小说中则完全成为浓郁的悲剧底色了。

20 世纪咄咄逼人的机械文明和惨绝人寰的两次世界大战使整个西方社会陷入极度混乱的境地，英国共同体思想建构也随之步入困境。在政治、哲学、宗教和道德等领域的秩序全面解体之际，笼罩着整个西方世界的绝望感和末世感在英国文坛产生了共鸣，从而使共同体思想不仅面临了前所未有的质疑，而且不时遭遇解构主义的冲击。在西方文化与道德面临严重危机的大背景下，19 世纪诗歌中曾经流露出的共同体焦虑在 20 世纪的诗歌中得到更加充分的展示，其表征形式更为激进，更具颠覆性。事实上，在西方文明全面衰落的大背景下，英国的诗歌、小说和戏剧中的共同体表征体现出空前绝后、异乎寻常的形式革新。叶芝（W. B. Yeats, 1865-1939）的民族主义诗歌、意象派的实验主义诗歌以及爱略特的碎片化象征主义诗歌均不同程度地反映了诗人对现代西方社会共同体的忧思、解构或嘲讽。在小说领域，亨利·詹姆斯（Henry James, 1843-1916）和约瑟夫·康拉德（Joseph Conrad, 1857-1924）通过描写人物在海外的坎坷经历展示了笼罩着共同体的西方文明与道德衰落的阴影。在现代主义思潮风起云涌之际，崇尚"美学英雄主义"（Aesthetic Heroism）的詹姆斯·乔伊斯（James Joyce, 1882-1941）、弗吉尼亚·伍尔夫（Virginia Woolf, 1882-1941）和 D. H. 劳伦斯（D. H. Lawrence, 1885-1930）等小说家义无反顾地反映现代人的精神危机，深刻揭示个体心灵孤独的本质，追求表现病态自我，从而进一步加深了个体与共同体之间的鸿沟。然而，现代主义作家并未放弃对共同体的观照。如果说乔伊斯在《尤利西斯》（Ulysses, 1922）中深刻反映了笼罩在"道德瘫痪"（moral paralysis）阴影下的都柏林中产阶级共同体的道德困境，那么伍尔夫在《海浪》（*The Waves*, 1931）中成功描写了青年群体在混乱无序的人生海洋中的悲观意识和身份认同危机。总之，现代派作家不约而同地致力于异化时代"反英雄"共同体的书写，深刻反映了第一次世界大战以后英国的社会动荡和精神危机。20 世纪下半叶，塞缪尔·贝克特（Samuel Beckett, 1906－1989）的荒诞派戏剧充分展示了现代人的精神孤独，深刻揭示了个体的绝望和共同体的消解。同时，哈罗德·品特（Harold Pinter, 1930－2008）等剧作家也纷纷揭示了战后英国的阶级矛盾和日趋严重的共同体困境。20 世纪末，在后现代主义的喧嚣之后，融合了各种文学思潮的新现实主义作品以其特有的艺术形式对共同体展开了新的探索。与此同时，V. S. 奈保尔（V. S. Naipaul, 1932－2018）等英联邦移民作家纷纷对族裔共同体、民族共同体和世界主义共同体给予了丰富的文学想象。就总体而言，受到战争爆发、机械文明压抑和传统价值观念崩塌等因素的影响，20 世纪的英国文学不仅体现了浓郁的悲观主义色彩，而且在美学形式上对各类共同体进行了不同程度的质疑与解构。

21 世纪初，英国文学的共同体想象虽然在全球化、逆全球化和多元文化主义进程中拥有了更加广阔的空间，但其题材和形式却不时受到全球百年未有之大变局的影响。一方面，恐怖主义、新殖民主义、民粹主义、英国脱欧、环境污染、气候变化和资本霸权等问题的叠加干扰了作家对共同体的认知和审美。另一方面，新媒体、高科技、元宇宙和人工智能在连接现实世界与虚拟世界的同时，映射出全新的数字空间与人际关系，从而进一步拓展了文学对共同体的想象空间。以石黑一雄（Kazuo Ishiguro, 1954－ ）为代表的作家着力表现了克隆人共同体、人机共同体、身体命运共同体和"乌托邦"精神家园等题材，深刻反映了当下日新月异的高科技、人工智能和数字生活给人类伦理观念与未来社会带来的变化与挑战。此外，21 世纪的英国文学往往超越现实主义与实验主义之间的对立，不仅关注本国共同体的境遇和嬗变，而且也着眼于全球文明与生态面临的挑战，反映全球化语境中的共同体困境。总之，21世纪英国文学反映的前所未有的题材与主题对深入探讨人类命运共同体的构建具有重要参考价值。

综上所述，自盎格鲁-撒克逊时代起，英国的共同体思想与文学想象形影相随、关系密切，对英国文学的历史沿革起到了重要的推动作用。在英国的千年文学史上，共同体思想持续演进，其内涵不断深化，影响了历代作家的创作理念和美学选择，催生了一次次文学浪潮和一部部传世佳作。无论是在工业化、城市化和现代化步伐日益加快的进程中，还是在全球化、信息化、智能化和数字化突飞猛进的时代里，英国文学的命运共同体表征不仅一以贯之、绵亘不绝，而且呈现出类型不断繁衍、内涵日益丰富和书写方式日趋多元的发展态势。时至今日，英国作家对命运共同体美学再现的作品与日俱增，生动反映了大到世界、国家和民族，小到村镇、街区、社团和家族等社会群体的境遇和命运。英国共同体思想的演进及其审美观念的变化将不断为我们深入研究其表征和审美双维度场式的历史、社会与文化成因等深层次问题提供丰富的资源。

三、英国文学中命运共同体的审美研究

在全球化（亦有逆全球化）和多元文化主义进程日益加快的世界格局中，以一个具有连贯传统和典型意义的国别文学为研究对象，深入探讨其命运共同体书写是对共同体理论的拓展，也是对文学批评实践性的发扬。今天，英国文学中"命运共同体"的文学想象与审美接受已经成为国内外文学批评界的热门话题。作为英国文学史上繁衍最久、书写最多、内涵最丰富的题材之一，共同体书写备受批评界关注

无疑在情理之中。概括地说，英国文学中命运共同体的审美研究已经成为当今国内外文学批评界的"显学"，其意义主要体现在以下三个方面。

（一）英国是一个在历史、文化、经济和政治等领域都颇具特色和影响力的西方国家，其作家对"命运共同体"1 000多年的书写与其国内的社会现实乃至世界的风云变幻密切相关。就此而言，英国文学为人们提供了一个历史悠久的共同体书写传统。这一传统对发生在英国本土及海外的社会、政治、经济和文化变局以及受其影响的各种共同体做出了及时的反应，产生了大量耐人寻味、发人深省的文学案例，对我们深入了解英国乃至整个西方世界各种命运共同体的兴衰成败具有一定的现实意义和参考价值。

（二）迄今为止，对共同体的研究主要出现在哲学、政治学和社会学领域，其研究对象与参照群体往往并非取自堪称"人学"的文学领域。在当今全球化（亦有逆全球化）和多元文化主义背景下，对文学的命运共同体表征与审美双向互动关系的深入研究无疑有助于拓展以往共同体研究的理论范畴。以宽广的社会语境和人文视野来考察命运共同体书写与审美过程中的一系列重要因素将对过去以哲学、政治学和社会学为主的共同体研究加以补充，对大量文学案例的剖析能引发人们思考在当代日趋复杂的世界格局中构建命运共同体的有效途径。

（三）我国对外国文学中命运共同体表征与审美的研究起步不久，而这种研究在当下"构建人类命运共同体"理念不断深入人心的背景下显得尤为迫切，是对国家发展战略和重大理论问题的有益探索。深入探讨不同时期英国文学中受"命运"意识支配的各种共同体的性质与特征及其美学再现的社会意义，将为我国"构建人类命运共同体"的倡议提供有价值的文学阐释和有针对性的学术视角。

　　无论是在哲学、政治学、社会学，还是在人类学领域，国外100多年的共同体研究虽然路径和方法大相径庭，但是它们对共同体形成了一套外延不尽相同、而内涵却较为相近的解释。共同体研究兴趣本身便是应世界变化和历史演进而生。工业化、现代化和全球化（亦有逆全球化）所带来的生产力发展和城乡关系的变化，使传统的社会秩序和价值观念不断受到冲击，社会向心力的缺失成为社会学家和作家共同关心的话题，他们试图从各个层面辨析出或大或小、或具体或抽象的共同体形态，试图寻找加强共同体联结纽带的良方。由于共同体的审美研究本质上要面对的是社群的共同情感和集体意识，它天然具有宏观向度，并在历时与共时两个维度都与"命运"这一具有宏观要旨的话题密切相关。

　　毋庸置疑，源远流长和体量巨大的英国文学为我们全面系统地研究共同体提供了极为丰富的文学资源。对具有世界影响力的英国文学在不同历史语境中的共同体书写展开深入研究，既符合英国文学创作与批评的发展逻辑，也有助于人们从其纷繁复杂的文学案例中探索社会主体的境遇和命运，厘清共同体形塑与崩解的社会成因。应当指出，注重文内与文外的勾连，平衡文本分析与历史考据，在现象研究的基础上建构文学表征视阈下的共同体批评理论与学术范式具有重要的现实意义。"构建人类命运共同体"理念是一种具有原创性的构想，它一方面回应了当下人类社会高度分化但社会责任却无法由传统共同体有效承担的形势，另一方面也是对马克思主义共同体构想的发展。笔者认为，中国学者在开展英国文学中命运共同体的审美研究时应认真做好以下五个方面的工作。

　　（一）中国学者从事英国文学中命运共同体的审美研究须肩负破题之责。我们不但要对命运共同体做出正确的释义和界定，而且还应阐释命运共同体与英国文学之间的关系，深入探讨英国历史上发生的一系列社会、政治、经济和宗教领域的重大变化以及民族文化心理的共情意识对共同体书写发展的影响，科学分析历代英国作家对共同体做出的种种反思与形塑。同时，我们也应关注英国文学中的共同体在道德伦理的建构、价值观念的塑造和审美范式的生成方面所发挥的重要作用。

（二）中国学者应全面了解共同体知识谱系，积极参与共同体学术体系的建构，充分体现学术自信和理论自信。我们既要正确理解西方文化传统和价值体系中的"命运观"，也要认真把握西方传统文化视阈下"命运观"的内在逻辑。尽管其发展脉络与东方传统中的"命运观"有相似之处，但其词源学上的生发过程蕴含了许多不同的指涉。西方传统中"命运"一词的词源有其具象的指代，它发源于古希腊神话中执掌人类命运的三位女神，其神话指代过程包含了一整套宇宙演化观，凸显了"命运"与必然、本质、责任和前途的关系。西方传统文化视阈下的"命运观"对历代英国作家的共同体文学想象无疑具有渲染作用，因而对英国文学中命运共同体的审美研究具有一定的参考价值。

（三）中国学者在开展英国文学中命运共同体的审美研究时还应仔细考量英国思想传统中的经验主义和保守主义。由于受该思想传统的影响，英国人在较早的历史阶段就因为对普遍利益不抱希望而形成了以反复协商、相互妥协为社会变化主要推动方式的工作机制，更以《大宪章》（*Great Charter*, 1215）和议会的诞生为最显著的标志。在现实的社会生活中，英国人深受保守主义观念的影响，主张在维护传统的主基调上推动渐进式的改变，缓和社会矛盾，以此维护共同体的秩序。显然，英国文学中命运共同体的审美研究既要关注保守主义与经验主义的影响，又要揭示文学的批判功能和伦理建构意图，也要探讨社会现实的美学再现和有关共同体的构想。

（四）英国文学中命运共同体的审美研究应凸显问题意识，我们应该认真思考并解答一系列深层次的问题。例如，英国文学在演进过程中回应和观照了社会中或大或小的共同体所面对的哪些必然因果、重大责任、本质关切和共同前途？文学的命运共同体想象和批判与现实之间具有怎样的联系、差异、张力和悖反？在这一过程中，社会群体所认同的道德伦理是如何建构的？其共情的纽带又落脚于何处？所有这些以及其他各种深层次问题都将纳入其审美研究的范畴。为回应命运共同体所包蕴的必然、本质、责任、前途等重要内涵，审美研究还应围绕"文学-思想传统""文学-资本主义""文学-殖民帝国"和"文学-保守主义文化"等在英国历史和文学书写中具有强大影响力和推动力的维度，对英国文学中的命运共同体展开深度理论阐释。

（五）中国学者在开展英国文学中命运共同体的审美研究时需要采取跨学科视角。尽管命运共同体研究如今已成为我国文学批评界的一门"显学"，但其跨学科研究却并未引起学者应有的重视，而高质量的学术成果也相对较少。跨学科研究是文学批评在专业化和多元化进程中的新路径，也是拓展文学批评范畴、深度挖掘文本潜在内容的有效方式。事实上，命运共同体研究可以从其内部和外部两条路径展开。内部路径探讨共同体的性质、特征、诉求、存续方式和美学再现，而外部路径则研究共同体形成的历史背景、社会现实、文化语境以及与其相关的政治、经济、哲学、宗教、医学、伦理学、心理学等社会科学和自然科学因素。跨学科研究的一个重要任务是建立两条路径之间的阐释通道，发掘共同体表征背后的文学意义、历史作用、意识形态和价值取向，成为一种探讨共同体思想、形式和特征的有效路径。跨学科研究能极大程度地发挥文学研究的社会功能，使文学批评在关注"小文本"中共同体形塑的美学价值时，有效地构建促进人类社会发展的"大文学"话语体系。

迄今为止，在英国文学的命运共同体研究领域，国外最重要的相关成果当属英国批评家威廉斯的《漫长的革命》和《乡村与城市》（*The Country and the City*, 1973）以及美国批评家米勒的《小说中的共同体》（*Communities in Fiction*, 2015）。毫无疑问，他们是目前在文学中的命运共同体研究方面最具影响力的批评家。在《漫长的革命》中，威廉斯论述了小说主人公在反映共同体方面的重要作用。他充分肯定了乔伊斯在《尤利西斯》中深刻反映中产阶级共同体精神世界的意识流技巧："乔伊斯在《尤利西斯》中展示出这种技巧的卓越优势，他不是通过一个人物而是三个人物的视角来反映世界……事实上，这三个世界构成了同一个世界。"[1]在《乡村与城市》中，威廉斯对英国文学中的乡村与城市的共同体形态及其社会困境做了论述。他认为，英国浪漫主义作家笔下田园牧歌般的乡村生活只是一种虚构的、理想化的现代神话，英国的乡村与城市在本质上均是资本主义唯利是图与弱肉强食之地，毫无共同利益与价值可言。米勒也是在文学中命运共同体的研究方面最具影响力的批评家之一。在其《小说中的共同体》一书中，米勒在呼应威廉斯的共同体思想时明确指出，"在威廉斯看来，自18世纪以来英国历史的主要特征是资本主义的逐渐上升及其对乡村共同体生活的破坏"[2]。同时，米勒深入探讨了英国作家安东尼·特罗洛普（Anthony Trollope, 1815-1882）、哈代、康拉德和伍尔夫等作家的小说所蕴含的共同体意识，深刻揭示了他们在共同体表征方面的共性与差异。米勒认为，"如何看待个体性和主体间性的本质，基本

1　Williams, Raymond. *The Long Revolution*. Beijing: Foreign Language Teaching and Research Press, 2019, pp.327-328.
2　Miller, J. Hillis. *Communities in Fiction*. Beijing: Foreign Language Teaching and Research Press, 2019, p.3.

上决定着一个人对共同体的看法……这部或那部小说是否表现了一个'真正的共同体'构成了这种关于共同体的复杂且经常矛盾的思维传统的前提"[1]。毋庸置疑，威廉斯和米勒等批评家的研究对文学中共同体的审美研究具有重要参考价值。

近十年，随着"构建人类命运共同体"理念的广泛接受与传播，我国学者对外国文学中的共同体研究也产生了浓厚的兴趣。尽管我们对这一话题的研究起步较晚，且涉及的作家与作品较为零散，但还是出现了一些高质量的文章，体现了中国学者的独特见解，其中殷企平教授的研究独具特色。他就维多利亚时代小说和浪漫主义诗歌中的"幸福伦理"与"共同体形塑"等问题撰写了多篇具有独创见地的论文，对多位 19 世纪作家的共同体书写做了深刻剖析。引人注目的是，近几年我国学者对外国文学中共同体书写的学术兴趣倍增，纷纷对世界各国文学作品中的命运共同体展开了全方位、多视角的探析。与此同时，国家、教育部和各省市社科基金立项名单中关于共同体研究的课题屡见不鲜，而研究共同体的学术论著更是层出不穷。种种现象表明，文学中命运共同体的审美研究正在成为我国外国文学批评界的热门话题。然而，我们应该明白，文学中的命运共同体在本质上是某种虚构的文学世界，与现实世界和人类历史进程中的共同体不能混为一谈。它所反映的是在特定历史语境中作家对过去、当下或未来某种共同体的深切关注与文学想象。因此，文学中共同体的审美研究必须深度引入具有各种创作理念、审美取向和价值观念的作家所生活的时代与社会，包括特定的历史语境、意识形态、文化观念以及地理环境等外在于文本的因素，同时还应考量文本中命运共同体的审美接受与各

---

1 Miller, J. Hillis. *Communities in Fiction*. Beijing: Foreign Language Teaching and Research Press, 2019, p.17.

种外在于文本的因素之间的双向互动关系。

综上所述，国内外文学批评界对命运共同体的审美研究取得了长足的发展，为共同体学术话语体系的进一步建构与发展奠定了重要基础。就《英国文学的命运共同体表征与审美研究》这一项目而言，研究对象从以往哲学、政治学、社会学和人类学视阈下的共同体转向了文学作品中命运共同体的书写与审美。这种学术转型要求我们不断加强学习，注重学术创新，不断提升研究能力。笔者希望，在学者们的执着追求与通力合作下，我国对英国文学中命运共同体的审美研究将前所未有地接近国际学术前沿，并且为文学的共同体批评话语建构做出积极贡献。

《英国文学的命运共同体表征与审美研究》是 2019 年国家社科基金重大项目（编号：19ZDA293），包括《理论卷》《诗歌卷》《小说卷》《戏剧卷》和《文献卷》五个子项目。全国 20 余所高校和研究机构的 30 余位专家学者参加了本项目的研究工作。多年来，他们崇尚学术、刻苦钻研，不仅体现了中国学者的独特见解与理论自信，而且表现出令人钦佩的专业素养与合作精神。本项目的研究工作自始至终得到我国外国文学批评界同行的关心与帮助。上海外语教育出版社孙玉社长、谢宇副总编、孙静主任、岳永红主任、刘华初主任以及多位编辑对本套丛书的出版全力支持、尽心尽责，请容笔者在此一并致谢。由于英国文学典籍浩瀚，加之我国的共同体研究起步不久，书中难免存在误解和疏漏之处，敬请学界同仁谅解。

李维屏
于上海外国语大学
2022 年 10 月

《文献卷》总序

　　《英国文学的命运共同体表征与审美研究　文献卷》（下文简称《文献卷》）是一套西方共同体文论与文学批评译丛。这套译丛共有著作七种，主要译自英、美、德、法、西等国学者的共同体著述，是多语种团队协作翻译的成果。本套译丛以文学学科为中心，以其他学科为支撑，重点选择欧美学术界，尤其是文学研究界的共同体著述，通过学术导论或译序的方式对相关著作进行译介与研究。从著作类型来看，其中两种是共同体理论著作，分别是杰拉德·德兰蒂的《共同体》（第三版）与安东尼·保罗·科恩的《共同体的象征性建构》；另外五种是文学学者的共同体批评著作，分别是 J. 希利斯·米勒的《小说中的共同体》、赛琳·吉约的《文学能为共同体做什么？》、雷米·阿斯特吕克主编的《重访共同体》、玛戈·布林克与西尔维亚·普里奇主编的《文学中的共同体——文学-政治介入的现实性》、杰拉尔多·罗德里格斯-萨拉斯等人主编的《共同体与现代主义主体新论》。下面对这七种著作及相关背景略做介绍，以便读者对这套丛书有一个基本的了解。

一

西方共同体学术传统源远流长，最早可以追溯到亚里士多德（Aristotle, 384–322 BC）。他在《政治学》（*The Politics*, 约 350 BC）一书中所探讨的"城邦"（polis）可以看作共同体思想的雏形。从中世纪奥古斯丁（Saint Aurelius Augustinus, 354–430）的友爱观到 17、18 世纪托马斯·霍布斯（Thomas Hobbes, 1588–1679）、约翰·洛克（John Locke, 1632–1704）、让-雅克·卢梭（Jean-Jacques Rousseau, 1712–1778）等人的社会契约论，其中都包含着一定的共同体意识。此后，19 世纪的卡尔·马克思（Karl Marx, 1818–1883）、伊曼努尔·康德（Immanuel Kant, 1724–1804）、G. W. F. 黑格尔（G. W. F. Hegel, 1770–1831）、埃米尔·涂尔干（Émile Durkheim, 1858–1917）、斐迪南·滕尼斯（Ferdinand Tönnies, 1855–1936）等思想家对共同体均有论述。20 世纪更是不乏专门探讨。国内译介早、引用多的共同体著述是德国社会学家滕尼斯的《共同体与社会》（*Gemeinschaft und Gesellschaft*, 1887）与爱尔兰裔政治学家本尼迪克特·安德森（Benedict Anderson, 1936–2015）的《想象的共同体》（*Imagined Communities*, 1983）。此外，齐格蒙特·鲍曼（Zygmunt Bauman, 1925–2017）的《共同体：在一个不确定的世界中寻找安全》（*Community: Seeking Safety in an Insecure World*, 2001）、让-吕克·南希（Jean-Luc Nancy, 1940–2021）的《不运作的共同体》（*La Communauté désœuvrée*, 1986）、莫里斯·布朗肖（Maurice Blanchot, 1907–2003）的《不可言明的共同体》（*La Communauté inavouable*, 1983）、吉奥

乔・阿甘本（Giorgio Agamben, 1942– ）的《即将到来的共同体》（*La comunità che viene*, 1990）等理论名作也都被翻译成中文，在中国学界引起越来越多的关注。

鉴于上述译介现状，本套译丛选择了尚未被译介的两本英国学者的共同体理论著作：一本是英国社会学家杰拉德・德兰蒂（Gerard Delanty, 1960– ）的《共同体》（第三版）（*Community*, Third Edition, 2018），另一本是英国人类学家安东尼・保罗・科恩（Anthony Paul Cohen, 1946– ）的《共同体的象征性建构》（*The Symbolic Construction of Community*, 1985）。在西方学术传统中，英国学者的共同体思想，从霍布斯和洛克古典哲学中的共同体意识到 20 世纪社会学家鲍曼与文学批评家威廉斯的共同体理念，一直占有重要的一席之地。因此，将德兰蒂与科恩的共同体著作译为中文，对于了解英国的共同体思想传承、探讨英国文学中的共同体审美表征以及促进当代中英共同体思想交流，无疑具有一定的理论价值与现实意义。

在《共同体》（第三版）中，德兰蒂提出了以归属感和共享感为核心的"沟通共同体"（communication community）思想，代表了英国学术界对共同体理论的最新贡献。德兰蒂考探了"共同体"概念的起源与流变，描绘出共同体思想在西方的发展脉络图，相对完整地梳理了自亚里士多德以来西方理论家们的众多学说，其中所涉及的很多共同体概念和类型，如阈限共同体、关怀共同体、歧见共同体、否定共同体、断裂共同体、邪恶共同体、流散共同体、跨国共同体、邻里共同体等概念和思想尚未引起中国学界的足够重视。德兰蒂按照传统、现代、后现代、21 世纪等四个不同的时间段剖析共同体的基本性质，但着重考察的是当代共同体的本质特征。德兰蒂指出，当代共同体的流行可以看作对全球化带来的归属感危机的回应，而当代共同体的构建是一种以新型归属感为核心的沟通共同体。在他看来，共同体理念尽管存在各种争议，但之所以能引起广泛关注，是因为共同体与现代社会不安全的背景下人们对归属感的追寻密切相关。而共同体理念之所以具有永久的魅力，无疑源自人们对归属感、共同感以及地方（place）的强烈渴望。

德兰蒂的共同体思想与英国社会学家鲍曼的共同体思想一脉相承。鲍曼将共同体视作一个温馨的地方，一个温暖而又舒适的场所，一个内部成员之间"能够互相依靠对方"的空间场域。鲍曼认为，当代共同体主义者所追求的共同体即是在一个不安全环境下人们所想象和向往的安全感、和谐感与信任感，从而延续了他在其他著述中对现代性与全球化的反思与批判。追根溯源，鲍曼、威廉斯、德兰蒂等英国学者所继承和认同的是滕尼斯的共同体思想，即充满生机的有机共同体的概念。尽管在后现代或全球化的语境下，他们的理论取向与价值维度各有不同，但是他们的共同体思想无一不是建立在归属感或共同纽带基础之上，并将共同体界定为一种社会现象，因而具有实在性或现实性的存在特征，"场所""空间""归属""身份""共同性""沟通"等构成了共同体的核心内涵。正如德兰蒂所说，他强调共同体作为一种话语的沟通本质，是一种关于归属的体验形式……共同体既不是一种社会交融的形式，也不是一种意义形式，而是被理解为一个关于归属的开放式的沟通系统。

科恩的《共同体的象征性建构》进入译介视野，是因为其共同体理念代表了20世纪下半叶西方共同体研究的另一条学术路径。它与安德森《想象的共同体》均出版于20世纪80年代，被视作共同体研究新方法的肇始。19世纪的滕尼斯以及后来众多理论家们大多将共同体看作以共同纽带为基础、具有社会实践性的有机体。与他们不同的是，安德森、科恩等人主要将共同体视为想象、认知或象征性建构的产物。中国学界对安德森的"想象共同体"早已耳熟能详，但是对科恩的"象征性共同体"（symbolic community）仍知之甚少，因此将《共同体的象征性建构》译入，有助于中国学界进一步了解西方共同体理论建构的另一个重要维度。

科恩的学术贡献不在于对归属感或共享感的论述，而在于探讨共同体如何在自我与他者的互动关系中通过边界意识和象征符号建构出来。在科恩看来，共同体不是纯粹的制度性或现实性的存在，而是具有象征性（符号性）和建构性的想象空间。科恩从文化建构主义的角度来看待共同体的界定，试图揭示同一共同体的成员如何以象征符号的方式确立共同体的边界，如何运用象征符号来维系共同的身份、价值、意义以及心理认同。科恩把共同体看作一个文化场域，认为它一方面拥有复杂的象征符号系统，其意义和价值是建构性的，但另一方面对象征符号的认知也是具有差异性的。换言之，不同的成员既有相同或共通的认同感、归属感，但同时也会存在想象性、虚幻性的误区，甚至其认同感与归属感还会出现本质性的差异。科恩指出，与其说符号在表达意义，不如说符号赋予我们创造意义的能力。因此，象征与符号具有消除差异性并促进共同体建构的积极意义。

科恩的象征性共同体不同于滕尼斯的有机共同体，也不同于德兰蒂的沟通共同体。科恩主要受到了英国人类学家维克多·特纳（Victor Turner, 1920-1983）象征人类学理论的影响。科恩与特纳都被批评界视作"象征性共同体"的重要代表人物。特纳将共同体理解为某种"交融"（communitas）状态，强调共同体是存在于一切社会中的特殊社会关系，而不是某种仅仅局限于固定不变、具有明确空间范畴的社会群体。特纳认为，"交融"不仅表达了特定社会的本质，而且还具有认知和象征的作用。而科恩对共同体边界的论述，为"交融"提供了与特纳不同的阐释。科恩共同体思想的优点在于将共同体视作一种开放的文化阐释体系，认为符号是需要阐释的文化形式，从而避免了简化论，但是他过于强调共同体的象征性维度，因此也忽视了共同体建构中的其他重要因素。

德兰蒂与科恩的共同体思想及其社会学、政治哲学、文化人类学等理论视角对于文论研究与文学批评的意义和价值是毋庸置疑的。无论是德兰蒂的归属感、共有感、沟通共同体，还是科恩的象征共同体以及对边界意识与符号认知的重视，不仅可以拓宽国内共同体研究的视野和范围，也可以为共同体的文学表征与审美研究提供新视角、新材料。尽管近年来国内有学者反对"场外征用"，即反对在文学研究中征用其他学科理论，但正如英国批评家特里·伊格尔顿（Terry Eagleton, 1943- ）所说，根本不存在一个仅仅来源于文学且只适用于文学的文学理论。换言之，不存在一个"纯粹"的与其他学科知识了无关涉的文学理论，希望"纯粹地进行文学研究"是不可能的。更何况德兰蒂在论述共同体时所探讨的乌托邦性、"美好生活"等概念，科恩所阐述的象征符号、自我与他者关系等，都与文学研究中的很多学术命题直接相关。因此，对于国内共同体文论研究与文学批评而言，这两本著作的汉译显然是有一定的借鉴意义与学术价值的。

二

随着当代共同体理论研究的兴起，西方批评界对共同体在文学中的表征与审美研究已取得不少成果，如英国文学批评家雷蒙德·威廉斯（Raymond Williams, 1921-1988）的《乡村与城市》（The Country and the City, 1973）、《关键词》（Keywords, 1976），美国文学批评家 J. 希利斯·米勒（J. Hillis Miller, 1928-2021）的《共同体的焚毁》（The Conflagration of Community, 2011）、《小说中的共同体》（Communities in Fiction, 2015）等。威廉斯的共同体思想在中国学界影响较大，他的两部著作都有中译本问世，其中《关键词》已出了第二版。米勒与中国学界交往密切，他的很多名作也已被翻译成中文，包括《共同体的焚毁》。本套译丛选择国内关注不多的《小说中的共同体》，可以让中国学界对米勒的共同体思想以及共同体理论在批评实践中的具体运用窥斑知豹。下面对威廉斯与米勒两位文学批评家的共同体思想做简要梳理。

在《关键词》中，威廉斯继承滕尼斯的共同体思想，认为"共同体"体现了共同的身份与特征，具有共同的习惯、记忆以及共同的生活方式。他还特别强调共同体内部的情感纽带与共同关怀以及共同体成员之间的亲近、合作与和谐关系。威廉斯主要从历史语义学和文化批评的角度对"共同体"概念进行了考辨与分析。《关键词》虽然不是专门的文学批评著作，但是它在国内的引用率与学术影响远超其文学批评著作《乡村与城市》。在《乡村与城市》中，威廉斯探讨了文学中的"共同体"问题，分析了 19 世纪英国小说对共同体危机的再现，批判了资本主义生产方式对乡村共同体的摧毁。威廉斯在具体的作品分析时提出了"可知共同体"（knowable community）的概念，与早期著作中关于"共同文化"的理想以及对"共同体"的追寻有一脉相承之处。

美国学者米勒也是一位长期关注共同体问题的文学批评家。他一生共出版学术著作 30 多种，其中《共同体的焚毁》与《小说中的共同体》是两本以"共同体"命名的文学论著。在《共同体的焚毁》中，米勒解读了几部重要的犹太人大屠杀小说，认为"纳粹在欧洲实施大屠杀意在摧毁或极大地削弱当地或更大范围内的犹太人共同体"。在《小说中的共同体》中，米勒则是从共同体的角度研究了西方六部（篇）小说，探讨这些作品所描写的社会群体能否成为共同体，以及沟通能力与叙事手段在共同体形塑过程中的重要性。与威廉斯不同的是，米勒在两种著作中都对西方共同体理论做出了评述和回应，其中论及南希、雅克·德里达（Jacques Derrida, 1930–2004）、布朗肖、威廉斯以及马丁·海德格尔（Martin Heidegger, 1889–1976）等人的共同体思想。例如，在《共同体的焚毁》第一章"共同体理论"中，米勒对比了南希与华莱士·史蒂文斯（Wallace Stevens, 1879–1955）所代表的两种不同的共同体理念：一种是南希提出的现代世界对"共同体崩解、错位和焚毁的见证"，另一种是史蒂文斯在诗歌中对"隔绝的、原生的共同体生活"的颂扬。米勒将共同体哲学与共同体的审美表征并置讨论，但是其主导意图在于借用共同体的理论视角来评析弗兰兹·卡夫卡（Franz Kafka, 1883–1924）、托马斯·肯尼利（Thomas Keneally, 1935– ）、伊恩·麦克尤恩（Ian McEwan, 1948– ）、托妮·莫里森（Toni Morrison，1931–2019）等人的小说。米勒似乎并不完全认同共同体的崩溃或"不运作"的观点，并在对具体作品解读分析时赋予共同体历史性的内涵，认为大屠杀小说中的共同体走向分崩离析，反倒说明共同体历史存在的可能性。这一批评思路比较契合威廉斯的思想，即共同体曾经或依然以一种古老的方式存在着。

　　如果将滕尼斯、鲍曼、威廉斯一脉的共同体理论称作人文主义思想传统，那么以南希、布朗肖、德里达等法国学者为代表的共同体理论则代表了当代否定主义或解构主义共同体思潮。米勒作为曾经的美式"解构主义四学者"成员，似乎游走在这两类共同体思想之间。在《小说中的共同体》一书中，米勒对比分析了两种针锋相对的共同体立场，一个是威廉斯对共同体及其积极意义的肯定与赞美立场，另一个是海德格尔对共同体的批判立场以及阿甘本、布朗肖、阿方索·林吉斯（Alphonso Lingis, 1933– ）、德里达等当代思想家对共同体的怀疑立场。米勒习惯性地在著作开头对各家共同体观点进行梳理，如海德格尔的"共在"（Mitsein）思想、南希不运作的共同体，阿甘本与林吉斯的杂乱或毫无共同点的共同体、布朗肖不可言明的共同体、德里达自我毁灭的自身免疫共同体，但是对六部（篇）小说的分析并不拘泥于任何一家理论或学说，也没有将文学文本以外的共同体理论生搬硬套在对小说的分析中。米勒的文学批评更多探讨这些小说对不同社会群体的再现以及这些群体能否构成真正的共同体，从而回应当代理论家们关于共同体是否存在或者是否可能的论说，其中浸润着英美批评界源远流长的人文主义思想传统。正如译者陈广兴所言，米勒在本书中研究不同小说中的共同体，而他所说的"共同体"就是常识意义上的共同体，即基本上能够相互理解、和谐共处的人构成的群体。不过，米勒的共同体理念一方面所表达的是他面对当代美国现实的一种个人信念，即对威廉斯"友好亲密"共同体的亲近与信仰，但另一方面，因为受到当代法国共同体理论的影响，他也不无焦虑地流露出对当代共同体的某种隐忧。他表示希望自己能够相信威廉斯无阶级的共同体，但害怕真正的共同体更像德里达描述的具有自我毁灭的自身免疫特性的共同体。

米勒这两种著作的独特之处在于梳理各家共同体理论之后，通过具体作家作品分析，深入探讨了共同体的审美表征或美学再现。因此，从文学批评的角度来看，米勒的共同体研究明显不同于威廉斯的共同体研究。威廉斯在《关键词》中的研究更多着眼于文化层面，是关键词研究方法的典型代表，具有鲜明的文论色彩。《乡村与城市》则探讨了文艺复兴至 20 世纪英国文学中乡村与城市意象的流变及其文化内涵，其中所论述的"可知共同体"与"情感结构"（structure of feeling）在文学研究领域影响深远，但共同体只是这部名作的重要命题之一，而不是主导或核心命题。与之不同的是，米勒的《共同体的焚毁》基于西奥多·阿多诺（Theodor Adorno, 1903–1969）关于奥斯维辛文学表征的伦理困境展开论述，虽然研究的是大屠杀文学（Holocaust Literature），但"共同体"作为主导命题贯穿他对六位作家批评解读的始终。其姊妹篇《小说中的共同体》择取六部（篇）小说，从16世纪米格尔·德·塞万提斯·萨维德拉（Miguel de Cervantes Saavedra, 1547－1616）到现代英国作家安东尼·特罗洛普（Anthony Trollope, 1815－1882）、托马斯·哈代（Thomas Hardy, 1840－1928）、约瑟夫·康拉德（Joseph Conrad, 1857－1924)、弗吉尼亚·伍尔夫（Virginia Woolf, 1882－1941），再到当代美国作家托马斯·品钦（Thomas Pynchon, 1937－　），横贯现实主义、现代主义、后现代主义三个历史时期，但其中所论所评无一不是围绕小说中特定空间场域中的特定社会群体展开。米勒结合理论界对于共同体概念的不同界定与认识，就每一部小说所描写的特定社群以及社群关系提出不同的共同体命题，如特罗洛普笔下的维多利亚共同体、《还乡》（*The Return of the Native*, 1878）中的乡村共同体、《诺斯托罗莫》（*Nostromo*, 1904）中的殖民（非）共同体、《海浪》（*The Waves*, 1931）中的同一阶层共同体、品钦和塞万提斯的自身免疫共同体，并探讨不同共同体的内涵特质及其审美表征方式。因此，这六部（篇）小说或许可以称为"共同体小说"。换言之，对于文学研究来说，米勒研究的启示意义不仅在于如何以修辞性阅读方法探讨共同体的文学表征问题，而且也在于文学场域之外的共同体理论如何用于文学批评实践，甚至有可能促使文学研究者思考是否存在"共同体小说"这一文类的可能性。

三

《文献卷》第一批五种著作中，除了上述三种英语著作外，还包括法国学者赛琳·吉约（Céline Guillot）的《文学能为共同体做什么?》(*Inventer un peuple qui manque: que peut la littérature pour la communauté?*, 2013)、德国学者玛戈·布林克(Margot Brink)与西尔维亚·普里奇(Sylvia Pritsch)主编的《文学中的共同体——文学-政治介入的现实性》(*Gemeinschaft in der Literatur: Zur Aktualität poetisch-politischer Interventionen*, 2013)。与威廉斯、米勒等人所探讨的共同体审美征象略有不同的是,法、德学者对共同体的研究侧重于文学与共同体的关系。吉约在著作的标题中直接提出其主导命题,即"文学能为共同体做什么",并探析文学或诗歌对于呈现"缺席的共同体"的诗学意义。两位德国学者在著作的导论中也提出类似问题,即"共同体遇到文学时会发生什么""文学与文学写作如何构建共同体",并试图探讨文学与共同体的共振和互动关系。

　　从西方共同体理论的起源与流变来看,文学领域的共同体研究必然是跨学科、跨语种、跨文化的学术探讨。文学研究中的共同体命题既内在于文学作品的审美表征中,也与文学之外的政治学、社会学、哲学、宗教学等学科中的共同体命题息息相关。细读法国学者吉约的论著《文学能为共同体做什么?》,不难发现其文学批评的跨学科性与包容性表现出与威廉斯、米勒等英美学者并不相同的学术气质。这其中的主要原因可能在于法国文学的精神特质毕竟不同于英美文学的精神特质,也在于当代法国学者的共同体理论别具一格,特色鲜明。值得注意的是,英美学界在论述共同体命题时常常倚重以法国为代表的欧洲大陆共同体思想。例如,米勒用德里达自我毁灭的自身免疫共同体来影射当代美国社会,甚至还将南希的"共同体的焚毁"作为书名,法国学者的共同体思想对英美学界的影响可见一斑。

　　吉约主要依托欧陆思想家乔治·巴塔耶(Georges Bataille, 1897-1962)、布朗肖、南希、阿甘本、汉娜·阿伦特(Hannah Arendt, 1906-1975)等人的共同体理论,极少引用英美学者的共同体著述。吉约在

第一章探讨"内在主义"导致共同体传统模式失败与共同性的本质性缺失时，纵横勾连，不仅对比引述了意大利思想家阿甘本的"即将到来的共同体"模式与德国思想家阿伦特的"公共空间"概念，还从布朗肖的"非实在化"共同体引出法国思想家巴塔耶关于献祭概念与共同体实现之间的跨学科思考。吉约最后以布朗肖的《亚米拿达》（*Aminadab*, 1942）、《至高者》（*Le Très-Haut*, 1949）、《田园牧歌》（*L'Idylle*, 1936）等多部文学作品为论述中心，探讨共同体政治与共同体诗学相互关联但并不重合的复杂关系。

　　吉约文学研究的跨学科性在第二章四个场景的探讨中体现得更加充分。场景一"无神学"讨论巴塔耶与布朗肖，场景二"世界末日"讨论亨利·米肖（Henri Michaux, 1899-1984）与布朗肖，场景三"任意之人"讨论米肖与阿甘本，场景四"拉斯科"讨论布朗肖和勒内·夏尔（René Char, 1907-1988）。巴塔耶与布朗肖既是著名思想家，又是著名文学家与文学批评家；阿甘本是意大利哲学家与美学教授；布朗肖、米肖、夏尔又都是法国战后文学的杰出代表。吉约的论述纵横驰骋于这些思想家、哲学家与文学家的著作与思想中，尤其是对米肖与夏尔诗歌创作的细致分析，试图从法国式"否定的共同体"角度建构某种"共同体的诗学"，探讨法国文学作品对"共同体的缺席"的艺术思考，从而追寻共同体的根源并深刻思考通过文学重构人类共同体的可能性。正如吉约所说，通过上述四个标志性场景的展示，旨在"呈现文学如何担负否定性以及联结的缺失"，即"如何在一种共同体诗学中担负'缺席的共同体'"，同时也"展现文学在其与宗教（无神学）、与历史（世界末日）、与个体（任意之人）、与作品（拉斯科）的关系中，如何重拾并追问共同体的根源，并在歪曲的象征与鲜活的形象中，赋予某种'如一'（comm-un）的事物以形象，来重新组织起共同体"。

在第三章也是本书最后一章"孕育中的共同体"中，吉约以米肖、夏尔两位法国诗人的作品为论述中心，分析主体、他者、友谊、死亡等与共同体密不可分的主题，揭示诗歌对于建构人类共同体的诗学意义。布朗肖曾在文学批评著作《不可言明的共同体》中以法国作家玛格丽特·杜拉斯（Marguerite Duras, 1914-1996）的小说《死亡的疾病》（*La Maladie de la mort*, 1982）为中心，探讨了以伦理和爱为中心的"情人的共同体"概念，而吉约在这一章论述诗学共同体，在一定程度上呼应了布朗肖的论述。尤其是在分析文学写作与共同体关系时，她提出的"共同体诗学"与布朗肖的"书文共同体主义"有异曲同工之效。如果说米勒在《小说中的共同体》中隐含了"共同体小说"的可能性，那么吉约承续了布朗肖、南希、德里达等人的共同体思想衣钵，探讨了 20 世纪上半叶因为世界大战、极权主义等导致"共同体失落"之后"文学共同体"存在的可能性及其存在方式。中国学界对巴塔耶、布朗肖、南希、德里达等人的共同体思想关注较多，吉约这本书的出版将有助于国内读者进一步了解法国文学批评界的共同体研究动态。

德国学者布林克与普里奇主编的《文学中的共同体——文学-政治介入的现实性》是一部文学批评文集，收录了 19 篇学术论文与导论文章《文学中的共同体：语境与视角》。这部文集是德国奥斯纳布吕克大学一次跨学科研讨会的成果。德国存在着一个历史悠久的共同体思想传统，尤其是 19 世纪马克思、黑格尔、康德、滕尼斯等人的共同体思想影响深远。进入 20 世纪后，由于国家社会主义对共同体的挪用导致共同体社会实践遭遇重大挫折，共同体概念在德语区，尤其是德语文学与文化研究领域一直不受重视，甚至遭到排斥。20 世纪 80 年代，西方学术界对社群主义与自由主义的论辩引发了欧美政治学、哲学、社会学领域内对共同体探讨的热潮，在全球化影响不断加深、传统共同体逐渐解体的背景下，德国批评界举办了这次重要的共同体跨学科研讨会。此次会议旨在从德语和罗曼语族文学、文化研究以及哲学角度探讨文学审美中的共同体命题。此次会议的召开也充分表明德国文学批评界开始对共同体问题给予关注和重视。

在导论中，两位德国学者充分肯定了共同体研究的当下意义与价值。在他们看来，共同体是一个在日常与政治社会话语中具有当下意义的术语。它不是中性的或纯描述性的，而是一个高度异质性、意识形态性、具有规范性与情感负载的概念，也总是体现着政治伦理内涵。他们还借用荷兰学者米克·巴尔（Mieke Bal，1946- ）的观点，将共同体视作一个"旅行概念"，认为它在不同时代、不同学科、不同文化和不同社会环境中不断迁徙。编者以德、英、法三种语言中的"共同体"（Gemeinschaft, community, communauté）概念为基础，试图说明其多向度、跨学科的旅行轨迹，佐证其意义与内涵的差异性和变化性以及共同体主题探讨的多种可能性。两位学者认为，在文化上，［共同体］是在法国、德国、加勒比地区、拉丁美洲和美国的文学与理论间旅行，也是在具有特定跨文化背景作家如加缪、庞特或罗曼语族文化圈作家的创作间旅行；历时地看，是自古代至后现代的文本间的旅行，相关的重点集中在现代性上；在跨学科方面，论集中的共同体概念是在日耳曼学研究、罗曼语族研究、哲学和社会学之间迁徙；在理论上，它已进入与其他概念如团结、革命、颠覆、新部落主义、共同生活知识、集体身份或网络形成的多层面张力和共振关系中。

两位学者还指出，概念与理论的不同迁移运动产生了四个不同的共同体主题范畴，即特殊性与共同体、危机与共同体、媒介共同体以及共同体的文学-政治。文集按照这四个共同体问题范畴，将 18 篇论文分为四组，按照时间顺序编排，为文学共同体研究中的不同学术命题提供了一个相对清晰的时间结构框架，由此覆盖了19世纪浪漫主义文学以及众多现当代德国、法国、拉丁美洲等国家或地区的文学。在每一个主题范畴内，研究者所探讨的学术命题各不相同，如第一组论文涉及19世纪德国浪漫主义文学中的个体与共同体关系、同质化的民族共同体、共同体免疫逻辑问题以及法国作家阿尔贝·加缪（Albert Camus, 1913-1960）的"反共同体"观等；第二组论文探讨共同体主义与社会危机之间的联系；第三组论文考察共同体与特定媒介表达之间的相互作用；第四组论文讨论文学共同体建构中的政治与伦理责任。

这部文集中的18篇论文以德语文学和法语文学为主要研究对象，在理论上呼应了德国、法国共同体思想传统，并将法语文学及其理论体系中深厚的共同体传统与20世纪德国共同体研究受挫的状态进行了对比。两位德国学者在对法国共同体理论家，尤其是后结构主义思想家表达足够敬意的同时，并不排斥英、美、意以及德国本土的共同体理论。文集中的德国学者一方面从后结构主义/后现代主义的角度研究德法文学中的共同体命题，同时也将文学看作文化的存储库，甚至是文化记忆的组成部分，视之为共同体反思与共同体知识建构的核心媒介和重要形式。他们发出呼吁，曾经被德国文学研究界一度忽视的共同体概念或命题"不能简单地束之高阁，被别的术语或新词所替代"。文集中的德国学者对文学共同体命题的探讨，容纳了20世纪90年代以来西方学术界对集体身份、文化记忆、异质性、延异性、新部落主义、网络、多元性、独一性等相关问题的探讨，揭示了德法文学中的共同体表征与审美形式以及共同体概念从哲学、政治学、社会学等领域迁徙至德国文学批评与美学中的独特面相。

此外，从两位德国学者的批评文集及其所引文献来看，德语区关于共同体的研究并不少见，而是多有建树。然而，除了滕尼斯的《共同体与社会》外，其他共同体著述在国内的译介寥寥无几。例如，赫尔穆特·普莱斯纳（Helmuth Plessner, 1892–1985）于1924年出版的《共同体的边界》（*Grenzen der Gemeinschaft*）立足于哲学人类学视阈，在继承滕尼斯"共同体"思想传统的基础上，探讨了20世纪早期德国激进主义共同体实践运动，赋予了共同体理论图式不同的价值内涵。这本著作迟至2022年8月才被译成汉语。又如，德国学者拉斯·格滕巴赫（Lars Gertenbach）等人的《共同体理论》（*Theorien der Gemeinschaft zur Einführung*, 2010）是文集中不少学者频繁引用的一部当代名作，但中国学界几无关注。这部著作在探讨现代共同体思想时，清晰地勾勒出两条共同体理论发展脉络：一条脉络是早期浪漫派对共同体及其形式的思考与设想，民族国家对共同体理念的推进，早期社会主义和共产主义运动对共同体理念的实践，以及20世纪种族主义/法西斯主义对共同体理念的破坏；另一条线索是当代西方社群主义对共同体理念的维护以及后结构主义/解构主义对共同体概念的消解与重构。因此，这部文集的翻译出版，可以让国内读者在了解英、美、法三国共同体理论与文学批评外，能对德国理论界和批评界的共同体研究有一个简明、直观的认识。

四

《文献卷》原计划完成一套包容性强的多语种共同体丛书。然而，列入版权购买计划的俄国学者叶莲娜·彼得罗夫斯卡娅（Елена Петровская）的《匿名的共同体》（*Безымянные сообщества*, 2012）、德国学者罗伯特·明德（Robert Minder）的《德法文学中的共同体本质》（*Das Wesen der Gemeinschaft in der deutschen und in der französischen Literatur*, 1953)、日本学者大冈信的《昭和时代诗歌中的命运共同体》

（昭和詩史：運命共同体を読む，2005）与菅香子的《共同体的形式：意象与人的存在》（共同体のかたち：イメージと人々の存在をめぐって，2017），因为版权联络不畅，最后不得不放弃。第二次版权购买时，拟增补四种共同体文献，但出于同样的原因，仅获得以下两种著作的版权，即雷米·阿斯特吕克（Rémi Astruc）主编的《重访共同体》（*La Communauté revisitée*, 2015）与杰拉尔多·罗德里格斯-萨拉斯（Gerardo Rodríguez-Salas）等人主编的《共同体与现代主义主体新论》（*New Perspectives on Community and the Modernist Subject*, 2018）。目前，前五种文献即将付梓，但后两种文献的翻译工作才刚刚开始。下面对这两本著作做简略介绍。

《重访共同体》是巴黎塞纳大学法语文学与比较文学教授阿斯特吕克主编的法语论文集，分为共同体理论、多样性的共同体实践以及法语共同体三个部分，共收录共同体研究论文 10 篇，以及一篇共同体学术访谈。这本著作的"重访"主要基于法国批评家南希的共同体理念，即共同体问题是我们这个时代的根本问题，与我们的人性密切相关，并试图探讨全球化背景下人类社会的最新状况与共同体之间的复杂关系。第一部分三篇文章，包括阿斯特吕克本人的文章，侧重理论探讨，主要对南希的共同体理论做出回应或反拨。阿斯特吕克并不完全赞同南希的"否定的共同体"思想，认为共同体先于集体，是一股"自然"存在于异质性社会中的积极力量。另外两篇文章分别讨论否定共同体、共同体与忧郁等问题，在法国后结构主义之后对共同体理论做出重新审视。第二部分三篇文章讨论音乐、艺术、网络写作等对共同体的建构作用，揭示当下人类社会多样化的共同体实践所具有的理论价值和意义。第三部分四篇文章探析法语文学和法语作家在形塑"法语共同体"方面所发挥的重要作用，并将非洲法语文学、西印度群岛法语文学纳入考察范围，不仅凸显了文学与写作对于共同体构建的意义，也特别强调同一语言对于共同体的表达与形塑的媒介作用。作为曾经的"世界语言"，法语自 20 世纪以来不断衰落，法国学者对"法语共同体"的追寻试图重拾法语的荣光，似乎要重回安德森所说的"由神圣语言结合起来的古典的共同体"。他们将法语视作殖民与被殖民历史的共同表征媒介，其中不乏对欧洲殖民主义历史的批判与反思，但也不免残留着对法兰西帝国主义的某种怀旧或留恋。《重访共同体》的译介将有助于国内学界更多地了解法语文学批评中的共同体研究状况，也希望能引起国内学者对全球法语文学共同体研究的兴趣。

与《重访共同体》一样，西班牙学者罗德里格斯-萨拉斯等人主编的《共同体与现代主义主体新论》也是一本学术文集。文集除了导论外，共收录学术论文 13 篇。文章作者大多是西班牙学者，其中也有美国、法国、克罗地亚学者。这本文集主要从共同体的角度重新审视 20 世纪英美现代主义小说中的主体性问题，试图揭示现代主义个体与共同体之间的辩证关系。20 世纪英美学界普遍认为，"向内转"（inward turn）是现代主义文学创作的根本特征。很多学者借用现代心理学、精神分析学等批评视角，探讨现代主义文学对内在现实（inner reality）或自我内在性（interiority）的表征。近 20 年兴起的"新现代主义研究"（New Modernist Studies）采用离心式或扩张式的批评方法，从性别、阶级、种族、民族等不同角度探讨现代主义文学，体现了现代主义研究的全球性、跨国性与跨学科的重要转变。然而这本文集则是对当下"新现代主义研究"的反拨，旨在"重新审视传统现代主义认识中的核心概念之一——个体"。但本书研究者并不是向传统现代主义研究倒退，而是立足于西方个人主义与社群主义大论争的学术背景，准确抓住了现代主义文学研究中的核心问题，即个体与社群的关系问题。在他们看来，传统现代主义研究大多只关注共同体解体后的个体状况，经常将自我与现实、自我与社会完全对立起来，却忽视了小说人物对替代性社群纽带的内在追寻。著作者们主要运用当代后结构主义共同体理论视角，就现代主义个体与共同体的关系问题提出了很多独到的见解。

米勒在《小说中的共同体》中说，如何看待个体性和主体间性的本质，基本上决定着一个人对共同体的看法。从这本文集的导论来看，学者们主要依托南希和布朗肖对运作共同体与不运作共同体的区分，探寻现代主义小说叙事中的内在动力，即现代主义作家们一方面在表征内在自我的同时背离了现实主义小说对传统共同体的再现，另一方面也没有完全陷入孤独、自闭、疏离、自我异化等主体性困境，而是以直接或间接的方式探寻其他共同体建构的可能性。在该书编者看来，现代主义叙事大多建立在有机、传统和本质主义共同体与不稳定性、间歇性和非一致性共同体之间的张力之上。该书的副标题"独一性、敞开性、有限性"即来自南希"不运作的共同体"（又译"无用的共同体"）理论中的三个关键词。三位主编以及其他作者借用南希、布朗肖、阿甘本、罗伯托·埃斯波西托（Roberto Esposito, 1950– ）、德里达等当代学者的理论，从后结构主义共同体的批评角度对现代主义主体重新定义，就经典现代主义作家，如亨利·詹姆斯（Henry James, 1843–1916）、康拉德、詹姆斯·乔伊斯（James Joyce, 1882–1941）、伍尔夫、威廉·福克纳（William Faulkner, 1897–1962）等，以及部分现代主义之后的作家，如萨缪尔·贝克特（Samuel Beckett, 1906–1989）、詹姆斯·鲍德温（James Baldwin, 1924–1987）等，进行了新解读，提出了很多新观点。这本文集既是对"新现代主义研究"的纠偏或反拨，也是对传统现代主义研究的补论与深化。这本文集的翻译与出版对于国内现代主义共同体表征研究不无启发意义。

五

《文献卷》共有著作七种，其中六种出版于近 10 年内，而过去 10 年也是国内文学批评界对共同体问题高度关注的 10 年。因此，这套译丛的出版对于批评界研究文学中的共同体表征，探讨文学与共同体的双向互动关系，以及文学视阈下的共同体释读与阐发，无疑能起到积极的作用。将西方最新共同体研究成果译入中国，还可以直接呼应当代中国推动人类命运共同体构建的价值共识，也有助于当代中国马克思主义批评视角下的共同体研究。

《文献卷》七种著作得以顺利问世，首先应当感谢所有译者。没有他们的敬业精神与专业水准，在极短的版权合同期限内完成译稿是不可能做到的。其次，这是一套多语种译丛，原作的筛选与择取非一二人之力可以完成，尤其是非英语语种共同体批评著作的梳理，若非该语种专业人士，实难进行。这其中凝聚了很多人的汗水和劳动，在此衷心感谢！他们是上海外国语大学德语系谢建文教授及其弟子、南京大学法语系曹丹红教授、上海交通大学外国语学院吴攸副教授、上海外国语大学日本文化经济学院高洁教授、上海外国语大学文学研究院助理研究员张煦博士。

最后，特别鸣谢上海外语教育出版社孙玉社长、谢宇副总编、版权部刘华初主任、学术部孙静主任、多语部岳永红主任，以及编辑苗杨、陈懋、奚玲燕、任倬群等。没有他们的支持与热心帮助，《文献卷》的问世是不可想象的。

张和龙　执笔

查明建　审订

于上海外国语大学

2022 年 10 月

共同体：理论、文学创作与批评实践

英国学者杰拉德·德兰蒂（Gerard Delanty，1960– ）所著的《共同体》（*Community*）系统梳理了"共同体"概念的发展脉络，从哲学、社会学、人类学、宗教、文化等多视角、全方位地介绍了西方的共同体理论，是目前最为详尽的介绍共同体理论的专著之一。该书辅之以案例说明，兼具理论性与实践性，是一本非常实用的介绍性共同体理论专著。

德兰蒂在全面介绍共同体的相关理论和发展脉络时，列举了许多理论家及其著述，并提纲挈领地总结不同理论家的核心理论和值得争辩之处，让人颇有观看"华山论剑"的眼花缭乱之感。作为该书的译者和文学批评者，我试从共同体理论、共同体文学创作及文学批评实践三方面略做探究。

一、共同体理论

随着国内对共同体研究的升温，这个词越来越令人捉摸不透，共同体几乎可以与任何一个词搭配。现代以来对共同体概念的解释可谓是五花八门，定义多达百余种。埃里克·霍布斯鲍姆（Eric Hobsbawm，1917–2012）在《极端的年代》（*The Age of Extremes*，1994）中指出："近几十年里，在现实生活中已经再难找到社会学意义上的共同体，'共同体'一词被随意、空洞地滥用到了前所未见的地步。"[1] 共同体的繁杂可以从德兰蒂的《共同体》九个章节的名称窥见一斑：作为理念的共同体、共同体与社会、城市共同体、政治共同体、共同体和差异、歧见共同体、后现代共同体、世界主义共同体和虚拟共同体。尽管德兰蒂按照传统时期、现代时期、后现代时期、21世纪四个时间段来探讨不同历史时期共同体的基本特征，但他并没有严格按照时间顺序来梳理共同体的发展脉络，而是善于将共同体置于多组关系之中，探讨共同体与其他元素的关系，例如共同体与个人主义、共同体与社会、多元文化共同体、共同体与城市、地方性及全球性、沟通与网络等等。放置于关系之中，的确符合共同体本身的内涵特征。共同体一词源自拉丁语词汇 com（意为"共同、联合"）和 unus（表示数字一、独体），该词本身蕴含着个体与集体、独体与联合、沟通与差异等内涵，在不同历史时期呈现出不同的侧重。

德兰蒂指出，人类对于共同体有着持久的怀念。他认为共同体概念起源于西方的乌托邦思想，并将其放置于古典社会学和人类学的语境中加以剖析。这种做法具有学理上的合理性。共同体与乌托邦有

1　E. Hobsbawm. *The Age of Extremes: The Short Twentieth Century, 1914–1991*. London: Michael Joseph, 1994, p.428.

着千丝万缕的联系，它们虽然源头不同，但享有共同的内核，即"尚未"状态。这个"尚未"状态，是一种一直"在路上"的愿景，处于未完成、动态发展的状态，是一种希望话语。

不同领域的学者对"共同体"的概念有着不同的理解和定义。哲学及历史学研究倾向于把"共同体"当作一种意识形态或乌托邦。德兰蒂从现代性的语境中比较共同体与乌托邦，从这一点来看，德兰蒂不无正确地将我们引领到正确的起点，从经典思想家、哲学家和社会学家那里汲取共同体理论之源：乌托邦。共同体与乌托邦拥有相似的内核，同样受到现代性的冲击，共同追求人类的诗意栖息。从定义上来看，共同体的概念似乎比乌托邦更为庞杂。人类对于共同体的追求最早可以追溯到古希腊的城邦共同体，柏拉图（Plato，428/427-348/347 B. C.）的《理想国》（*The Republic*，375 B. C.）和亚里士多德（Aristotle，384-322 B. C.）的《政治学》（*Politics*，325 B. C.）所勾画的城邦生活为后世提供了一种共同体的理想模式，也可以说，柏拉图的《理想国》提出了人类历史上最早的乌托邦或共同体的理想模型。柏拉图设想的城邦共同体努力满足不同类型社会阶层的需要，他从正义原则出发，认为正义就是各安其位、各司其职，要求不同的人履行城邦的相应职能，规定了每一种人的社会位置，这种理想城邦可谓共同体的原型。

到了 16 世纪，资本主义时代已经开启，随着资本原始积累的加速，小商品生产者的两极分化日益严峻。在英国，随着王权与贵族和教会势力斗争激烈，农民与新兴资产阶级的冲突引发了阶级矛盾和社会危机，乌托邦思潮在这种激荡的社会中应运而生。1516 年，托马斯·莫尔（Thomas More，1478-1535）在《乌托邦》（*Utopia*）中正式提出了乌托邦模式，设想了如何合理地重组国家和社会，如何维持秩序和自由，如何确保乌托邦的自由、平等、民主、幸福，等等，他的乌托邦思想中蕴含着共同体生活制度建设的构想。

　　17-18 世纪，随着启蒙运动的产生，乌托邦共同体呈现出理论化的特点，出现了一系列描绘理想社会的著作。在这一时期，对共同体的论述呈现出对国家的批判态势，共同体成为一种绝不可能实现的梦想，即一种原始的社会关系。在这种关系里，不需要国家的存在，是一种绝对主义和无政府主义。约翰·洛克（John Locke，1632-1704）在《政府论》（*Two Treatises of Government*，1689）中论及政治社会的起源时提出过共同体的概念，奠定了契约共同体的雏形：

　　任何人放弃其自然自由并受制于公民社会的种种限制的唯一的方法，是同其他人协议联合组成为一个共同体，以谋他们彼此间的**舒适、安全**和**和平**的生活，以便安稳地享受他们的财产并且有更大的保障来防止共同体以外任何人的侵犯。[1]

　　18 世纪末 19 世纪初，乌托邦共同体思想更趋成熟，以克劳德·昂利·圣西门（Claude-Henri de Rouvroy，Comte de Saint-Simon，1760-1825）、让·巴普蒂斯·约瑟夫·傅立叶（Baron Jean Baptiste Joseph Fourier，1768-1830）、罗伯特·欧文（Robert Owen，1771-1858）为先驱的乌托邦主义者开始将理想付诸实践论证，试图建立"人人平等，个个幸福"的新社会，无数乌托邦理想主义者在他们的带领下历尽艰辛，在欧洲和美洲创建美好家园，人们期待着实现"全部平等的共同体"理想。共产主义共同体在 19 世纪的美洲大陆非常普遍，这片大陆有着强烈的乌托邦想象，经常以共产主义实验的形式

1　洛克：《政府论》（下篇），叶启芳、瞿菊农译，北京：商务印书馆，1996 年，第 59 页。着重号为笔者所加。

出现。德兰蒂在《共同体》（第三版）中增加"共同体发展"的内容，以拉美的"美好生活"（buen vivir）概念为例，指出"共同体发展通常被看作解决社会问题的方案"，用于应对生态问题和增强本土共同体自决权。殷企平教授曾经指出："共同体概念最重要的属性是文化实践，意在改造世界。"[1] 这充分说明了共同体理念和实践对于现实的改造意义。

进入 20 世纪后，经济、技术、信息等方面的全球化和世界多极化使人类社会越来越相互依存、休戚与共，人类命运共同体逐渐成为国际社会的共识。在全球化与逆全球化潮流对冲的语境下，探寻共同体的精神内涵显得更加重要。当下，地区与宗教冲突不断、恐怖主义升级、种族、阶级、性别等方面的矛盾依然层出不穷。德兰蒂在书中多次以特朗普当选美国总统和英国脱欧为例说明当今国际社会政治共同体的严重分裂，并通过欧洲人的身份认同探讨世界主义共同体问题，体现了他对民粹主义的担忧。正因为如此，人类命运共同体建构才越来越具有必要性和紧迫感。人类社会和谐共存、各种文明互学互鉴必须成为地球村村民幸福生活的起点，洛克所提出的**"舒适、安全和和平的生活"**依然是人类社会朴实而恒久的追求。

在德兰蒂看来，"共同体的盛行可以看作人们对凝聚力和归属感危机的响应，全球化进程诱发并加剧了这种危机……共同体以种族、宗教、阶级或政治为基础，它们的规模或大或小，团结程度也各不相同。有的共同体以地方为基础，有的可能是全球性的；有的共同体拥护既定秩序，有的则想颠覆它；共同体可以是传统的、现代的甚至后现代的；它可能是反动的，也可能是进步的。"[2] 他认为，当代共同体

1　殷企平：《西方文论关键词：共同体》，《外国文学》，2016 年第 2 期，第 76 页。
2　见本书正文第 2 页。

本质上是基于新型归属感而构成的沟通共同体，较为精准地概括了归属感和沟通对于当下社会生活的重要性。

除了哲学和政治学领域对共同体的探讨之外，社会学家对于共同体概念的讨论非常丰富。社会学家通常认为，传统意义上的共同体指一种基于小团体、具有特定形式的社会组织，如邻里、小城镇或片区。斐迪南·滕尼斯（Ferdinand Tönnes，1855-1936）的《共同体与社会》（*Gemeinschcft und Gesellschcft*，1887）是最早从社会学角度探讨共同体的著作之一。在滕尼斯看来，共同体强调的是人与人的紧密关系，表达的是一种共同的意识和价值观念所产生的团体归属和认同。埃米尔·涂尔干（Émile Durkheim，1858-1917）持不同观点，认为滕尼斯忽视了随着现代性而出现的真正的共同体形式。以往许多讨论都围绕共同体与社会或传统与现代的二元论展开，后现代共同体理论家则从解构主义视角剖析后现代共同体。莫里斯·布朗肖（Maurice Blanchot，1907-2003）、让-吕克·南希（Jean-Luc Nancy，1940-2021）、吉奥乔·阿甘本（Giorgio Agamben，1942-　）等哲学家强调主体性、差异性、多样性、沟通性和情感性，米歇尔·马菲索利（Michel Maffesoli，1944-　）则从社会学角度理解后现代共同体，认为日常生活所维持的社会形式、消费形式和非正式的友谊网络中都存在后现代共同体，这与让·鲍德里亚（Jean Baudrillard，1929-2007）的"拟像与仿真"理论形成了强烈对照。受"关键词"式介绍性文本所限，德兰蒂只能对这些不同的后现代共同体理论点到为止，其精妙和细微之处有待读者深入挖掘。

甘文平教授非常精准地指出，《共同体》"近一半的篇幅讨论后现代主义语境下的各种共同体理论"，[1] 足见德兰蒂对后现代语境的重

1　甘文平：《西方"共同体"理论建构的世纪跨越》，《当代外国文学》，2020 年第 2 期，第 121 页。

视以及对共同体在该语境下的危机的洞察。共同体是危机语境中的希望话语，作家往往在社会危机最严峻的时候创作出强烈的共同体精神的文学作品。我试以美国的共同体文学为例，对共同体文学创作略做探讨。

二、共同体文学创作：以美国文学为例

是否存在文类意义上共同体文学？如果答案是肯定的，那么"共同体作家"的标签包含哪些特质？目前学界多讨论共同体思想在文学中的表征，对于"共同体文学"的诞生时间尚无定论。殷企平教授指出："自柏拉图发表《理想国》以来，在西方思想界一直存在着思考共同体的传统，但是共同体观念的空前生发则始于18世纪前后。"[1]基于此，若将柏拉图的《理想国》看作共同体文学的诞生之作亦无不可，托马斯·莫尔的《乌托邦》可能是更为确定的共同体文学。共同体"不像其他所有指涉社会组织（国家、民族和社会等）的术语，它共同体似乎总是被用来激发美好的联想……"[2]从这个意义上来说，共同体文学是秉持希望原则、刻画人类复杂而共通的命运、折射未来美好愿景和深厚人文关怀的文学，其本质是"社会梦想"，体现了政治与文学的血亲关系。在J. 希利斯·米勒（J. Hillis Miller，1928-2021）的《共同体的焚毁》（*The Conflagration of Community*，2011）、《小说中的共同体》（*Communities in Fiction*，2015）等著作中，批评家似乎并不关注共同体文类的建构，而是借助修辞性阅读探讨小说中的共同体或非共同体特征。甘文平教授在论文《西方"共同体"理论建构的

1　殷企平：《西方文论关键词：共同体》，《外国文学》，2016年第2期，第71页。
2　Raymond Williams. *Keywords: A Vocabulary of Culture and Society*. London: Fontana, 1988, p.76.

世纪跨越》中指出：中国学者可以与西方学者共同探讨"共同体文学"作为一种文学类型构建的可行性。[1] 殷企平教授在共同体文学研究方面著述颇丰，他指出："优秀的文学家对共同体的想象，实际上是对现实生活中共同体的塑造。"[2] 在世界文学的版图中，共同体文学自古有之，优秀的文学家以文学虚构形塑不同时代的共同体。

奥斯卡·王尔德（Oscar Wilde，1854-1900）曾言："世界地图如果不包括一块乌托邦，就根本不值得一瞥，因为它缺少承载人性的地方"。[3] 在这里，我们可以用"共同体"替换该句中的"乌托邦"，因为两者都具备强烈的未来色彩和实践特征，都蕴含着共同的身份认同理念和对归属感的强烈追求，折射出对建构美美与共的人类命运共同体的共同企盼。德兰蒂在《共同体》中非常磅礴地介绍了古往今来，从古希腊传统的柏拉图理论到后现代共同体的各种理论与形式，而作家都在不同的文学作品中，展示出不同时代的共同体或"非共同体"。

在美国历史上，共同体文学与共同体实践大量存在。"共同体是一个乌托邦理念，因为它既是可实现的理想，也是一种具体存在的现实。它表达了一种取代现状的乌托邦式的愿望。到了19世纪，新的共同体形式大量涌现，尤其是在北美。"[4] 17世纪，英国清教徒乘坐"五月花号"逃离英格兰，抵达新英格兰，美国共同体精神的起源与"神的荣光"紧密关联起来。在当时的政治语境下，清教徒所追求的

1　甘文平：《西方"共同体"理论建构的世纪跨越》，《当代外国文学》，2020年第2期，第124页。

2　李睿、殷企平：《"共同体"与外国文学研究——殷企平教授访谈录》，《复旦外国语言文学论丛》，2021年第2期，第63页。

3　Oscar Wilde. *The Soul of Man Under Socialism*. London: Forgotten Books，2008，p.18.

4　见本书正文第19页。

共同体是为宗教实践而追求自由，而非追求宗教"本身"的自由，[1] 尽管如此，清教徒身上体现了美国最早的共同体追求，其布道词中隐含"应许之地"的共同体愿景。

美国的共同体文学诞生于 19 世纪中期的超验主义运动之中，在 19 世纪后半叶和 20 世纪 70 年代以降经历了两次繁荣。美国的共同体文学是社会思潮的集中体现，折射出文学作品与社会政治历史文化之间的互动关系。共同体文学积极"介入"社会政治生活与现实生活，催生了许多乌托邦公社或组织，影响社会政治生活以及个体的生存状况，推动社会进步。纳撒尼尔·霍桑（Nathaniel Hawthorne，1804-1864）的《福谷传说》（*The Blithedale Romance*，1852）反映了作家"对 19 世纪 20 至 40 年代如火如荼的乌托邦实验热潮的思考，是作家政治思想的集中体现"。[2] 亨利·戴维·梭罗（Henry David Thoreau，1817-1862）的《瓦尔登湖》（*Walden*，1854）是美国乌托邦运动的产物，它"并没有提出改革政府的建议，而是记录真实生活的改变"，[3] 充满了共同体因素，"把美国的乌托邦许诺推向了极端：每个人都有权利和机会去追求自己的、甚至有些怪癖的对于美好生活的梦想"，[4] 这种梦想即共同体的幸福和归属之梦。

19 世纪末的美国工业化进程非常迅速，一些作家对于美国的进步充满乐观和自信情绪，这种情绪在共同体作品中体现出来，例如金·坎普·基利特（King Camp Gillette，1855-1932）的《人类的漂流》（*The Human Drift*，1894）、亨利·奥勒利奇（Henry Olerich，

1　弗朗西斯·福山：《历史的终结》，呼和浩特：远方出版社，1998 年，第 370 页。

2　尚晓进：《乌托邦、催眠术与田园剧——析〈福谷传奇〉中的政治思想》，《外国语》，2009 年第 6 期，第 79 页。

3　Robert F. Sayre . "American Myths of Utopia." *College English*, 31.6 (1970): 614.

4　Krishan Kumar. *Utopia and Anti-Utopia in Modern Times*. New York: Basil Blackwell Ltd., 1987, p.82.

1851-1927）的《没有城市和国家的世界》（*A Cityless and Countryless World: An Outline of Practical Co-operative Individualism*, 1893）等。与此同时，工业社会与技术发展也为人们带来焦虑。P. W. 杜纳（P. W. Dooner, 1844-1907）的《共和国末日》（*Last Days of the Republic*, 1880）、亨利·斯坦迪西·柯弗代尔爵士（Sir Henry Standish Coverdale, 1851-1936）的《伟大共和国的衰落》（*The Fall of the Great Republic*, 1885）以及伊格内休斯·唐纳利（Ignatius Donnelly, 1831-1901）的《恺撒的圆柱》（*Caesar's Column*, 1890）等作品集中反映了这种焦虑和对共同体的担忧。

许多美国女性作家在作品中对社会变革做出回应，体现了较为强烈的共同体思想。19 世纪的女权主义运动具有激进性和颠覆力，许多作品有着鲜明的批判意识。玛丽·格里菲斯（Mary Griffith, 1772-1846）的小说《三百年后》（*Three Hundred Years Hence*, 1836）可谓开创了美国女性共同体文学传统，玛丽·布莱德利·雷恩（Mary E. Bradley Lane, 1844-1930）的小说《米佐拉》（*Mizora*, 1880-1881）、萨拉·奥尼·朱厄特（Sarah Orne Jewet, 1849-1909）的《尖枞树之乡》（*The Country of the Pointed Firs*, 1896）等以女性视角描绘了充满田园气息和怀旧色彩的理想世界，用于抗拒工业时代的喧嚣和对社会变革的忧虑，追求归属感是这类小说中共有的鲜明主题。20 世纪初，美国女作家夏洛特·帕金斯·吉尔曼（Charlotte Perkins Gilman, 1860-1935）的女性主义乌托邦三部曲：《移山》（*Moving the Mountain*, 1911）、《她乡》（*Herland*, 1915）以及《与她同游我乡》（*With Her in Ourland*, 1916），体现了作家解构父权社会、建构性别平等的命运共同体的愿景。

19 世纪末 20 世纪初，美国的城市化过程已经开始，在工业现代化进程中，各种经济、政治、社会矛盾纠缠交错，各种运动和思潮体现了强烈的激进主义共同体特征。在世纪转折时期的美国，社会主义、女权主义、黑人民族主义、无政府主义等纷纷登上历史舞台，女性、黑人、无产阶级等"边缘人物"开始争取自由、平等和权利。"希望话语"是美国激进和改革时期的主调，19世纪后半叶的美国小说对激变的美国社会进行人文反思，成为共同体梦想的第一次集中闪耀。

　　到了20世纪初，现代主义的冲击让共同体文学相对沉寂。弗洛伊德理论的流行使得"许多作家的关注转入内心，对自我的兴趣加强，他们对政治、经济等社会的大的方面缺乏热情，他们的作品涉及的主题也常常与社会生活脱节"。[1] 杰克·伦敦（Jack London，1876–1916）的《铁蹄》（*The Iron Heel*，1907）是当时为数不多的具有共同体思想的小说之一，有评论家称之为"批判资本主义，推进社会主义"的"宣传机制"，[2] 预言了美国财阀阶级的寡头政权（杰克·伦敦称之为"铁蹄"）走向法西斯统治的必然发展道路。小说描绘的最后一个时段的年号为"大同419年"，英语是BOM（Brotherhood of Man），表达了杰克·伦敦对于实现"人之大同"的乌托邦理想，[3] "人之大同""美美与共"也是人类命运共同体的终极追求。

　　20世纪70年代初，随着"绿色革命"的爆发，人们开始重视人类命运与自然的共存相依状态，倡导建构与自然和谐共生的命运共同体。欧内斯特·凯伦巴赫（Ernest Callenbach，1929–2012）的小说《生态乌托邦》（*Ecotopia: The Notebooks and Reports of William Weston*，

1　虞建华等：《美国文学的第二次繁荣》，上海：上海外语教育出版社，2004年，第20页。
2　Francis Robert Shor. *Utopianism and Radicalism in a Reforming America, 1888–1918*. Westport: Greenwood Press, 1997, p.67.
3　虞建华：《杰克·伦敦研究》，上海：上海外语教育出版社，2009年，第224页。

1975）以生动的想象力批判了美国的消费主义和物质主义，倡导绿色、生态的生活方式，探讨人类如何与自然和谐共处。1981年，凯伦巴赫发表了《生态乌托邦》的前篇《生态乌托邦初现》（*Ecotopia Emerging*），以更阴暗的笔调描绘了美国社会重商业、轻环境的恶果，倡导可持续发展模式和低科技的生活方式。金·斯坦利·罗宾逊（Kim Stanley Robinson，1952–　）的《荒凉海岸》（*The Wild Shore*，1984）预示了生态环境恶化和持续不断的技术扩张给人类社会造成的种种负面影响。时至今日，生态主义批评依然是最为关心命运共同体建构的理论之一。德兰蒂在书中提及位于意大利皮埃蒙特的达曼胡尔（Damanhur）共同体，这个成立于1975年的共同体倡导团结、共享、关怀和尊重环境，是共同体实践的典范之一。

　　20世纪后半叶，随着科学技术的迅猛发展，科幻小说兴起。数字化时代的共同体主题得到了扩展。美国学者威廉·J.米切尔（William J. Mitchell，1944–2010）率先提出了"伊托邦"（etopia）的概念。他在《伊托邦：数字时代的城市生活》（*E-topia:"Urban Life，Jim – But not as We Know It"*，2000）中指出，数字时代里的人类所在的空间不仅仅是真实存在的场所，还包括了虚拟场所，即一个将人类连接在一起的必不可少的网络世界，"无所不在的通讯网络、智能机器、智能建筑与供水、废物处理、能量传输以及交通运输系统相结合，构成一个不分时间、无论地点的全球化互联世界。"[1]威廉·吉布森（William Gibson，1948–　）的《神经漫游者》（*Neuromancer*，1984）创造了虚拟共同体的科幻世界，预告了20世纪90年代的电脑网络中势力强大、掠夺成性的多国公司以及在机器人应用、基因工程、纳米技术和

1　威廉·J.米切尔：《伊托邦——数字时代的城市生活》，吴启迪、乔非、俞晓译，上海：上海科技教育出版社，2001年，第11页。

网络空间方面出现的高精密、可能失控并且通常由私人拥有的新发明。吉布森不但在小说中创造了"赛博空间"（cyberspace，也译网络空间），同时引发了"赛博朋克"（cyberpunk）文化。网络时代的文学将网络生活纳入自己的视野，作家们在赛博空间里尽情勾勒共同体的崩溃与重构，虚拟世界的共同体建构成为数字和网络时代的热议话题。

　　德兰蒂指出，共同体的本质是网络。他在《共同体》（第三版）的第三章"城市共同体"中新增一节"共同体与网络"，从关系论角度阐释网络与共同体的关系。"网络之所以具备带来社会变革的能力，其关键原因是它们能促进沟通。网络基于沟通，同时也搭建了使原本不同的中心进行沟通的渠道。"[1] 本章可以与第九章"虚拟共同体"的内容并置阅读。在第九章，德兰蒂介绍了网络技术的赋权作用，认为技术在全球化过程中为不同形式的共同体提供了强有力的表达机会。他认为虚拟共同体的真实性不亚于传统共同体或其他类型的共同体，其独特性在于沟通是归属感的关键特征。虚拟共同体是一个可以由技术创造、比实体共同体更优越的乌托邦。德兰蒂指出：信息和通信技术使现存的共同体网络更加强大，但在大多数情况下并没有创造出新型共同体。有兴趣的读者可以尝试从虚拟共同体视角剖析吉布森的赛博朋克"蔓生都会三部曲"（The Sprawl Trilogy）《神经漫游者》、《零伯爵》（Count Zero，1986）、《重启蒙娜丽莎》（Mona Lisa Overdrive，1988）以及近年来火爆的《黑客帝国》（The Matrix，1999）、《重装上阵》（The Matrix Reloaded，2003）、《矩阵革命》（The Matrix Revolutions，2003）等电影，看看是否真如德兰蒂所言，虚拟共同体没有发展出新形式。

1　见本书正文第 77—78 页。

共同体是在日益动荡的世界中获取安全感与归属感的源泉，并且替代国家成为政治的基础。共同体并没有因为全球化和个人主义而消失，反而重新焕发出生机。在复杂的多元文化中，共同体概念在共同体主义和后现代理论中复苏，出现了新的形式和属性。弗朗西斯·福山（Francis Fukuyama，1952-　）在《历史的终结》（*The End of History and the Last Man*，1992）中讨论了自由与民主的理念，强调"坚固的共同体是民主的最好保证，使它的市民不致成为'最后的人'"。[1]"最后一人"认识到历史充满无意义的战争，"以私欲结合的共同体，比起以绝对义务结合的共同体，显然要脆弱。"[2]共同体是人们获得承认的地方，是拥有民主与自由的有机空间。德兰蒂对于个人主义与共同体的关系的讨论有助于理解"最后一人"的概念。他介绍了涂尔干的道德个人主义，而共同体主义则反对道德个人主义，更强调人的社会内涵。德兰蒂简要概括了约翰·罗尔斯（John Rawls，1921-2002）、迈克尔·桑德尔（Michael Sandel，1953-　）、查尔斯·泰勒（Charles Taylor，1931-　）、保罗·利希特曼（Paul Lichterman，1981-　）以及南希等理论家不同观点的论争，为读者呈现自由主义、个人主义与共同体主义之间的微妙关系。福山指出："如果社会变成利己式快乐主义的泥沼，共同体最后会解体。"[3]不做历史的"最后之人"，这可能是共同体的最低、或最高要求，即尊重个人选择，倡导自由与民主，在理性与道德之光中动态构建"尚未"、但已经在路上的共同体愿景。

值得注意的是，我们在讨论共同体理论或实践时，应该保持谨

1　弗朗西斯·福山：《历史的终结》，本书翻译组译，呼和浩特：远方出版社，1998 年，第 367 页。
2　同上，第 368 页。
3　同上，第 373 页。

慎的批判距离和中国学者的学术立场。通过阅读德兰蒂的《共同体》，我们可以从时间脉络上对共同体进行纵向分析，同时也可以横向审视后现代语境下的"虚拟共同体""世界主义共同体"以及"跨文化沟通共同体"等。在理解他所介绍的不同理论家的核心理论基础上，我们可以按图索骥，深入阅读相关理论，发现不同理论家探讨共同体的不同路径，甚至发现他们之间的矛盾与"悖论"，从而进一步拓展共同体的理论维度，对共同体批评实践形成更清醒的判断。

三、共同体：文学批评实践的工具箱？

如果存在共同体文学和共同体作家，那么其文学批评范式应该是什么样的？德兰蒂在《共同体》中介绍的理论能否成为文学批评者的工具箱？在翻译和校对本书的过程中，我与同属"英国文学的命运共同体表征与审美研究"从书的《小说中的共同体》的译者陈广兴互相审校，因此，我对米勒的专著读得相对仔细，在同步阅读德兰蒂的《共同体》与米勒的《小说中的共同体》时，我想弄清楚米勒运用了什么共同体理论框架来剖析他所选择的文学文本。然而，《小说中的共同体》似乎并没有提供清晰的理论框架。

《小说中的共同体》是米勒在不同时期的演讲或者论文的合集。他在著作中选择了四部长篇小说，分别是安东尼·特罗洛普（Anthony Trollope，1815-1882）的《巴塞特的最后纪事》（*The Last Chronicle of Barset*，1867）、托马斯·哈代（Thomas Hardy，1840-1928）的《还乡》（*The Return of the Native*，1878）、约瑟夫·康拉德（Joseph Conrad，1857-1924）的《诺斯托罗莫》（*Nostromo*，1904）、弗吉尼亚·伍尔夫（Virginia Woolf，1882-1941）的《海浪》（*The Waves*，1931）和两篇短篇小说，分别是托马斯·品钦（Thomas

Pynchon, Jr., 1937- ）的《秘密融合》（"The Secret Integration"，
1964）和米格尔·德·塞万提斯·萨维德拉（Miguel de Cervantes
Saavedra，1547-1616）的《双狗对话录》（"El coloquio de los perros"，
1613），来阐明什么是共同体、什么是非共同体。但米勒并没有给共
同体下一个比较精确的定义。他闲庭信步，自如地穿梭在不同的文学
文本之间，并时不时夹杂对美国政治家和国际关系或经济形势的评
价，有时让读者几乎忘了这是一本探讨"小说中的共同体"的文学批
评著作。米勒以长袖善舞的方法、纵横交错的视野，以修辞性阅读阐
释他在所选择的作品中发现的共同体或者非共同体。

那么，《小说中的共同体》体现了米勒什么样的共同体观？比如：
共同体的规模到底有多大？共同体的核心特征是什么？非共同体的特
征又是什么？是否存在共同体的建构路径？米勒并没有给出清晰的答
案。他引用路德维希·维特根斯坦（Ludwig Wittgenstein，1889-1951）
的观点，写道："比赛至少需要两个人，或三个人构成的团体：两个参
赛者和一个观众。要确立一场比赛，三个人都是必需的，这样才能确
保所有参赛者都遵守规则和惯例，而正是这些规则和惯例让一场比赛
或一门语言成为可能。"[1] 照此来看，两三个人即可形成一个共同体。同
时，米勒也认为"个体与他人的关系，从较小的群体到较大的群体，
具有一系列不同的方式。在人数最少的一端来说，是我与邻居、爱人
或陌生人之间面对面的关系，分别体现出爱情、友情、好客、冷漠或
敌意。家庭，尤其是大家庭或宗族，是更大的群体，由血缘或婚姻纽
带联系在一起。共同体在一定程度上更大。共同体是生活在同一地方
的一群人，他们都互相认识，并且有共同的文化假设。然而，他们之

1　J. 希利斯·米勒:《小说中的共同体》，陈广兴译，上海：上海外语教育出版
　　社，2023 年，第 39 页。

间并不一定具有血缘或婚姻关系。国家是更大的共同体。一个国家经常由大量的相互重叠但在某种程度上相互冲突的共同体构成。最大的共同体是生活在地球上的所有人类的总和，他们越来越受到同样的全球经济和文化霸权的支配。在每一个层面上，个人都与他人产生关系，在不同情况下都不相同，并受到不同的制约因素和传统习俗的约束。"[1]也就是说，共同体的规模小到两三个人或一个家庭，大到一个国家和人类总和，共同体的本质是人与人的关系和情感归属。

在《小说中的共同体》中，米勒所讨论的小说中的特定群体能否被称作共同体，主要取决于小说人物之间的沟通能力，而这种沟通能力往往通过特定的叙事手段得以表达。他笔下的共同体应该具备的特征包括：善良、沟通、和谐，共同的集体记忆，共同的生活方式和认识方式以及流畅的沟通；其对立面特征是：自私、贪欲、斗争，分裂的宗教信仰、隔绝的生活方式，等等。米勒基本上认同滕尼斯的共同体概念，认为共同体是一个生活在一起、完全了解彼此、拥有共同的理想和思想的人们组成的有机集体，群体中的所有成员拥有共同的一套传统习俗和信仰，这些习俗和信仰完全决定了他们是什么样的人。

米勒在探讨共同体时，开篇讨论了马丁·海德格尔（Martin Heidegger，1889-1976）和雷蒙德·威廉斯（Raymond Williams，1921-1988）等人的理论。威廉斯认为，"归属于一个共同体是正确而美好的。对他而言，一个真正的共同体，如果世上真有这种东西的话，其主要特点是地位平等的人们之间的'睦邻友好'和'传统的亲密关系'。"[2]但是，资本主义的崛起（包括全英国农村地区的农

---

1 J. 希利斯·米勒：《小说中的共同体》，陈广兴译，上海：上海外语教育出版社，2023年，第222页。
2 同上，第6页。

业资本主义），使得共同体越来越没有可能。共同体或许在地主们的乡村大别墅所波及不到的偏僻角落里依然存在着。在这些避世之地，由劳工、佃户、手工业者和小自耕农组成的真正的共同体至今或许依然存在。米勒较为认同威廉斯的观点，即现代性导致了共同体的失落。德兰蒂则认为共同体并非现代性和个人主义的对立物，而是现代性的产物，与个体自主性并行不悖。我们不能把共同体定格到某个具体空间或历史阶段，它是开放的，不完整的，动态的，基于个体感受，归属感和安全感是共同体成员的基本、也是最高诉求。

李维屏教授曾经指出："命运共同体"是历代英国作家文学想象的重要客体，也是千年英国文学史上繁衍最久、书写最多的题材之一。[1]那么，我们到底如何运用共同体理论来开展文学批评呢？通过对照阅读德兰蒂的《共同体》和米勒的《小说中的共同体》，我们可以发现，文学研究者自当坚守文本分析和主题探究的本位，综合运用哲学、社会学和文化研究相关分析工具，避免不加分辨地套用或滥用共同体理论，而是以文学文本为核心对象，借助共同体视角透视文学的本质含义以及文学与政治的紧密关系。

甘文平建议，"读者可以将雷蒙德·威廉斯在共同体框架下提出的文化研究理论以及福柯在共同体语境下提出有关'自我'和'差异'概念的论述直接运用于文学理论和文学批评实践。这种情况下，社会学、哲学、文论三者之间的共同体理论研究没有边界的限制。"[2]的确，当文化研究理论可以与其他理论自如打通时，从文化研究视角

1　李维屏：《论英国文学中的命运共同体表征与跨学科研究》，《外国文学研究》，2020 年第 3 期，第 52 页。
2　甘文平：《西方"共同体"理论建构的世纪跨越》，《当代外国文学》，2020 年第 2 期，第 123 页。

再去研究共同体理论、观照文学文本中的共同体特征或共同体批判，不失为当下文学与共同体研究的可行路径之一。

　　自 2003 年《共同体》首次出版以来，该作经历了 2009 年和 2018 年两次修订。与之前的版本相比，第三版增加了一些新内容，体现了与时代发展的同步，例如：对低碳共同体的讨论折射出全人类普遍面临的气候变化的挑战；对欧洲的身份认同问题的探讨则为世界主义共同体增添了新案例；共同体的发展理论体现了德兰蒂对于共同体的持续思考和理论贡献，也说明共同体理论是动态发展、持续更新的，并且展示了共同体鲜明的未来向度。德兰蒂曾在 2022 年 6 月做客华东师范大学，做题为"未来理论：如何理解重大社会变革"的报告。他在梳理未来的理论时指出，在哲学思想中，伊曼努尔·康德（Immanuel Kant，1724-1804）、卡尔·马克思（Karl Marx，1818-1883）、斯蒂芬·平克（Steven Pinker，1954- ）认为未来代表着一种进步，而在海德格尔以及莱因哈特·柯塞勒克（Reinhart Koselleck，1923-2006）那里，未来则意味着寻回失去的东西或者是对经验视野的拓宽。技术发展无疑影响了思考未来的角度，未来作为对当下的延续，逐渐成为预测和筹谋的对象。随着社会日渐复杂化，未来在乌尔里希·贝克（Ulrich Beck，1944-2015）、阿尔文·托夫勒（Alvin Toffler，1928-2016）以及尼克拉斯·卢曼（Niklas Luhmann，1927-1998）那里成为风险和不可知的对象。[1]在《共同体》中，德兰蒂对于未来持相对乐观态度，强调沟通和情感的重要性。他认为"人类世"的政治挑战与世界主义所面临的挑战具有相似之处。我们必须关注重大社会变迁及其带来的思潮变化，警惕"人类世"的威胁，保持共同体理论的当下性与开放性。

1　参看 http://www.philo.ecnu.edu.cn/7c/a6/c26023a425126/page.htm。

　　鲍曼说："共同体意味着的并不是一种我们可以获得和享受的世界，而是一种我们将热切希望栖息、希望重新拥有的世界。"[1] 共同体经历了历史沉浮，受到现代性冲击，在后现代具备了新形式，引发了新讨论。它是一种"希望话语"，其未来建构值得期待。对于这本专著的批判性、拓展性和反思性阅读，可能也是德兰蒂最希望看到的图景。我们可以沿着德兰蒂"关键词"式共同体理论地图，研读相关理论家的著作，找到文学、社会学、哲学、政治学等不同学科交融之处，从理论家的相通与争辩点发现新问题、探索新路径，挖掘人类命运共同体的内涵与外延，以希望原则建构开放、动态、多元的"尚未"共同体。

曾桂娥

2022 年 7 月于上海

1　鲍曼：《共同体》，欧阳景根译，南京：江苏人民出版社，2003 年，序言第 4 页。

共同体

随着现代社会的原子化日益加剧，人们对共同体产生了持久的怀旧之情，把它当作从越来越不安全的世界获取安全感与归属感的源泉。共同体并没有消失，反而在跨国主义和新型个人主义的推动下重新焕发生机。杰拉德·德兰蒂（Gerard Delanty）首先批判性地介绍了共同体的概念，分析了西方乌托邦思想中共同体理念的起源，揭示它在古典社会学和人类学中的意义。接着，他在共同体主义思想和后现代哲学语境中考察这一理念的复兴，揭示和批判多元文化主义的复杂性，探究共同体在社会中的新形式。在当下社会，沟通模式的变化导致了社会纽带的碎片化，同时也使建构新型社会纽带成为可能。他认为，当代共同体在本质上是基于归属与共享的沟通共同体，能够在政治对抗中发出强大的声音。与过去相比，今天的共同体较少受到空间的限制，但归属感依然必不可少。当代社会的沟通纽带和文化结构提供了大量机会，让人们能够在宗教、民族、种族、生活方式和性别等方面找到归属感。

杰拉德·德兰蒂，英国苏塞克斯大学社会学教授，著有《欧洲遗产：批判性再阐释》（*The European Heritage: A Critical Re-Intepretation*, 2018）。

"近几十年里，在现实生活中已经再难找到社会学意义上的共同体，而'共同体'一词被随意、空洞地滥用到了前所未见的地步。"

　　——埃里克·霍布斯鲍姆，《极端的年代》（1994 年，第 428 页）

"我们发现，不管是哪个政治派别，他们都对社会解体感到恐惧，都在呼吁共同体的复兴。"

　　——安东尼·吉登斯，《超越左与右》（1994 年，第 124 页）

"我们怀念共同体，是因为我们怀念安全感，它对于幸福生活至关重要。但是我们栖息的世界几乎不可能提供安全感，更不愿意为此做出许诺。"

　　——齐格蒙特·鲍曼，《共同体》（2001 年，第 144 页）

"共同体主义社会是令人窒息的，并且很可能会转变成神权统治或民族主义专制。"

　　——阿兰·图海纳，《现代性批判》（1995 年，第 304 页）

"我们可以把共同体生活理解为人们在紧密、多元、相对自治的社会关系网中的生活。因此，共同体不是一个地方，也不仅仅是小规模的人口集合体，而是一种程度各异的关联模式。"

　　——克雷格·卡尔霍恩，《再探没有近亲关系的共同体》（1998 年，《社会学研究》第 68 卷，第 3 期，第 381 页）

"也许，要理解互联网时代下新的社会互动形式，必须给共同体下定义，淡化其文化要素的重要性，强调它对个人和家庭的支撑作用，让它与社会存在脱钩。"

——曼纽尔·卡斯特，《互联网星系》（2001 年，第 127 页）

"共同体道德不仅规定了其成员应如何行事，而且还为达成共识、解决相关冲突提供了依据。"

——尤尔根·哈贝马斯，《包容他者》（1998 年，第 4 页）

"共同体经由他者、也为了他者而存在。"

——让-吕克·南希，《不运作的共同体》（1991 年，第 15 页）

目录

前言

本书在 2003 年第一次出版，主要得益于两位读者的反馈。他们阅读了初稿，并为终稿提供了非常有价值的建议。同时我也要感谢罗德里奇出版社的编辑马里·舒劳（Mari Shullaw）为我提供的建设性建议。第一版在发行后反响很好，2006 年西班牙语和日语的翻译版本也出版了。自本书 2003 年出版以来，许多关于共同体研究的书籍相继问世，因此有必要更新和重新阐释某些观点。

《共同体》（第二版）于 2010 年问世。第一版收到的许多评论对第二版帮助很大，尤其是雷·帕尔（Ray Pahl）在《城市研究》（*Urban Studies*）中的评论让我们关注到私人共同体研究方面的新文献，我在第七章中讨论了相关内容。

《共同体》（第三版）让我再次有机会修正错误，增加最新文献，引入新的话题与案例。与前两版一样，我强调共同体的核心议题是归属感，它是共同体的批判性或规范性视角。这一版的章节结构基本保持不变，但所有章节均有所修订和扩展，一些章节增添了新内容。奥利弗·霍尔（Oliver Hall）帮助我关注到互联网共同体的新文献。感谢罗德里奇出版社的杰哈德·布姆加登（Gerhaard Boomgaarden）为该版所付出的努力。

杰拉德·德兰蒂

2017 年 7 月

I

绪 论

本书旨在诠释作为理想和某种社会现实的共同体概念，综合考察多学科的共同体研究文献。共同体原是社会学的一个传统概念，我们之所以要加以评判，是因为我们认识到社会的重大变革带来了新的文化、政治体验以及新的生活方式，使得共同体进入转型期。当今世界的一些重大转型对共同体思想影响很大，使之成为近来社会和政治理论中的热门话题。世界主义、后现代主义、全球化、移民和互联网的发展对古典社会学和共同体研究语境中的共同体的概念带来了挑战。古典社会学家们认为共同体已经消失，但事实是，共同体在当代社会和政治形势中产生了新共鸣，似乎在世界范围内催生了对根源和身份的追寻、对归属的渴望。可以说，2009 年巴拉克·奥巴马（Barack Obama）之所以能够当选美国总统，是由于他既能唤起共同体意识，又能调动地方共同体。事实上，奥巴马早在当选前 20 年就已经是一名社区组织者。这种共同体时刻很难轻松复制。一般而言，人们认为成功的社会就是那些能够创造社会条件，为个体和共同体带来更多福祉、健康和信任的社会。共同体有利于克服社会分化，推动社交生活。

共同体一词源自拉丁语词汇 com（意为"共同、联合"）和 unus（表示数字一、独体），它被广泛运用于通俗和学术话语中，但也备受争议，不过社会科学中的大部分概念都是如此。尽管如此，共同体思想与现代社会中人们因缺乏安全感而寻求归属感有关，毫无疑问，其经久不衰的吸引力源自人们渴望归属感、共享及空间。如今，共同体的盛行可以看作人们对凝聚力和归属感危机的响应，全球化进程诱发并加剧了这种危机。

现代性掀起了三次剧变：美国独立战争和法国大革命、19世纪末开始的工业化进程以及当前的全球化。共同体的主要话语在此基础上萌生，还产生了新型共同体。除此之外，其他社会发展也衍生出共同体的各种表达形式：理想共同体，乌托邦共同体，传统村庄共同体、工业城市的城市地区共同体、跨国流动共同体、虚拟共同体，等等。共同体以种族、宗教、阶级或政治为基础，它们的规模或大或小，团结程度也各不相同。有的共同体以地方为基础，有的可能是全球性的；有的共同体拥护既定秩序，有的则想颠覆它；共同体可以是传统的、现代的甚至后现代的；它可能是反动的，也可能是进步的。我们不能简单地将共同体理解为其中的任何一类，也不应把它等同于一个具体空间实体或某个历史时期。共同体体验才是共同体的决定性因素，这种体验可能有各种形式。本书的一个主要观点是，共同体并非现代性或个人主义的对立物，它实际上是现代性的产物，与个体独立性相契合。

社会和政治科学家、历史学家和哲学家对于"共同体"一词的使用一直存在分歧，导致许多人质疑它是否有用。实际上，社会科学的每一个术语都存在争议，如果我们拒绝使用"共同体"这个词，就必须用另一个术语来代替它。与之相类似的一个争议是："社会"一词是否有用？是否应该用其他词取而代之？[1] 我们不能没有"共同体"

1　约翰·厄里（John Urry）主张用流动性概念代替它（Urry, 2000）。更多论述请参见 Gane（2004），批判性评价参见 Outhwaite（2006）。

和"社会"这两个术语。社会学家通常认为，传统意义上的共同体指一种基于小团体、具有特定形式的社会组织，如居民小区、小城镇或地区。人类学家则将其应用于以文化来划分的群体，比如少数民族。在其他用法中，共同体可以指代政治共同体，强调公民身份、自治、公民社会和集体认同。哲学和历史领域的研究则更多地将共同体的概念看作一种意识形态或乌托邦，而后者通常对社会现状具有颠覆性（参见 Wenger，2002）。

　　自 20 世纪 80 年代中期以来，由于社会科学中所谓的"文化转向"，共同体的概念发生了很大变化。安东尼·科恩（Anthony Cohen）在其著名的《共同体的符号结构》（*The Symbolic Structure of Community*）中指出，与其说共同体是一种社会实践，不如说是一种符号结构（Cohen，1985）。共同体的内涵归根结底是由人来决定的，它是一种意识，通过边界表达自己，这些边界具有象征性。不同共同体之间的区别在于它们象征性地建造边界方式的不同。科恩的论点反映了社会建构主义，过去 20 年里对共同体的争论产生了很大影响。以往，人们强调共同体是一种基于地方性的社会互动形式，科恩则使之转向对其意义和认同的关注。虽然科恩的理论与罗兰·巴特（Roland Barth）在 1969 年所提出的"共同体是由边界建构形成的"主张不同，但是也不可避免地引发了另一种观点，即共同体是由人们之间的差异而非共性所形成的。尽管如此，两种观点都强调共同体的符号本质，认为共同体是文化定义的意义单位。本尼迪克特·安德森（Benedict Anderson）颇具影响力的著作《想象的共同体》（*Imagined Communities*，1983）也反映了这一基本文化视角。尽管安德森的著作主要关注的是民族认同，但他将共同体视作"想象的"而非社会互动的特定形式。事实上，安德森研究的全部意义在于表明共同体是由认知和符号结构形成的，而这些结构并不是由"生活"空间和直接的社会亲密关系支撑起来的。然而，它们并不仅仅是边界，这使得共同体可能走向跨国主义，尽管安德森并没有关注共同体的这个维度。他关注的是印度尼西亚的民族身份建构。这显然有利于展示共同体可以在各种不同的社会背景中出现，而非局限于特定的社会结构，比如前现代的乡村共同体或是密切联系的都市邻里关系。确实，这使把国家建构成涵盖整个社会的共同体成为可能。

在批评家看来，尤其是在人类学领域，文化转向导致人们过度关注符号层面，从而导致由社会关系塑造的共同体的社会维度缺失（Amit, 2002）。如今批评家所质疑的正是这种将共同体视为社会建构的观点，他们希望将社会性重新纳入共同体，重拾被共同体理论中的文化转向所抹杀的地域意识。换句话说，强调象征性边界无法全面揭示共同体的本质。因此，共同体思想的一个挑战是努力寻找想象和符号共同体与共享、团结和归属感等体验的具体形式之间的平衡。

这个术语社会性和象征性的不同用法是不可避免的。但是，如果仔细审视，我们就会发现，实际上"共同体"一词既指归属感，也指一种特殊的社会现象，例如表达对共同体的渴望，对意义、团结、认同感和集体身份的追求等。换言之，共同体具有超验性，不能简单地与特定的群体或地方画等号，也不能将其归结为一种理念，因为理念并不能简单地存在于社会关系、社会结构话语或历史环境之外。要援引共同体的概念，就是要承认它既是理想的，也是现实的；它既是一种经验，也是一种阐释（Wagner，2008）。共同体的规范性是不可避免的问题。在这个意义上，它不仅具有象征性，而且是一种人类体验形式，是人们理解社会性世界的最有效的方式之一。

从社会理论的角度再次审视这些争论，我们发现有四种宽泛的立场，但由于它们各自对社会、文化、政治和技术问题的关注，这些立场不容易调和。首先，研究共同体的典型的方法是将共同体与不发达的城市区域联系起来，要求政府支持和公民志愿参加，如社区重建、社区卫生项目，等等。该方法也反映在共同体主义政治哲学中。在这里，"共同体"是高度空间化的，与主流的"社会"形成反差。第二种方法是文化社会学和人类学所特有的，即把共同体当作对归属感的追求，强调身份的文化建构。这种方法强调共同体是自我与他者的关系。共同体研究的第三种立场受到后现代政治和激进民主思想的启发，从政治意识和集体行动的角度来看待共同体。这种方法强调的是集体的"我们"对抗不公正。最近出现的第四种立场稍显模糊，伴随着全球沟通、跨国运动和互联网的出现，共同体的世界性越来越明显，在虚拟的接近和疏远的新关系中形成。在这类观点中，技术在超越传统的地方范畴、重塑社会关系方面发挥了关键作用。

如果想从这些不同的共同体概念中找到共通之处，那就是共同体与归属、共享有关。然而，我想强调的是，共同体的定义永远无法固定，总会出现与之对立的主张，因为共同体体验总会向对立的阐释妥协。根据斯坦利·卡维尔（Stanley Cavell）和尤尔根·哈贝马斯（Jürgen Habermas）的政治哲学，对共同生活的分歧似乎存在于共同体的本质和语言的实际情况中[1]。共同体本质上是社会性的，它表现在交际语境中，是对他者社会认可的基础。但在现代性的前提下，从话语共同体中产生的共性往往是一种脆弱的归属感。

为了厘清各个思想流派如何运用"共同体"一词，本书的指导思想是：共同体是脆弱的沟通纽带。只有通过广泛的、跨学科的方式去研究现代社会和政治思想中的共同体概念，我们才能更全面地理解当前发展的重要性，我认为这也是发展"沟通共同体"的意义所在，这

---

1 详见 A. 诺里斯（A. Norris）对斯坦利的评价以及对共同体主张的讨论（Norris，2006）。

个术语是卡尔-奥托·阿培尔（Karl-Otto Apel）发明的（Apel，1980）。本书的结构体现了这一观点，它采用批判性、跨学科的方法，涉及政治哲学、社会学、人类学和历史学等角度。本书追溯了从哲学和社会科学中的经典共同体概念到当代形势的转变。这是一个有关共同体兴衰和重生的故事。如果我们回溯到基督教传统，19世纪是将共同体视为乌托邦的时代，而20世纪的话语总体来看是关乎共同体危机。从20世纪最后的几十年到21世纪初这段时间内，在社会科学的文化转向影响下，共同体得以复兴，这体现在共同体主义、承认政治、后现代思想、世界主义和跨国主义理论上。在这一复兴中，共同体与社会的对立被打破，同时被打破的还有普遍主义与特殊主义的对立。

第一章讨论西方思想和政治中的共同体历史观。我们在本章主要关注的是共同体的乌托邦式愿景，是当时统治秩序的激进的替代形式。可以看出，在历史上，共同体的理念有多种形式，既有颠覆性的追求，也有对现状的保守的坚持，它是一个普适性的概念，具有特殊的形式。学术界一直有共同体传统，大学的传统定义包括学术共同体的概念。在阿培尔看来，它也是社会科学必不可少的一部分，因为社会科学的自我定位是关于"沟通共同体"的研究（同上）。

第二章探讨古典社会学和人类学中的共同体理论，尤其是探讨现代性是否导致了共同体的衰落这一争论。本章讨论了斐迪南·滕尼斯（Ferdinand Tönnies）关于共同体与社会的著作，尤其是埃米尔·涂尔干（Émile Durkheim）的公民共同体社会学以及维克多·特纳（Victor Turner）的符号共同体。

第三章将重心从共同体的文化和政治概念转向城市社会学视域下的共同体和共同体研究。这一章探讨了芝加哥学派以及刚兴起的城市社会理论中的地方共同体包括网络，讲述了共同体如何在现代化和全球化进程中衰落的故事，也描绘了对新型共同体的追求。本章还从网络理论视角讨论了共同体发展。

第四章论述共同体在共同体主义政治思想中的复苏，具体分析了罗伯特·普特南（Robert Putnam）关于失落的共同体的论著。在这一语境下，我们再次讨论政治共同体的理念，但这次重点关注的是归属感作为公民身份的表达问题。

第五章讨论多元文化主义的具体问题以及不同的文化共同体概念之间的冲突。我们将考察多元文化主义的各种模式：自由共同体主义、自由多元共同体主义、激进多元文化主义和后现代多元文化主义。

第六章讨论与社会运动相联系的各种激进共同体。在此背景下，本章介绍了沟通共同体的概念。本章还从新型个人主义角度探讨共同体与个人主义之间的关系，并讨论了低碳共同体的概念。

第七章批判性地讨论后现代共同体的重要理论，探讨让-吕克·南希（Jean-Luc Nancy）、莫里斯·布朗肖（Maurice Blanchot）、罗伯托·埃斯波西托（Roberto Esposito）以及吉奥乔·阿甘本（Giorgio Agamben）等人著作中的超越统一的共同体理念，并从日常生活、个人共同体、"新时代旅行者"和品位共同体和理想生态共同体等方面举例说明。

第八章介绍了超越民族国家，尤其是全球化语境下的世界主义共同体。本章围绕世界共同体和跨国共同体的争论展开，审视世界主义共同体的不同表现形式，同时探讨了欧洲世界主义共同体的局限性与可能性。

第九章探讨当今最重要的一个共同体概念，即虚拟共同体。本章批判性地评价了主要相关理论，以期理解技术介导的互动形式如何形塑共同体。

在结论部分，本书指出，应当将共同体视作归属与共享的规范性话语，该话语允许关于共同体的相互对立的观点存在。

参 考 文 献

Amit, V. (ed.) (2002) *Realizing Community: Concepts, Social Relationships and Sentiments.* London: Routledge.

Anderson, B. (1983) *Imaginary Communities: Reflections on the Origin and Spread of Nationalism.* London: Verso.

Apel, K.-O. (1980) 'The A priori of the Communication Community and the Foundation of Ethics: The Problem of a Rational Foundation of Ethics in the Scientific Age'. In: Apel, K.-O. *The Transformation of Philosophy.* London: Routledge & Kegan Paul.

Barth, F. (ed.) (1969) *Ethnic Groups and Boundaries.* London: Allen & Unwin.

Cohen, A. (1985) *The Symbolic Construction of Community.* London: Tavistock.

Gane, N. (ed.) (2004) *The Future of Social Theory.* New York: Continuum.

Norris, A. (ed.) (2006) *The Claim to Community: Essays on Stanley Cavell and Political Philosophy.* Stanford: Stanford University Press.

Outhwaite, W. (2006) *The Future of Society.* Oxford: Blackwell.

Urry, J. (2000) *Sociology Beyond Societies: Mobilities for the Twenty First Century.* London: Routledge.

Wagner, P. (2008) *Modernity as Experience and Interpretation: Towards a New Sociology of Modernity.* Cambridge: Polity Press.

Wenger, P. (2002) *Imaginary Communities: Utopia, the Nationa, and the Spatial Histories of Modernity.* Berkeley: California Unversity Press.

第一章
作为理念的共同体：失落与复兴

要想理解共同体理念的魅力，我们需要追溯现代思想的最早起源。罗伯特·尼斯比特（Robert Nisbet）在《社会学传统》（*The Sociological Tradition*）中指出："道德与社会哲学的重新定位很大程度上是因为重新发现了历史和社会思潮中的共同体"（Nisbet,1967, p.53）。

我认为，现在共同体常常被错误地看作社会的对立面，建立在非契约关系的基础之上，但是在历史上情况并非如此。事实上共同体通常是高度政治化，甚至契约化的。对于亚里士多德（Aristotle）而言，社会和公社（communal）并没有什么差异，因为社会这一概念与友谊相关。古典希腊城邦包含政治、社会和经济关系。实际上，亚里士多德将城市——城邦——看作共同体（kiononia, 团契），在他看来，这一概念拥有非常强烈的都市性，与部落和阿卡迪亚（Arcadia）的乡村社会关系形成对比。希腊城市共同体的形式建立起一种契约联系，在这种关系中人的社会属性达到了最高等级。正是出于这个原因，用浪漫和怀旧来描绘社会出现之前的 19 世纪的共同体的黄金时代尚可，但用来形容现代性之前的共同体就有待商榷了[1]。

从古希腊到启蒙时期，共同体表达的是社会本质，而不是其对立面。对于 18 世纪的让-雅克·卢梭（Jean-Luc Rousseau）而言，现代

---

1 P. 斯布林博恩（P. Springborn）对此进行了很好的论证（Springborn，1986）。另参见 Frisby 和 Sayer（1986, pp.14-16）。

公民社会的基础是公民联合的希腊城邦。共同体的启蒙理念概括了社会之世界的萌发。共同体既不是国家，也不是家庭的私人世界，而是体现了共通性和社会性联结。既然共同体表达的是具体的社会关系，它与专制国家之间也存在张力。共同体与国家不同，它指的是拥有意义、归属感和日常生活的更近旁的世界。相比之下，国家是从人民生活中抽离出来的客观而遥远的实体，而共同体是可以直接感知的经验，并通过团结维系。

在早期现代思想中，共同体和社会实际上是通用的：共同体指的是"生活世界"的社会范畴，是日常生活的真实世界。尽管这两个范畴日趋分化，但在 17、18 世纪，两者可以表达同样的关注。共同体和社会的可互换性已经出现在公民社会的概念中。但埃米尔·涂尔干（Émile Durkheim）认为，直到 19 世纪晚期，社会作为自成一体的现实也没有得到清晰的界定。相反，社会被视为公民关系的纽带，也指与政治关系相对立的经济关系。公民社会也可以通过共同的联系或共同体来表达。因此，共同体并不仅意味传统，也指社会关系，比如那些围绕以市场为基础的社会和资产阶级文化而出现的社会关系，例如联合体。确实，公民联合体与共同体的概念通常可以互换。

雷蒙德·威廉斯（Raymond Williams）曾概述早先的社会概念如何比后期的社会概念更加贴近人们的生活，也就是说与共同体概念近似（Williams, 1976, p.75）。他认为共同体概念继承了早期社会概念中的直接关系，而不是国家有组织的领域。虽然社会概念逐步失去了直接关系的当下性，但"共同体"将这一点保留下来，并继续被用来指代对于现状的替代性实验。罗伯特·尼斯比特认为社会学始终将社会的视为共同体的，其中也反映出这种思考：

与 20 世纪其他任何学科不同的是，社会学首先强调社会性。但是，在这里需要强调的是，"社会性"指的几乎就是"共同体的"（communal）。交融（communitas），而非蕴涵更多非个体特征的社会（societas），才是社会学家在对性格、亲属关系、经济和政体研究中所使用的"社会"（social）一词的真正词源。

（Nisbet, 1967, p.56）

　　社会纽带的本质是共同体的。如果没有共同体，就没有社会。它是团结、信任、礼物和归属感的基础。基于"社会"和"共同体"两个术语在现代性形成早期可通用，我们可以做更为广泛的观察。自17世纪以来，共同体话语中的定义性因素是对国家的批判，到了启蒙运动时期，定义性话语则变成绝对论。从这一方面来说，共同体表达了一个无法实现的梦想：是对于一个纯粹、淳朴且不需要国家的社会关系之愿景。在一定程度上，共同体变成了纯粹乌托邦的解放工程的概念。在西方思潮中，共同体理想大多拥有一种愿景，即不存在于国家中的社会，或者说根本不需要国家的社会。大多现代思想都将国家视为社会的宿敌，是自由主义中必然的邪恶，抑或是应该被废除的东西。无政府主义、共济会、自由主义和人民共和主义都被定义为国家的对立面，并促成了共同体概念的不同叙事。社会主义则认为国家是通往共产主义的过渡，国家在共产主义时代是人类异化的表征。相反，现代保守主义、犹太复国主义和民族主义都将国家政体看作用来定义社会的模型。在这些意识形态中，国家通常被视为一种有机实体，表达的是政治共同体的整体性。后文我们会再次讨论政治意识形态的问题，但在这里需要明确的是：到了19世纪，共同体开始体现为对完美社会的追求。对于早期现代社会，正如托马斯·霍布斯（Thomas Hobbes）的政治理论所示，国家是一个利维坦，一个关乎社会存亡的巨大怪兽，但它必须被征服，在很多现代性话语中，必须被废除。因此，共同体是一个包含政治、公民以及社会关系的社会的有机概念。重要的一点是，共同体具有当下性和可感受性，它蕴含直接关系，而非国家的异化世界。共同体挑战国家形式的趋势一直存在，甚至在很多情况下要替代国家。在当今全球化时代，共同体作为国家的绝对批判的势态已经在各种宗教原教旨主义和极端民族主义之下复燃，黑客也发挥了作用。

当然，任何一个社会都不能脱离国家而存在。对于共同体的追求一定要被视为对国家的永恒批判，这种追求充满乌托邦色彩。这一点有两层含义。共同体被视作一种随现代性而失去、同时又必须复兴的东西。作为国家建构所主导的过程，现代性被认为是共同体的毁坏者。现代性将政治从社会性中剔除，并将其局限于国家层面。共同体则不同，它是与国家剥离的社会愿景，从而与国家相敌对。作为失去和复兴的话语，共同体可以同时兼具乌托邦和怀旧特征。现代主义者认为，共同体曾经存在，但已经被现代世界所摧毁，因为后者建立于不同的基础之上。在第二章，我们将更详细地讨论共同体的怀旧特征。在本章，我们聚焦共同体的乌托邦特征，考察它所兼具的丧失与复兴话语特色。目前而言，我们只需要指出：关于失落的怀旧叙事为乌托邦梦想奠定了基本方向。怀旧叙事也是一些巨大政治危机的源头，引发了极权共同体的神话，助长了20世纪原教旨主义、民族主义和法西斯意识的崛起。共同体许诺美好的未来，它颠覆了现代性，追求对社会和政治的复兴。后殖民主义思想中有一个相关但不相同的共同体观，认为共同体必须归还给被殖民者。

在这一章中，我们会讨论一些西方思潮和政治实践中关于共同体的主要历史话语。首先，我们讨论共同体理想如何从希腊和基督教思想中兴起。其次，我们转向中世纪时期，考察伴随着机制的没落而兴起的失落话语。第三，我们要讨论作为共同体的基础的现代性和乌托邦政治意识形态，它不仅是有关失落的话语，也蕴含复兴和实现。第四，我们将从两方面来讨论极权共同体，一方面是从法西斯政治意识形态方面，另一方面是激进的公社运动。倘若这些迥异的共同体概念有什么共同之处，那就是将共同体看作交融，表达的是任何社会或政治结构都不可或缺的归属感。共同体在任何时代都拥有强烈的归属理念，由此，共同体是社会中最社会化的部分，并因此具有莫大的感召力。

城邦和宇宙之间的共同体

共同体概念的一大特征是矛盾性。一方面，它表达了地方性和特殊性，涉及直接的社会关系、熟悉和接近。另一方面，它指的是所有人类都参与其中的普遍共同体。当今，世界主义是政治辩论的焦点，因此共同体兼具普遍性和特殊性的双重性特征更加明显，但这种双重性始终是共同体概念的核心。共同体还兼具排他性和包容性。对于 T. 帕森斯（T. Parsons）而言，社会融合的最高级表达是"社会共同体"（Parsons，1961，p.10）。就其他一些更加后传统的形式而言，比如欧洲共同体（欧盟前身的名称）或者虚拟共同体（见第九章），共同体是全世界人类的表达。与此相反，斐迪南·滕尼斯（Ferdinand Tönnies）认为共同体是社会整合的基础，表达的是非契约本质中传统的面对面关系（Tönnies，1963）。与其说这些共同体概念具有排他性，不如把它们放在悠久的西方政治传统中来发现这些概念的互补性。

毫不夸张地说，现代共同体的概念深受古典思潮的影响，因为它继承了流传下来的两个相互矛盾的共同体概念：城邦的人文秩序和宇宙的世界秩序。这两个传统一个是特殊性的，另一个是普遍性的，大致与希腊和基督教传统相对应。毫无疑问，现代共同体概念发源于希腊政治共同体——城邦。这种以城邦形式体现的共同体为其后所有的共同体概念提供了基本理想。首先它是地方的、特殊的，相对于其他更大的实体来说，它体现了城市中的人的范畴。由此，城邦的共同体主义秩序具有当下性。政治基于言论，而纯粹的政治几乎等于友情，也无异于参与公众生活，这对于希腊人来说既是一种理想，也是一种实践，而他们并不知晓伴随着现代性的到来，社会将与政治分离。

希腊政治思想的主要研究专家之一汉娜·阿伦特（Hannah Arendt）认为，城邦理想重视政治，而非社会（Arendt, 1958）。但是，我们要理解在这种政治至上论中，社会和政治完全没有区分。现代性的标志是社会推翻了政治至上的地位，阿伦特将社会与需求和劳动力联系在一起。古代人的政治并未局限于国家，而是自治的公民的日常生活。希腊人未曾经历过国家政治的异化，卡尔·马克思（Karl Marx）认为这是资本主义的结果。出于这个原因，很多思想家，包括卢梭、G. W. F. 黑格尔（G. W. F. Hegel）、马克思和阿伦特等，都仰慕希腊城邦，因为它是对现代性的规范化批判，具有普遍主义意义。我们下文会谈到，在这种批判中，我们同样可以找到作为失落话语的共同体概念的起源。这一点在阿伦特作品中关于世界的丧失的话题上有所反映。在现代社会学思潮中，共同体的主导观点将重点从政治共同体的普遍性转向地方共同体的特殊性。

同样需要指出的是，尽管希腊城邦也许让政治变得更加直接，但为此需要付出的代价是高度排外。融合此方的代价是排斥彼方，因此，如果说希腊城邦的共同体主义理想建构在"我们"与"他们"的严格区分基础上，限制了其本身的普遍性，那么这个理想也有一些消极意义。然而，关键的一点是，对希腊人来说，共同体存在于公共生活的当下关系之中。城邦与众神的宇宙秩序形成对比。尽管希腊人竭力通过建构城邦来反映宇宙，但是城邦理想始终与神的秩序和宇宙秩序存在张力。亚历山大大帝时期的斯多葛学派用新兴的世界共同体这一世界主义理想打破了特殊性和普遍性的界限，这一理想并不局限在城邦世界中。

罗马人最终克服了共同体的普遍性和特殊性的对立，他们将社会（societas）和世界（universalis）联系在一起。罗马帝国本身就是一个建立在公民身份基础之上的普遍人类共同体。然而，直到基督思想诞生，尤其是奥古斯丁（Augustine）之后，超越政治秩序领域的普遍共同体的理念才得到全面发展。希腊人优先将城邦视为共同体领域，而基督教思想则强调普遍共同体是与神的交流。在中世纪政治理论的奠基之作《上帝之城》（City of God）中，奥古斯丁认为"人之城"不完整，它与上帝的"天之城"的普遍共同体形成对照，而后者才是在人类历史中永远无从实现的完美的共同体。全世界教会的泛基督理念认为广义的共同体可以跨越社会和政治。在 1538 年出版的一本法语词典中对于"共同体"的定义是："人与人构成的整体，抽象地说，是人与人的共同之处。适用于群体时，它指的是宗教集体主义。"[1]

由此衍生出的共同体概念是参与普遍秩序。这一共同体概念在现代社会影响很大，因为它已经预设了对人类社会秩序的影响深远的批判。由此共同体与社会的关系陷入对立，共同体认为自己具有更高秩序，故而排斥社会。这种普遍的共同体在基督教以及很多世界宗教中都可以体现出来。伊斯兰教中也可以发现对于共同体——乌玛（umma）的强调，其超越当下，体现联合原则[2]。在儒家思想中，共同体概念外延，包含宇宙秩序（Schwartz, 1991）。在印度社会和主要的宗教中，共同体也是一种强大的话语（Jodhka, 2002）。佛教的隐修

1　出自《罗贝尔法语历史词典》（Le Robert Historique），引自 Kastoryano（2002, p.35）。

2　参见 Al-Bayati（1983）。

传统基于僧伽（sangha）的概念，大致是共同体的意思。

到目前为止，我们已经指出，在希腊和基督教思想的尖锐交锋中出现了两种对立的共同体意识：一方面，共同体是地方性的，因而是独特的；另一方面，共同体本质上是普遍的。这种冲突始终没有得到解决，而且一直延续到今天。我们依然会发现两种相互冲突的共同体：在全球层面上追求归属感的世界主义共同体和寻根的本土共同体。

现代性与共同体的失落

如前所述，现代共同体话语的主导议题之一是失落。例如，斐迪南·滕尼斯、马克斯·韦伯（Max Weber）以及后来的罗伯特·尼斯比特等社会学家都在作品中指出：正是中世纪制度的衰落导致了共同体之失落的思想。

中世纪行会和商行分裂后，伴随着资本主义出现的农业商品化，以及随着现代集权国家兴起而衰落的城市自治，导致了对共同体的祛魅。尽管直到现代社会学出现以后，关于共同体失落的主题才开始完全被理论化，但是自启蒙运动以来的现代思潮充斥着一种所谓的有机世界已逝的意味。启蒙运动与文艺复兴时期的古典主义不同，它确实从整体上看到了现代性的积极方面，但即便是这一运动最典型的代表人物也在当下看到了过去的遗迹。比如，卢梭认为现代性是个体的异化和政治自治权的丧失。作为经典共和城邦国家的仰慕者，卢梭对于现代机构实现共同体的能力深存怀疑，尤其认为国家可以破坏人类自由和政治可能性。从某种程度上来说，他观点中的"大众意愿"意味着共同体理想是一个共享的世界。人们普遍把卢梭看作现代公民共和主义和自由民族主义的创始人，在卢梭眼里，公众意愿是唯一真实的政治组织形式。在他的政治哲学中，人类对于自由的渴望只有通过共同体才能得以表达，这种失落感在政治哲学的传统中十分明显。共同体奠定了政治的根基，却被现代性所侵蚀，永远无法复兴到从未被社会制度污染的纯粹的政治形态。卢梭的共同体概念建立在人性本善的观点之上，并认为人性与社会制度和组织（例如国家）之间存在着张力。这是一种有机共同体愿景，同时也是对现代性的批判。卢梭的思想并没有明确表明他认为现代性可以在公众意愿的基础上重建共同体。在这一点上，黑格尔的观点完全不同。

黑格尔通过推翻早期思想意识而构建其整个现代性社会理论，首当其冲的是希腊城邦。在黑格尔的现代性概念里，现代社会无法在其制度中包含道德生活（Sittlichkeit）。如果大胆一点阐释，道德生活这一术语大致与作为公民和符号性实体的共同体意义相当，但它同时也具有先验、范式的成分[1]。对于黑格尔而言，道德生活被现代性彻底摧毁，必须在更高层面加以拯救。由于冲突的存在，社会难以靠自身来维系，因此国家成为道德生活的最高体现。这种国家观点引发了对极权主义的指控，卡尔·波普尔（Karl Popper）对黑格尔的批评广为人知，也让黑格尔获得了"普鲁士的政治合法主义者"的称号。黑格尔的著作往往晦涩难懂，在政治上也有些自相矛盾，上述对他的指责不无道理，但是更合理的解释是：黑格尔倡导将国家作为一种公民共同体的理论。他认为，共同体只有在政治形式中才能实现，最终政治和社会之间没有什么本质差异。他把现代性的问题视作共同体的问题，我们可以在黑格尔的作品中发现这一观点的一些基础，罗伯特·尼斯比特写道："对于黑格尔来说，真正的国家，是一个由多个小共同体组成的唯一共同体（communitas communitatum），而不是像启蒙运动时

1　参见查尔斯·泰勒（Charles Taylor）对黑格尔和共同体的阐释。"Sittlichkeit 指的是我作为共同体的一员应该承担的道德责任……Sittlichkeit 的法则是：道德在共同体中达到完整"（Taylor, 1975, pp.376-377）。

期认为的个体的叠加"（Nisbet, 1967，p.55）。在黑格尔的政治哲学中，政治的任务是要在社会中夯实国家的基础，但由于社会本身是不完整的，只有更深层次的共同体能够确保政治的存活。黑格尔与浪漫、激进的卢梭截然不同，他并不完全认为共同体已经失落，但是不可否认的是，他的思想中仍存在失落这一主题，他认为历史是一场抗争，努力实现旧思想形式中包括的东西。现代性本身无法逃脱这种情况，黑格尔把它描述为"苦恼的意识"，因为该意识永远无法完全实现。

在现代性中，这种范式性的共同体理想的失落思想无疑包含基督教思想的内涵，甚至从更深层次来说，拥有希伯来思想的根源。约翰·弥尔顿（John Milton）史诗中描述的英国革命无法实现清教事业强有力地表明：现代性是人类的失败叙事。借用基督教神话的隐喻，《失乐园》（*Paradise Lost*，1667）全诗讲述英格兰如何进入现代社会，却没能实现重建一个纯粹共同体的革命目标。虽然18世纪启蒙思想家的作品并没有如此清晰地从基督教角度解读现代革命的失败，但一些核心主题延续了下来。比如，黑格尔认为法国大革命之所以失败，是因为人类无法洞察历史发展进程的深层规律，而理性正是在历史发展进程中意识到自身。因此，从根本上来说，黑格尔认为共同体是不可能的，因为它必然是不完整的；只有哲学家才能获得真知，完整理解一个时代的历史意义。[1]

共同体的复兴：现代性和现代乌托邦

失落主题只是现代共同体话语的一面，另一面则是共同体的

---

[1] 本书将不断强调共同体的不完整性。在后现代共同体理论中，这个观点尤为关键。

实现。很多西方思潮中关于共同体的重要概念都是如何复兴共同体。可以说，共同体的失落和复兴概念一同建构了西方思潮的千禧传统。诺曼·科恩（Norman Cohen）在《追求千禧》（*The Pursuit of the Millennium*）中指出：这种传统是很多西方思潮的根基（Cohen，1970）。现代性发源于希伯来千禧年传统和基督教，它继承了一种救赎的渴望，努力复兴失落之物，也常常成为激进的共同体主义运动的基础（Kamenka，1982a）。共同体愿景经常与世界灾难相联系，但是正如维克多·特纳（Victor Turner）所言，这并非现代性独有的现象："'末世交融'是许多原始文化和中世纪基督教思想的一部分"（Turner，1969，pp.153-154）。

　　共同体的实现已经成为现代性最有影响力的普遍性政治意识形态主题之一，尤其是1830-1989年，也就是从启蒙运动衰弱到共产主义崩溃这一时期。这段时期即我们通常所说的"意识形态的时代"，自由主义、共和主义、保守主义、共产主义及其变体、社会主义和无政府主义、犹太复国主义、法西斯主义和民族主义等等，各种意识形态相互竞争，描绘出各种不同的政治和道德社会图景。作为主要规范性理想的共同体概念是这些纲领性设计的来源之一，其独特之处是乌托邦想象。如前所述，共同体是一个乌托邦理念，因为它既是可实现的理想，也是一种具体存在的现实。它表达了一种取代现状的乌托邦式的愿望。

　　到了19世纪，新的共同体形式大量涌现，尤其是在北美。共产式共同体在19世纪的美国十分常见，大多带有强烈的乌托邦想象，而且经常以共产主义实验和其他进步概念的形式出现。克利杉·库玛（Krishan Kumar）指出，它们是拥抱社会主义的广泛改革运动的产物（Kumar，1987，pp.82-83）。公社运动（communal movement）种类繁多，包括17世纪的宗派主义运动、19世纪共产主义激发的公社运动以及无政府主义等。美国无政府主义者保罗·古德曼（Paul Goodman）在其名作《交融》（*Communitas*，1960）中指出：共同体是无政府主义的基础。但是，道德共同体的概念在 19 世纪晚期美国主流政治传统中也牢牢占据一席之地（Wilson，1968）。

马克思主义运动是最具影响力的共同体主义运动，它提倡共同体的集体利益高于个体利益（Kamenka，1982b）。很多马克思主义者认为，基督教的千禧年运动预见了社会主义。对于马克思而言，1871 年的巴黎公社展示了一种激进和平等的政治共同体愿景。与其他很多社会主义者和无政府主义者不同，马克思并没有把过去的以传统、公会或生活方式为根基的共同体理想化。他的共同体思想是都市的、平等的、普遍的，是尚未到来的共同体。相反，无政府主义者 P.-J. 蒲鲁东（P.-J. Proudhon）是从小型地方群体的角度来看待共同体的。

以下三种话语可以总结 19 世纪作为规范性理想的共同体概念：

1. 共同体不可复兴。这是一种浪漫而又保守的现代性批判话语，其中最主要的表达方式是怀旧。整体来说，这是一种反现代主义的意识形态。它反对现代世界，主张回归浪漫化的过去。

2. 共同体可以复兴。这是 19 世纪早期出现的现代保守主义的主要话语。保守主义思想主张复兴传统以及国家和社会的有机统一。共同体主义理想具有保守主义的特点，我们可以把它理解为调和共同体与现代性状况的尝试。另外一个主要例证是民族主义，民族主义中的政治共同体概念必然与原始文化共同体相联系。民族国家是国家政治的一种形式，经常被用来表达一种文化或者公民共同体，而这种共同体由共同的历史、语言、习俗等塑造。从另一种形式上说，共和主义认为可以复兴过去的共同体。一般来说，我们通常从自治公民共同体的古典理想来理解共和主义。亚历西斯·德·托克维尔（Alexis de

Tocqueville）在其著名作品《论美国的民主》（*Democracy in America*，2卷，1835，1840）中指出，美利坚代表了真正的政治共同体，也是欧洲文明的救赎之地。从这一阐释看来，在美国社会中，国家并未存在于公民共同体之外。

3. 共同体有待实现。这是在共产主义、社会主义和无政府主义表达中更为显见的乌托邦共同体理念，它认为共同体理想是可以通过努力实现的，是一种未来的状态而不仅仅是复兴过去的东西。从这层乌托邦意义来说，对于共同体影响最大的倡导者是卡尔·马克思。根据马克思主义理论，国家是代表社会范畴异化的政治形式。社会本身只有通过废除资本主义及其政治形式，即资本主义国家，才能实现人类的所有潜能。共产主义社会是一个没有国家的纯粹社会。在现代主要政治意识形态中，只有自由主义不是围绕共同体主义理想建构的。自由主义信奉个人主义，因此对于共同体的许诺持怀疑态度。尽管经典自由主义更加看重实用主义幸福观，并渴望更美好的社会，但是对于自由主义来说，完美的政治共同体不可能存在，甚至非其所欲。

极权主义共同体

20世纪的共同体体验比较极端。受启蒙运动滋养的乌托邦共同体图景让位于反乌托邦以及一些新的寻求克服现代性的乌托邦形式。在《追寻共同体》（*Quest for Community*，1953）一书中，罗伯特·尼斯比特使用"极权共同体"这一术语来描述极权意识形态的出现，比如法西斯主义和极端民族主义。极权共同体融合国家与社会，是一个有机整体。极权主义国家实现了国家对社会的完全认同，实际上抹杀了社会。

乔治·莫斯（George Mosse）指出，在19世纪末，激进的右翼分子接受了公社观（Mosse，1982）。之前，它原本一直是一种激进的左翼理想，旨在颠覆现状，提出一种更加平等和民主的社会图景。但是，随着启蒙思想日渐衰落以及沙文主义和专制民族主义的兴起，对于共同体的追求越来越成为右翼政治浪潮中的一部分，"人民"逐渐被视作无差别的整体。古斯塔夫·勒庞（Gustav Le Bon）的《乌合之众》（*The Crowd*）发表于1895年，它影响了极端右翼分子，例如阿道夫·希特勒（Adolf Hitler）和贝尼托·墨索里尼（Benito Mussolini）都读过这本书（LeBon，1995）。在大众政治的年代，共同体可能被用于表达强调排外性、纯净的、男性原始主义的民族共同体。原始共同体的大众（Volk），变得像20世纪最初十年新兴的新右翼主义运动一样。德国青年运动（the Bund）强调亲密的男性共同体、友情和青年活力，表达了对于共同体的精神渴求。它像共同体的革命内涵一样，试图颠覆社会现状和兴起的女性解放运动，当时的德国女性解放运动相对比较发达。这种组合再加上历史的"再神话化"，创造了一个基于原始共同体的保守主义政治哲学。法西斯主义是这种符号的、神圣共同体的终极表达，也为基于精英、种族主义和政治审美化的专制政治提供了合法性。乔治·莫斯写道："最后，激进的右翼并没有解决现代社会的共同体问题，而是把它变得更加复杂"（同上，p.42）。

德国哲学家赫尔穆特·佩里斯纳（Helmut Plessner）在关于共同体的一部重要著作中集中论述了这些问题，他认为共同体观点非常危险。他的《共同体的局限》（*The Limits of Community*）发表于1924年，但长期被忽视，直到1999年才被翻译成英语。在该书中，佩里斯纳主要从哲学人类学角度对共同体概念进行了严肃批判。他拒斥马丁·海德格尔（Martin Heidegger）所持有的反现代、反启蒙立场，也反对德国思想中新兴的共同体主义精神，认为共同体是一个被高估的理想，并且隐含着专制主义思想。他在书中抱怨道："这个年代崇拜共同体，它是世界弱者的偶像。"其目的是保护现代社会免受共同体幽灵的侵扰（Plessner，1999，pp.66—67）。

20 世纪是个"极端的年代"，恰如埃里克·霍布斯鲍姆（Eric Hobsbawm）在其广为人知的同名著作（*The Age of Extremes*，1994）中描述的那样。在当时的语境下，公社运动反对现代性和共同体的普适概念。基布兹（kibbutz）共同体是最好的例证，它蕴含极权共同体愿景，也反映出对占主导趋势的现代性的替代愿望。然而，基布兹运动并非反现代，而是一种替代现代性的、基于特殊共同体概念的实验。艾瑞克·科恩（Erik Cohen）写道，这种运动吸引"后现代年轻人和知识分子将它视为一种理想的公共生活范例"（Cohen，1982，p.123）。然而，这种共同体也是灵活的，能够变化和适应，且从不采取一成不变的模式。在这一点上，它不同于专制的极权共同体。此外，基布兹是一种自愿的共同体，其组织形式具有自反性。作为现代性的成果，它同样为现代社会出现的框架提供了不同的社会关系和政治组织模式。基布兹以合作、集体所有权、平等、共识价值观和世俗的自治为基础，表达了一种极权共同体。此类共同体本质上是没有国家体系的社会图景，其最主要的特点之一是国家的缺席。从这层意义上来说，它最接近马克思共产主义社会的实现形式。20 世纪其他极权共同体的一大特征是消除社会、强调国家，而基布兹运动则不同，它将国家范畴降低到社会水平。

但是基布兹共同体运动到底具有多少代表性呢？从很多方面来看它都是一个特例。也许因为它是一个极权共同体，带有既不属于广泛社会、也不属于国家的元素，而且弃绝现代世界的价值观，因此基布兹运动迥异于其他形式的共同体，不论是在农村还是在城市。放在更广阔的历史视野中来看，它的重要意义更加凸显。自文艺复兴和宗教改革以来，出现过很多极权共同体实验。这段时期一些著名的乌托邦思想体现在托马斯·莫尔（Thomas More）的《乌托邦》（*Utopia*, 1516）、托马索·康帕内拉（Tommaso Campanella）的《太阳城》（*City of the Sun*, 1623）、弗兰西斯·培根（Francis Bacon）的《新亚特兰蒂斯》（*New Atlantis*, 1629）和詹姆士·哈林顿（James Harrington）的《大洋国》（*Oceana*, 1675）等作品中。受到文艺复兴时期早期乌托邦思想以及现代早期革命性剧变的影响，寻求西方文明的替代方案的公社运动已经确立。在英国大革命期间，激进的清教主义不断高涨，很多激进运动纷纷涌现，比如追索者（Seekers）、掘土派（Diggers）、喧嚣派（Ranters）和平权派（Levellers），等等。克里斯托弗·希尔（Christopher Hill）将其中一些理想共同体与共产主义相比较（Hill，1975；也见 Armytage，1961）。宗教改革期间对清教的迫害使得几个宗教团体逃往北美。阿米什（Amish）共同体是北美知名的极权共同体之一。阿米什门诺派自 18 世纪早期开始逃往美国，它们是一种整体现象，是生命力最顽强的共同体代表之一。这些共同体的集体认同中最主要的特点是不从众，反对主导社会所代表的现代性。这些共同体也许是共同体和社会相互对立的最清晰的例证。

这引发了一个问题：共同体是否会成为一种威胁，摧毁人类社会中最具社会性的某些特质，诸如人类创造性的重建能力和对人类自治的关注？尽管极权共同体实验没有给个体性和创造性留下多少空间，但自相矛盾的是，这些公社运动即便声称根植于遥远的过去，它们依然是人类设计的结果。我们并不能说它们是传统的，因为它们实际上是现代性的产物，若非付出巨大的努力和对理想的执着，这些运动无法延续。从这点来说，它们与本书第二章讨论的共同体不同，在那些共同体中，传统与现代性的相遇起决定性作用。极权共同体是受到约束的道德极权，是人类设计的创造，而不是传统的产物。当然传统可以被创造，而历久弥坚的共同体最终会演变成传统，正如持续了几个世纪的阿米什共同体一样。在这些极权共同体的例证中，传统所扮演的角色只是他们自我合法化的一个方面，另一方面是相信该运动具有激进的他者特征。对于现代世界（包括国家和社会）的弃绝、有意识地寻找激进的替代方案，成为众多极权共同体的公社运动的核心特征。

隐修制度是将共同体视为一种为当前社会寻求替代方案的运动的例证。当隐修制度在中世纪早期确立时，它们代表的并非传统，而是一些寻求新的共同体生活方式的激进实验。在这种生活方式中，一种基于禁欲原则、高度自律的道德已经制度化。本笃会（Benedictines）创建于公元 6 世纪，是隐修派中较早的一派，它开创了新的共同生活模式。隐修教派受到早期基督教的千禧年理想的影响，希望弃绝现存的不完美社会，追求理想的桃花源。隐修的理想是摆脱尘世，但矛盾的是，他们在逃离世界的同时却创造了一整套共同生活模式。阿甘本曾经指出，这种生活形式要求恪守所有制度，并且修道院共同体的集体生活内化了这些制度（Agamben，2013）。隐修制度体现了共同体的特殊性和普遍性概念，因为隐修共同体从世俗世界隐退，同时参与普适的基督教共同体。隐修共同体拥有严格的共同体生活制度，是高度组织化、自我治理和自我维持的团体。但是，韦伯有关社会理性化的悖论性理论指出，隐修制度在追寻禁欲主义的过程中，通过培育一种新的"祛魅"的文化风貌，最终将社会理性化，使神圣逐渐走向世俗（Weber，1978）。隐修各派是形塑现代欧洲的主要力量。近来的研究表明，方济各会（Franciscan）通过重新定义世俗商品的地位为资本主义奠定了基础（Todeschini，2009）。

学术共同体是一种不同的共同体。大学的起源与隐修派密不可分，学者共同体与隐居共同体差不多，都追求更高层次的真理。几百年来，投身学术、追求知识本身是学术界的惯例。大学以学者共同体为基础，这依然是一种非常强烈的传统，决定了大学的本质。最近兴起的知识共同体——来自不同国家的专家构成的群体——也体现了这种传统。

小　结

　　本章从历史和政治思想的视角考察共同体。历史上一些最具影响力的共同体概念主要是将共同体作为一种规范式理想，它既可以是特殊的，也可以是普遍的概念。无论哪种情况，这些追求深刻地改变了现状。共同体既不保守，也不肯定。尽管后启蒙运动时期（意识形态时代）的许多纲领性意识形态展示了共同体的普遍性概念，但是其他类型的共同体，比如激进的公社运动、阿米什共同体、隐修制度和基布兹共同体，表达了更特殊的共同体概念。对于共同体的现代理解也受到这两股思潮的影响：共同体概念的特殊性和普遍性。此外，本章还强调，失落和复兴叙事主导共同体话语。现代性摧毁了共同体，因此共同体必须通过新的形式复兴并实现，这种观点颇有影响力。本章指出，这种共同体概念主要是面向未来的。在第二章，我们将从社会学和人类学角度进行阐释，考察共同体作为社会和文化实体的特征。此类共同体注重其流动的本质，表达的是归属感形态。与其将共同体视为空间上固定、并对应某种特定的社会制度的事物，不如将共同体视为交融的表达，即一种想象和体验社会归属感的特殊模式，具有沟通性和公众性。尚无任何社会结构完全地实现交融，但所有社会都需要它。

　　在继续讨论之前，关于共同体的重要历史论述，我们还要说明一点：在古典共同体概念中，共同体的沟通本质很少被讨论，只有一个重要例外：伊曼努尔·康德（Immanuel Kant）。康德预见性地提出了一种晚期现代性理论，倡导共同体的准沟通理论，在这个理论框架里，普遍性与特殊性相妥协。在 1790 年发表的《判断力批判》(*The Critique of Judgement*) 中，康德提出了"共通感"(sensus communis) 概念，以解释审美趣味的普遍性：

> 人们必须把"共通感"理解为一种共同的感觉的理念，也就是一种评判能力的理念，这种评判能力在自己的反思中先天地考虑到每个他人在思维中的表现方式，以便使自己的判断仿佛依凭着全部人类理性，并由此避开那将会从主观私人条件出发对判断产生不利影响的幻觉，这些主观私人条件很轻易被误认为是客观的。
>
> (Kant，1952，p.151)

康德继续论述道："当文明达到巅峰时，沟通工作几乎是高雅文化的主要内容。情感的全部价值在于：它们允许普遍沟通"(同上，p.156)。康德提出的沟通概念不无局限性，但他首次提出了把共同体作为沟通过程的概念，而不是一个符号性的、制度化，或者纯粹规范性的理想。在此，经验受制于批判性阐释，并催生出一种更高等级的共同体："共通感。"我们会在后面的章节讨论共同体的沟通维度，尤其在第六章到第九章。

参考文献

Agamben, G. (2013) *The Highest Poverty: Monastic Rules and Form of Life*. Stanford, CA: Stanford University Press.

Al-Bayati, B. (1983) *Community and Unity*. London: Academy Editions.

Arendt, H. (1958) *The Human Condition*. Chicago: University of Chicago Press.

Armytage, W. (1961) *Heavens Below: Utopian Experiments in England, 1560–1960.* London: Routledge & Kegan Paul.

Cohen, E. (1982) 'Persistence and Change in the Israeli Kibbutz'. In: Kamenka, E. (ed.) *Community as a Social Ideal.* New York: St Martin's Press.

Cohen, N. (1970) *The Pursuit of the Millennium.* Oxford: Oxford University Press.

Frisby, D. and Sayer, D. (1986) *Society.* London: Tavistock.

Goodman, P. (1960) *Communitas: Means of Livelihood and Ways of Life.* New York: Vintage Books.

Hill, C. (1975) *The World Turned Upside Down.* London: Penguin Books.

Hobsbawm, E. (1994) *The Age of Extremes: The Short Twentieth Century, 1914–1991.* London: Michael Joseph.

Jodhka, S. (ed.) (2002) *Community and Identity: Contemporary Discourses on Cultures and Politics in India.* New Delhi and London: Sage.

Kamenka, E. (ed.) (1982a) *Community as a Social Ideal.* New York: St Martin's Press.

Kamenka, E. (1982b) 'Community and the Socialist Idea'. In: Kamenka, E. (ed.) *Community as a Social Ideal.* New York: St Martin's Press.

Kant, I. (1952) *The Critique of Judgement.* Oxford: Oxford University Press. First published 1790.

Kastoryano, R. (2002) *Negotiating Identity: States and Immigration in France and Germany.* Princeton, NJ: Princeton University Press.

Kumar, T. (1987) *Utopia and Anti-Utopia in Modern Times.* Oxford: Blackwell.

Le Bon, G. (1995) *The Crowd.* New Brunswick, NJ: Transaction Publishers.

Mosse, G. (1982) 'Nationalism, Fascism and the Radical Right'. In: Kamenka, E. (ed.) *Community as a Social Ideal.* New York: St Martin's Press.

Nisbet, R. (1953) *The Quest for Community.* Oxford: Oxford University Press.

Nisbet, R. (1967) *The Sociological Tradition.* London: Heinemann.

Parsons, T. (1961) *Societies: Evolutionary and Comparative Perspectives.* Englewood Cliffs, NJ: Prentice Hall.

Plessner, H. (1999) *The Limits of Community.* New York: Humanities Books. First published 1924.

Schwartz, B. (1991) 'Chinese Culture and the Concept of Community'. In: Rouner, L. (ed.) *On Community*. Notre Dame: University of Notre Dame Press.

Springborn, P. (1986) 'Politics, Primordialism, and Orientalism: Marx, Aristotle, and the Myth of the Gemeinschaft'. *American Political Science Review*, 80 (1): 185–211.

Taylor, C. (1975) *Hegel*. Cambridge: Cambridge University Press.

Tocqueville, A. de (1969) *Democracy in America*. New York: Doubleday. First published in 2 vols, 1835 and 1840.

Todeschini, G. (2009) *Franciscan Wealth: From Voluntary Poverty to Market Society*. St. Bonaventure, NY: Franciscan institute Publications.

Tönnies, F. (1963) *Community and Society*. New York: Harper and Row.

Turner, V. (1969) *The Ritual Process: Structure and Anti-Structure*. London: Routledge & Kegan Paul.

Weber, M. (1978) *The Protestant Ethic and the Spirit of Capitalism*. London: Allen & Unwin.

Williams, R. (1976) *Keywords: A Vocabulary of Culture and Society*. London: Penguin.

Wilson, R. J. (1968) *In Quest of Community: Social Philosophy in the United States, 1860–1920*. New York: Wiley.

第二章
共同体与社会：现代性的神话

  19 世纪，工业社会的出现激发了对共同体的新兴趣，它被认为是一种真实存在，而现代性导致了它的丧失。到了 19 世纪晚期，新的共同体概念出现了。随着社会学和人类学的兴起，人们开始将共同体看作由文化定义的社会群体，而非政治理想。第一章已经讨论过共同体的经典概念：在现代时期的大多数时候，共同体是一个替代性社会概念，是一种有待实现的理想。在定义共同体时，主要是与国家而非社会相对立。到了 20 世纪，人们对社会的理解发生变化，由此共同体的内涵也随之而变。人们越来越认为共同体建立在深厚的传统价值基础之上，一方面是道德实体，另一方面是逐渐变为一种基于"稀薄"的价值观之上的异化的客观实体的社会。在这种二元论中，作为一种想象社会关系的交融理念和现实消失或淡化。随着社会和国家的差异变得不再明显，共同体被视作社会的残余范畴，也就是国家、经济关系与城市化让社会越来越理性化后的残留。

  之所以将共同体视为社会替代品，一个明显的理由是 20 世纪的危机感。相较而言，20 世纪是一个危机不断的世纪。拿破仑战争后，出现了长期的和平年代，但 20 世纪开篇便硝烟弥漫。从普法战争开始到第一次世界大战达到高潮，现代性遭遇首次重大危机，人们用"社会不安"一词来形容这一危机。把共同体合法化、使其成为现代社会的范式性根基的神话分崩离析。包括尼采和弗洛伊德在内的许多学者和作家开始描绘现代社会的灾难。在古典社会学中，马克斯·韦伯的"铁笼"隐喻（Weber，1978）、涂尔干对自杀和"不安"主题的关注（Durkheim，1952）以及 G. 齐美尔（G. Simmel）的"文化悲剧"（Simmel，1968）等理论捕捉到了从 1890 年到第一次世界大战结束这一时期表现出的这种趋势。民族国家原本是现代社会的地域特征的有效表达方式，但是当欧洲国家为战争做准备时，民族国家沦为战争机器。这清晰地表明：无论是社会还是国家，其根据都不是共同体原则。社会的不安引发了对于共同体的新兴趣和社会学思考，共同体被视作现代性的替代方案，或者是社会整合的真实基础。

　　社会与共同体的二元对立也能被看作现代性的新教式表达。正如马克斯·韦伯所论，新教主义培育出来的精神风貌是内心世界内敛的意义和精神性，在外部世界中看到了堕落和空洞的迹象。毫无疑问，新教对于共同体内涵的影响大于罗马天主教的现代性观点，后者更受体制影响。新教强调内在的精神和意义，对社会逐渐祛魅的过程反映了这一点，它把共同体、而不是现代性当作更有意义的领域。由此，共同体被视为个体天然的居所，而社会被视作异化、本质上毫无意义的世界。因此，社会和共同体的关系与教会和宗派的关系具有一定的平行性，社会学家马克斯·韦伯和恩斯特·特勒洛齐（Ernst Troeltsch）论述过两者的区别。宗派指的是团体脱离僵化、体制化的教会团体，因为教会无法继续维持归属精神。与之类似，共同体是从广泛社会和社会体系中的一种撤退。这在种转变中，共同体可能维持了广泛社会所缺乏的真实性。

　　在本章，我们将探讨现代社会学和人类学发展语境下，关于共同体与社会的论战。从本质上来说，这场辩论的核心是：共同体到底是不是一种传统？它是否与后传统的现代性格格不入？本章质疑后传统的提法：现代性发明了新的传统，从这个意义上来说，现代性催生传统，同时也依赖从过去继承而来的传统，这些传统对于现代社会并不陌生。此外，传统并不是纯粹、原始的。许多传统都诞生不久（Hobsbawm & Ranger，1986）。前现代社会并非建立在原始共同体之上，正如现代社会已经消除了共同体一样。从这种观点来看，共同体和社会并非完全对立，而是均为社会性（sociability）的形式。这个论点的基本假设是：不要单纯从传统角度来理解共同体，共同体包含符号构建的社会关系的独特形式，这些社会关系在现代性条件下也可以形成，存在于每种社会结构中。结合一些共同体的重要社会学理论，我认为共同体既可以采用后传统的形式，也可以采用传统形式。

接下来，我们将重点考察关于共同体的三大主要思想：第一，作为传统的共同体概念，尤其是滕尼斯的理论；第二，作为道德共同体的概念，尤其涂尔干的论述；第三，符号共同体理论，它最早由维克多·特纳提出，安东尼·科恩进行了新阐释。本章认为，共同体是一种高度流动的交融模式，是具有符号性和沟通性的归属感模式，而不是实际存在的制度安排。共同体具有多种样态，能够维系现代和激进的社会关系，也同样能够维系传统的社会关系。一个普遍观点是，阶级作为现代社会的产物，在共同体的形成中发挥重要作用，其重要性不亚于团结的概念在其中发挥的作用。共同体与阶级联系紧密，在印度则体现为种姓与共同体联系紧密，而种姓也与阶级相关联。阶级本质的变化——比如从工业化转变为去工业化的过程中——会导致共同体意义的变化。

作为传统的共同体

在继承了新浪漫主义思想的现代社会学里，常常把共同体与传统、更多的是与失落于现代性之中的前现代世界画等号。早期社会学一个主导议题是从传统向现代性划时代的转变。有观点认为，现代性侵蚀了传统，并用大众社会形式的（formal）、理性化的结构取而代之。亨利·萨默尔·梅因（Henry Summer Maine）在其颇具影响力的作品《古代法》（*Ancient Law*，1861）中展示了从基于地位的世界转化为基于契约的世界的图景（Maine，1905）。在另一部发表于 1871年的作品《东西方的乡村共同体》（*Village Communities in the East and West*）中，他指出了共同体与空间的联系（Maine，1895）[1]。诸如此类的论述将现代社会学中的共同体概念发展成一种原始的、整合性的世界，它随着现代性的到来而逐渐式微。这种两分法也反映在自 19 世纪晚期以来在德国特别流行的关于文化与文明的区分中。作为文化的物质表达，人们认为文明已经衰落，它是现代性衰退的母题。在德语中，文明的价值低于文化（Kultur），文化更具精神性，更能承载价值。这一区别无法避免地与社会和共同体之间的差异相联系。共同体暗含更深的文化价值，处于衰落的文明的社会（Gesellschaft）摧毁了这些文化价值。这是一个虚假的神话，在当今社会已经失去了意义，然而长期以来，它曾经占据统治地位，在人们对欧洲文明的承诺感到幻灭之时影响力巨大。

关于共同体作为传统文化价值最为著名的作品是斐迪南·滕尼斯的《共同体与社会》（*Community and Society*），最早于 1887 年以 *Gemeinschaft und Gesellschaft* 为题出版（Tönnies，1963）。其论点已经广为人知，不需要再展开解释，但仍有几点需要点明，因为正如许多被奉为经典的作品一样，对它的阐释可以有多种，而且几乎所有关于共同体的研究都与这本书有关。其中的主要一个问题是德语词汇 Gemeinschaft 和 Gesellschaft 并不能简单地被译作"共同体"与"社会"。德语 Gemeinschaft 蕴含共同生活的某些元素，它并非完全建立

---

1 参见 Calhoun（1980）。

在面对面关系之上的传统或者等级化的社会关系。当然，毫无疑问的是，滕尼斯有意将这两个词汇两极化，认为共同体涵盖传统，社会蕴含现代性，并且两者共同陷入"悲剧的冲突"之中（同上，p.162）。尽管如此，该书开篇就指出，共同体与社会是两种共同生活。[1]遗憾的是，很多关于古典社会学的教材都没能关注到这一要点，使共同体早于社会存在的神话得以延续。但是，滕尼斯完全不赞同这个神话，他持不同观点。在这部著作的开头，滕尼斯认为共同体和社会是社会关系的不同表达方式，是人类意愿的产物：

> 关系本身，以及随之产生的关联，要么被设想为真实有机的生活，这是共同体（Gemeinschaft）最本质的特点；要么被当作一种想象的机械体系，这是社会（Gesellschaft）的概念。
>
> （同上，p.33）

在接近末尾处，他写道："在所有关系中都可以发现共同体与社会的交织"（同上，p.249）。他的论点是，随着现代性的到来，社会取代共同体，成为社会关系的主要焦点。共同体是"活生生"的，而社会是机械化的。前者更多扎根于地方性，是"自然的"，而后者是更加"理性""思维"的产物，由交换关系来维系。

沿用滕尼斯的术语，共同体表现为家庭生活的和谐、乡村生活的民俗以及城镇生活中的宗教。社会则在城市生活中表现为惯例，在国家生活中表现为立法，在世界主义生活中表现为公众舆论（同上，p.231）。滕尼斯所使用的这些术语表明，尽管共同体与社会迥异，但都表达了不同类型的团体生活。在接下来关于社会演进观点的讨论

1　因此，该书也被译为《共同体与联合体》。

中，很明显滕尼斯认为社会原则是在共同生活中逐步确立的，在现代性的作用下，社会变得与共同体完全不同。滕尼斯追随马克思的观点，透过城镇和乡村之间的根本冲突看待现代社会的历史，认为人类社会史是走向社会主义的历史，而社会主义"则蕴含在社会这一概念本义之中"（同上，p.234）。关于共同体的现代辩论聚焦城镇与乡村的冲突，取代了之前社会和国家的二元论。

人们把滕尼斯看作一个回望传统乡村共同体中失落的世界的浪漫保守主义者，但实际上他是一个热情的社会主义者，曾因支持 19 世纪 90 年代的汉堡工人大罢工失去教授职位。滕尼斯受到法国空想社会主义的影响，尤其是受洛伦兹·斯坦因（Lorenz Stein）作品的启发，他支持传统形式的社会主义，比如行会社会主义，以及更加激进的社会主义和各种改革运动。实际上，他认为社会主义就像个人主义一样，对于社会而言都是自然的。因此，考虑到他的政治立场，我们对他的名作得出了不同的解释。必须说明的是，这本书反映了世界主义原则。在 1911 年伦敦召开的世界种族大会上的报告中，滕尼斯呼吁关注 19 世纪的自由世界主义（Holton，2002，p.161）。《共同体与社会》与艾德蒙·伯克（Edmund Burke）的《反思法国大革命》（*Reflections on the Revolution in France*，1790）完全不同，后者是致传统封建社会的保守主义悼词，前者则正如其德语版本的副标题所示，试图勾勒出"基本的社会学概念"，对"资本主义社会"进行批判。滕尼斯并没有总是追思逝去的共同体，他认为如果没有政治诉求，共同体无法抵御资本主义现代性。然而，在纠正对滕尼斯的传统阐释时，我们必须指出：他的现代社会理论受到狭隘的进化观的束缚，这种进化观认为现代性必然会代替传统和共同体。他将共同体视为"自然意志"的产物，而社会是"理性意志"的产物，社会并没有为共同体提供多少发展空间。这种深受新浪漫主义思潮影响的现代观忽视了现代性如何生产传统，也没有认识到我们的传统观大多是现代性的产物。

自滕尼斯开始，现代社会学开始致力于研究共同体在现代性中的存亡问题。罗伯特·雷德菲尔德（Robert Redfield）的《小共同体》（*The Little Community*，1955）是伴随着社会学作为一门学科兴起而出版的一部社会学佳作[1]。尽管城市社会学将共同体置于不同的层次（参见第三章），早期关于共同体的社会学研究大多都是基于对传统农民共同体的人类学研究，这些研究很多都受到 E. 伊万-普理查德（E. Evans-Pritchard）关于努尔人的著名研究的启发（Evans-Pritchard，1940）。努尔人居住于村落而非社会之中，他们没有大社会这个概念。这个共同体包含古典人类学意义上的社会和文化。人类学的共同体概念将社会和文化合并，将原始社会视为整体性文化，表明这种共同体模式或多或少地表达了关于传统的社会学观念。在现代社会学中，面对现代性，共同体作为一种富有凝聚力的实体存活下来，并且抵抗现代社会。

这一研究路径在 C. 阿伦斯伯格（C. Arensberg）和 S. 金伯尔（S. Kimball）的研究中得以展示，例如，他们的经典著作《爱尔兰的家庭与共同体》（*Family and Community in Ireland*，1940/1968）。[2] 在这本实证主义民族学著作中，实际上并没有具体定义共同体，但言下之意是，共同体作为一种客观的道德力量，存在于农村传统的习惯和长期关系中。共同体并非一个符号性建构的现实，而是独立于成员之外、并且超越成员关系的"主导系统"（master system）。共同体的背后存在某种决定论，它被视为一个有序的整体，受到家庭秩序、年龄、性

1　另参见 French（1969）中收录的该时期的部分主要著作。
2　另参见他们后来的著作《文化与共同体》（*Culture and Community*）（Arensberg and Kimball，1965）。

别、劳作和贸易等各种高度体系化关系的调控。如前所述，一些原始共同主义概念常常隐藏在传统共同体的神话之后，这种神话极少质疑传统，认为它是一个不变的秩序，而事实上很多传统都是现代化过程的产物。阿伦斯伯格和金伯尔所研究的 20 世纪 30 年代晚期的爱尔兰南部乡村共同体，是 18 世纪便开始的社会经济现代化的产物，但早已从爱尔兰社会消失[1]。这个共同体远远称不上他们在专著里所提到的永恒的共同体。事实上，所谓的"传统"的共同体正是爱尔兰乡村迅速现代化的产物，这些乡村地区在 19 世纪经历了重大社会和经济变革。而阿伦斯伯格和金伯尔所研究的家庭和亲属体系可能不过是早几代人的事情。

这些研究表明，文化是整合的、静态的、整体的。尽管人们认为当今文化具有多样化特征，而非静态、协商的和矛盾的，但是玛丽·道格拉斯（Mary Douglas）在其开创性的著作中指出，在这个经典人类学和社会学的前多元文化时代，文化与传统类似，是一种稳定、整合的力量。帕森斯的结构功能主义系统论证了这种文化整体观。共同体和文化都有维系社会整合的功效。[2] 对于帕森斯而言，"共同体是一种集体，其成员共享公共区域，并把它当作日常活动的基础"（Parsons, 1951, p.91; 也见 Parsons, 1960）。但是对于帕森斯来说，共同体可以存续于现代性中，即使是在完全不同的功能类型的社会中，它也是社会整合的基础。"社会共同体"最终巩固了社会体系，并保证社会的根本性的团结（Parsons, 1961, p.10）。帕森斯作品中的社会共同体概念十分模糊，指出了社会体系的整合功能。[3] 更精确地

1　对此，P. 奥马霍尼（P. O'Mahony）和 G. 德兰蒂（G. Delanty）进行了讨论（O'Mahony & Delanty, 1998）。

2　科恩讨论过这一点对共同体理念的影响（Cohen, 1985，pp.20–21）。

3　参见《社会学评论》2005 年第 4 期（第 53 辑）特刊。

说，共同体是四种社会团体之一，其他三种分别为亲缘、种族和阶级（Parsons, 1951, p.173）。然而，我们要突破共同体作为传统的内涵，因为帕森斯继承的涂尔干思想更强调共同体的道德而非传统层面。现代共同体与传统共同体的不同之处在于它是公民共同体。

作为道德力量的共同体

用文明来定义共同体的后传统概念，在涂尔干社会学中最为显著。滕尼斯概念中的共同体几乎完全等同于传统，将社会视为由各种不同种类的社会关系组合而成。涂尔干对共同体则持有完全不同的理解。事实上，他十分反对滕尼斯的观点。在 1889 年对《共同体与社会》的书评中，他不同意滕尼斯关于社会的观点。他认同滕尼斯关于社会来源于共同体的论点，但他认为社会的主要特征并不是功利的个人主义和机械的社会关系。在涂尔干看来，无论群体大小，群体中的生活都是自然的，他认为"我们所生活的当代社会的集体活动和以往年代的小型社会同样自然"（Durkheim, 1964, pp.146-147）。涂尔干反对滕尼斯将共同体视为有机的、将社会视为机械的观点。事实上在他最早发表于 1893 年的关于现代社会的重要作品《社会劳动分工》（*The Division of Labour in Society*）中，他有力地反驳了滕尼斯的观点，认为有机形式的团结正从现代性中涌现，并且正在取代过去机械的形式。

此外，他不同意滕尼斯的观点，即只有国家才能对抗随着现代社会而来的个人主义的毁灭性影响。对涂尔干而言，只有基于公民身份的公民团结形式才可以做到这一点（Durkheim, 1957）。对于涂尔干而言，滕尼斯的社会学忽视了随着现代性而出现的真正的共同体形式。另外，他反对将个人主义、利益和多样性看作"性本恶"的观点。涂尔干质问：什么样的道德秩序才最能应对现代的问题？

　　涂尔干的社会学思想指出，共同体是现代性的特有概念，是一种道德个人主义。他的整个社会学理论都在尝试回答这个问题：在现代社会中究竟能够存在什么样的社会整合？可以说，他最为关心的共同体概念是后传统共同体，也就是现代性特有的突破面对面社会关系的团结形式。值得注意的是，这是共同体本身带有的传统，因此只能说相对而言是后传统的。这个观点挑战了过去对涂尔干的一贯看法，即认为他是现代化的反对者和集体道德的保护者。这种观点从未在欧洲得到广泛认可，但是，美国古典社会学大多认为涂尔干与美国个人主义势不两立。帕森斯帮助纠正了这一看法，杰弗里·亚历山大（Jeffery Alexander）在阐释新涂尔干文化社会学时也做出了同样的努力，但是偏见依然存在。罗伯特·尼斯比特、埃尔文·戈德纳（Alvin Gouldner）、刘易斯·柯泽（Lewis Coser）等社会学家对涂尔干思想的研究体现了这一点，他们认为涂尔干的功能主义思想表明了肯定的态度。然而在对其思想的最近解读中，他被更加明确地描绘为对自由主义的共同主义捍卫者（见 Cladis, 1992; Jones, 2001）。其中最核心的观点是他的道德个人主义是新的公民道德的基础，可以抗击利己的个人主义。自由主义所需要的更多是前者，但涂尔干坚信道德个人主义的基本准则已经可以从随着劳动分工而出现的有机团结形式中找到。有机团结与机械团结截然相反，其差异在于前者基于合作、多元主义和一定程度的个人主义。涂尔干认为，整个现代社会的黏合剂是公民道德，它体现在公民身份和教育中，尤其是后者。现代社会中的团结不是机械的，而是有机的，它可以在社会分化语境中实现整合，并建立更大的社会框架。这种更大、更加分化的社会只有在实现一种不同类型的团结时才能够运转。在传统社会，整合更具机械性，因为群体和个人的自治空间较少，只能机械地再生产社会的集体规范和价值观。有机团结是新型共同体的基础，表现为更加抽象的"集体表征"。在早期社会，通常宗教是集体表征的形式，但在现代社会，社会分化使之变得更加抽象和多元。对于涂尔干而言，现代社会的焦虑不安并非老旧的集体表征形式的崩溃，而是现代性无法发展出一种能够被叫作后传统的新型的共同体精神。自杀现象、犹太军官德雷福斯受诬陷事件所表现出的反犹主义以及 20 世纪早期的极端民族主义，均可说明现代社会缺乏恰当形式的共同体会导致病态后果，现代社会因此倒退至更加古老的共同体形式，而这种形式无法满足现代性的要求。

这里的观点是，以涂尔干为代表的现代社会学的主要分支把共同体视作后传统。这种观点与传统共同体神话不同，强调共同体的本质是公民的道德力量。传统所扮演的角色并不重要，因为现代性创造了新传统。马克斯·韦伯也在定义共同体时对传统和后传统可能性持开放态度：

> 不管社会行为涉及的是一般还是个体，或者是纯粹的社会行为，如果社会关系建立在各方的主观情感基础上，不论这种关系是情感性的还是传统的，那么我们就能说这是"共同体的"社会关系。
>
> （Weber, 1947, p.136）

韦伯说："相互联系的社会关系建立在受利益理性驱动或类似动机驱动的合约之上，无论这种理性判断的基础是绝对价值还是出于权宜之计的考虑"（同上）。韦伯还指出，通常情况下，尽管冲突在共同体关系中更少见，但这不能"掩盖这一事实，即倘若一方弱于另一方，那么即使在最亲密的共同体关系中，各种形式的强制也是常见之事"（同上，p.137）。然而，韦伯似乎低估了在现代性的理性化条件下出现共同体的可能性。他的现代社会概念似乎阻止人们发展将其联系起来的情感关系。

在后期德国社会学中极为重要的作品《共同体》（*The Community*）中，勒内·柯尼希（René König）批评了只有在小型乡村社会才能有整合、城镇只会出现社会分裂的观点。"事实上，公正地说，即使小型共同体在整合过程中也能因体系分化而面临强大的障碍。不论共同体大小，它们所面临的障碍差不多"（König, 1968, p.196）。他对于共同体的观点与涂尔干的思想相差无几，因为他也相信共同体是所有社会主要的力量来源，并且存在各种不同的共同体。因此现在与过去的差异并不是共同体的消逝，而是新型共同体的形塑。他把共同体定义为"基于地方的全球社会"，呼应了最近关于全球化的研究。柯尼希认为，共同体突出的特点是人们之间有某种相互关联的意识。因此它到底大小如何，是不是一个行政单位，是不是联合体共同体（Gemeinde），是传统的还是现代的，是乡村的还是都市的，这些都不重要。约瑟夫·古斯菲尔德（Joseph Gusfield）也表达了类似的观点："与其把'共同体'和'社会'视作团体或者人们所'归属'的实体，不如把这些术语当作讨论特定形势和场景的参考点"（Gusfield, 1975, p.41）。

共同体可能存在于后传统社会中，这是英国主流社会学的观点。雷蒙德·威廉斯希望构建一种以团结和平等、而非传统的农村价值观为基础的现代共同体。在他的重要作品《文化与社会》（*Culture and Society*）中，文化并不是整合的、具有一致性的纯朴价值观，而是现代社会的产物（Williams, 1961）。随着共同体被现代性所改造，传统共同体出现了衰退的现象，但并非总有新的共同体形式出现。在《传统与变化：以班伯里为例》（*Tradition and Change: A Study of Banbury*）这本现代都市共同体的经典研究中，社会学家玛格丽特·史黛丝（Margaret Stacey）总结道：

对于出生并成长于城镇的人们而言，他们是否有共同体的感觉是值得怀疑的。而对于那些依然生活在传统的小城镇社会的人来说，他们拥有或经营传统的商店和小工厂，或者在那里工作，提供传统的服务；他们关系紧密，交往已久，经常去俱乐部和小酒馆；他们接受传统标准。这些人肯定会有一种共同体的感觉，会有某种归属感。他们对城镇及其现有体制的忠诚态度证明了这一点。共同搬迁到城镇并定居下来的移民群体，尤其是那些住在一起的邻居，拥有归属于城镇内某一团体的感觉，而不是归属于该城镇。

（Stacey, 1960, p.177）

归属感构成共同体的集体身份认同，但它并不能排除冲突的出现。R. 弗兰肯伯格（R. Frankenberg）的《边界上的村庄》（*Village on the Border*）是英国最早关于乡村共同体的人类学研究著作之一，他强调围绕阶级、性别和种族产生的冲突和社会分化是共同体生活的一个特点，他以威尔士一个农村为例进行了讨论（Frankenberg, 1957）。[1] 关于乡村共同体的研究越来越忽视凝聚力，而是注重两极分化和阶级剥削（Pahl, 2005, p.627）。这种对共同体作为一个整体实体的质疑在罗伯特·摩尔（Robert Moore）关于杜伦矿工群体的研究中也有所体现。他指出，工人群体并不是传统的，更重要的是，传统拥有多种形式，比如宗教传统和贸易工会团体都会产生不同的忠诚取向（Moore, 1974）。在另外一项关于苏格兰彼得黑德镇的研究中，摩尔指出：尽管同质性有各种表现形式，共同体内依然有重要分化，与团结或归属感一样，自我利益同样普遍存在（Moore, 1982）。

1　他最后一部著作的标题是《美国社会：通往一种社会共同体理论》（*American Society : Towards a Theory of Societal Community*）（Parsons，2006）。

总体来说，共同体关系到归属感的具体形式，而共同体的衰落可能只涉及某种归属感的衰落，而这必须考量其他归属形式的兴起。关于都市社会中归属感的共同形式问题正是早期芝加哥学派最关心的主要问题之一，并主导美国都市社会学研究的方向（见第三章）。都市社会学和共同体研究的新学科试图回答这一问题：究竟什么样的共同体才能在现代都市语境中存活下来[1]。这是以相对论的方法来看待社会 / 共同体和传统 / 现代的错误的二元论。

在一项关于"传统的激进性"的研究中，克雷格·卡尔霍恩（Craig Calhoun）指出了构想传统和共同体关系的不同路径（Calhoun，1983）。他认为传统的共同体是集体动员的重要基石。这些共同体已经具有必备的联合构架，可以抵御现代化的破坏性影响。他强调共同体在独立掌控力、社会关系以及社会网络方面的多维本质，这些都可以为了集体行动而动员起来。很多发生在 19 世纪的欧洲农民起义就是基于组织的共有形式，这是马克思从未意识到的。因此，卡尔霍恩并不认同与社会主义的彻底决裂，而是认为过去的社团主义和现代社会主义之间拥有连续性。

传统的共同体为共同的利益提供了重要框架，也提供了发展集体行动的能力（Calhoun, 1982, 1983）：

> 传统的共同体是动员激进运动的重要基础。共同体是预先存在的组织，能够确保个体参与集体行动。共同体为社会动员提供社会组织基础，正如亲缘、友情、群体性的手工艺或娱乐提供沟通和忠诚的渠道。
>
> （Calhoun, 1983, p.897）

1　参见 Bell 和 Newby（1971），Plant（1974）。

卡尔霍恩认为，英格兰人在相对现代的资本主义状况下工作，并不愿意固守基于传统，坚持前工业化时代的价值观，过一成不变的生活。对于卡尔霍恩来说，19世纪欧洲传统共同体的独特之处并不在于传统价值观的凝聚力，而是集体资源和集体行动的能力。

在最近关于印度共同体的研究中，对传统共同体中并不存在现代社会关系的观点进行了严厉的批判。有评论家指出，大部分关于印度农村生活的甘地式概念是从殖民主义或东方主义写作中获得的（Jodhka, 2002）。卡洛尔·乌帕德亚（Carol Upadhya）反对正统的阐释，比如路易斯·杜蒙特（Louis Dummont）的观点。他从文化与经济的二分法来看待关于共同体的辩论，认为文化与宗教、种姓、共同体相联系，同时又被诸如阶级之类的经济力量所摧毁。比如，"贾吉曼尼制度"被错误地理解为一种在乡村共同体内进行货物和服务交换的非货币体系，并且不同于西方追求自我的理性个体。乌帕德亚认为共同体并不是一个界定清晰、摆脱阶级和其他社会互动范畴的同质化社会团体，并且具有冲突、压迫、剥削和父权等特征（Upadhya, 2002, p.36）。其他关于种姓和阶级的研究表明，阶级和种姓也可能产生共同体的感觉（Natrajan, 2005）。

毫无疑问，共同生活的纽带不能简单地等同于阶级，然而阶级是支撑现代共同体的重要因素，而城市化和工业化模式打造了现代共同体。无论是在马克思还是韦伯的理论中，阶级概念和共同体一样备受争议，阶级的基础是分层，是现代资本主义社会的特征。共同体的界限更加模糊，更具流动性。人们一直认为工人阶级共同体的特点是固定、缺乏流动，但实际上它们也是多变的，并受到地域意识变化的影响。B.罗格利（B. Rogaly）和B.泰勒（B. Taylor）研究了历史上英国共同体中不同地方、不同阶级的联系。研究表明，人们的生活和视野的区分并不清晰，而且处于变化之中。人们对于共同体的理解并非一成不变。国家把一些共同体定义或归类为"贫困""不正常""高犯罪率"的行为，与人们对地域的自我感觉相互影响（Rogaly & Taylor，2011）。由于资本主义的本质出现了广泛变化，例如去工业化，导致工人阶级发生了巨大转型，这无疑对共同体的意义和可行性产生了巨大影响。然而，共同体不会轻易消失，但会改变其形式，新型共同体也会应运而生。

符号共同体和阈限性

尽管社会学的大部分经典传统都与共同体在现代社会中的存续问题相关，这些著作通常讨论共同体与社会的二元论，但仍有摆脱这种二元论的共同体观。赫尔曼·施马伦巴赫（Herman Schmalenbach）让我们注意到现代社会中兴起的小型组织：联合的共同体（Bünde），比如友情（Freundschaftsbünde，友谊协会或俱乐部）（Schmalenbach，1977）。施马伦巴赫在他1922年出版的著作中指出，滕尼斯所描述的传统的共同体大都基于非自愿的社会联结之上，因为它的成员出生于此。而社会则不同，它需要更多有意识的努力和理性的行动。他关注现代社会中基于群体的组织角色，尽管是人们自愿加入并且需要有意识的行动，但这也反映出一些共同体的特点，比如义务与合作的紧密联系。他对于滕尼斯的共同体理论持高度批评态度。他写道："共同体已经变成一个时髦用语，用来指代所有可能（也包括最不可能）的时代幻想"（同上，p.64）。他把交融现象界定为社会学范畴，与共同体和社会不同，指的是情感体验，就像一个群体能感受到的一样。

这一研究视角把共同体理解为更具流动性、更有节日特征。例如，节日和狂欢节经常通过强化的仪式和共同体所有成员的共同参与来表达一个共同体的象征性生活（见 Falassi，1987，p.2）。节日具有表演性和时间的特定性，发生在特殊时刻，它打断日常生活，使共同体经历复兴（revalorization）。乔治·齐美尔也同样意识到，在现代社会，小型团体或是类似联盟（Bünde-like）的共同体会变得越来越重要。的确如此，那些类似隐秘组织的小团体的组织架构可能与大型团体一样复杂。这种将共同体视为交融的观点也反映在维克多·特纳的理论中，他将交融视为自发的、共同的情感，类似于涂尔干所说的"创意性的欢腾"的观点[1]。下面我们将对此更详细地进行讨论。

维克多·特纳的开创性的著作《仪式过程：结构与反结构》（The Ritual Process: Structure and Anti-Structure）重新指明了共同体的人类学研究的方向（Turner, 1969）。这本书之所以出名，主要是因为它精彩地论述了阈限性，这个术语借鉴了阿诺德·冯·亨纳普（Arnold Van Gennep）的早期作品（Van Gennep, 1960），且在近来的后现代著作中也有回应。阈限性指的是两个时刻的"间性"，比如狂欢节、朝圣、逾越仪式或典礼等这种使常态化生活暂停的时刻。由此，阈限性指的是"同时在时间内部和外部的时刻"，通常与一些具有象征性意义的重生时刻相关，某个社会或团体用以强化其集体认同。尽管这些时刻高度制度化，比如宗教仪式，但是它们表达了创造性，并发挥重要的社会作用。在当下语境中，特别有趣的是特纳并不是只从符号方面来谈阈限性，而是将它作为交融的一种表达。共同体虽然并非体现阈限性的唯一方式，却是其中最重要的。

根据维克多·特纳的观点，最好把共同体理解为交融，强调一种存在于各种社会中的特殊的社会关系，而并非仅仅局限于固定的、具有确定空间范围的族群。他将交融与原始或古代社会做出清晰的界定，认为交融存在于各种社会形式之中（Turner, 1969, pp.96, 130）。

1　参见 Turner（1969，第 3、4 章）；另见 Burke（1992，pp.56-58）。

当"结构"遭到反抗时，由"反结构"来维持交融。当反结构开始发挥作用时，交融就发生了。阈限时刻是对反结构的最重要的表达，比如，在反文化潮流中：

在现代西方社会，交融的价值十分显著地体现在日后被称为"垮掉的一代"的文学与行为中。接替"垮掉的一代"的是"嬉皮士"，他们还有一个更小年龄段的分支，叫作"少年颓废派"（teeny-bopers）。

（同上，p.112）

特纳认为，应该从结构的对立面来理解共同体。它既没有前现代社会的特点，也不是反现代或者是与社会对立。尽管共同体的定义是相对社会结构的规范性、统治性、制度性和抽象性而言，交融表达的是社会本质。"交融产生于结构的缝隙，即阈限；产生于结构的边际，即边缘性；产生于结构下方，即从属性"（同上，p.128）。对于特纳而言，交融同样有认知和象征的作用：

阈限、边缘性以及结构中的从属地位都是产生符号、仪式、哲学体系和艺术作品的条件。这些文化形式为人们提供一套模板或模型。在某个层面上，这类模板或模型是对现实情况以及人与社会、自然和文化之间关系的周期性的重新分类。但是，它们并不仅仅是分类，因为它们能促使人们采取行动，引发思考。

（同上，pp.128-129）

在特纳关于交融理论的背后是他的社会关系观：**我们**是暂时的、有阈限的。共同体作为自发的交融"始终是独特的，由此在社会意义上是暂时的"（同上，pp.128–129）。但是交融还有其他形式，比如范式性交融和意识形态交融，它们与自发性交融不一样，是局限于结构内的。这种对于交融不同的阐释为还原论共同体理论进行了重要的纠正，并且有益于将注意力转移到共同体形塑不同社会关系类型的创造性作用上。这种观点将共同体视为社会中的反结构时刻。

对于特纳而言，共同体创造了社会或社会组织的成员之间的强大纽带，因此具有象征性。他的理论强调交融的联结本质。安东尼·科恩（Anthony Cohen）的《共同体的象征性建构》（*The Symbolic Construction of Community*）受到特纳很大影响，论述了共同体的象征本质。他认为共同体是基于边界的象征性建构之上，这为交融提供了不同的阐释（Cohen, 1985）。科恩反对所有试图将共同体还原为制度、空间类别或是历史叙事的做法，他从一个群体相对于其他群体所拥有的特殊自我意识角度来定义共同体。最重要的意识是将自己的群体与其他群体区别开的界限的象征化。象征化就是通过边界建构来肯定共同体的现存秩序。这种共同体观点将之视为"象征性、意识形态的地图指南集锦，个体据此拥有社会性"（同上，p.57）。科恩强调共同体的关系特征，符号及其在仪式中的体现表明了共同体与其他共同体的关系。根据这种阐释，共同体实质上存在于符号化的秩序中，而不是客观现实中；它是一种意识或者是对于现实的感知，这样的共同体就是一个通过符号建构的现实。他与特纳的观点不同，认为"人们参与'相同的'仪式，但体验到十分不同的意义"（同上，p.55）。这一点很重要，因为它表明共同体既是一种理想，也是一种象征性的现实。符号的特点是它不具备客观内容或内在意义。其形式可以不变，但形式的意义却可能变化。这使得符号形式具备了多样性，以适应各种变化。因此，看似延续的东西实际上却具有欺骗性，例如在形成传统时，定义传统的元素可能鲜有共同之处，因为它们定义的不过是符号形式而已。

　　这种对共同体的象征性阐释与传统的共同体论述有许多不同，例如，传统共同体理念、道德或公民共同体等等。这可能使共同体与地域相脱离。在基于地域的共同体中，参照物会更加明确，比如体制化的社会结构，或是难以轻易去除的风景。但是，如果共同体仅是一个符号构建的现实，它会更容易随机应变。相反，共同体可以被视为一种开放的文化阐释体系。在这种观点中，符号是需要阐释的文化形式，它们拥有多样性是因为它们并非闭合的体系，而是需要进行阐释。他写道："符号之所以有效，是因为它们并不精确"（同上，p.21）。虽然它们的形式可以持续，但内容会随着社会本身的变化而变化。如此一来，科恩认为共同体可以在看似保持不变的同时经受变化，由此来说，它是一种稳定源头，可以应对易变性。符号化可以在很多方面发生变化，包括符号的实质形式，但大多符号的解释可以无限创新。此外，这也表明共同体不需要基于一致性："它是形式（行为方式）的一致，对于不同成员的内容（意义）却可以大相径庭"（同上，p.20）。

　　这种理论是对共同体理论的一个重要贡献，它指出共同体不是僵化的，而是流动的、变化的。共同体并非一种决定行为的强迫性道德体系，而是人们可以从中汲取养分的源泉。然而，它存在两大问题。第一，它并不认为交融可以采取暴力形式，比如共同体通过对另一个群体或其内部的次级群体实施暴力来维持自身。一般来说，这种理论强调共同体的符号性，认为其表现为阈限时刻，却忽视了越界时刻的暴力现实。一些有关共同体最强烈的表达已经以隐性暴力仪式的方式出现。许多文献忽略了共同体与权力和暴力的联系。暴力通常标志着共同体的边界，用以区分自我与他者。当一个群体遭遇重大不公时，这个群体会产生一种拥有共同命运的感受，此时共同体的体验往往最为强烈。

这种符号性共同体的第二个问题是它过于强调共同体的排他性。共同体完全通过边界的建构而被形塑，因此否认了共同体的其他决定性因素，例如团结关系。但文化并非仅仅有象征意义。文化还有更广泛的认知和创造力，社会在文化中被创造出来，而非仅仅是得到认可。共同体的象征性建构通常被认为是通过仪式和边界意识来维持的。然而，这种观点与其说是在批判科恩，倒不如说是针对巴特（Roland Barth，1969）。事实上，科恩后来解释过，他反对把巴特的边界建构理论的过度相对主义视作共同体的主要特征（Cohen，2002，另见2000）。他认为，共同体中一个无法否认的方面是自我认同，自我认同很可能是非相对主义和非随机性的（Cohen，2002，p.167）。边界建构只是文化的一个方面。许多社会运动，比如多元文化主义、赛博文化以及大部分后现代文化，都表明文化可以跨越边界，而且大多更富改造性而非肯定性的（见第六到九章）。然而，文化中的肯定性方面却是符号建构观中的焦点。大体上来说，问题在于共同体是否由边界建构来确定，其中共同体身份大多依存于自我与他者的关系，还是共同体主要由归属感和团结的纽带来确定。在此，我们简要讨论一下团结的本质及其与共同体的关系。

团　　结

团结是现代时期创造的概念，源自法国大革命中的博爱传统。法语 solidarité（团结）的思想影响了之后的关于团结的概念，其中包括德语的 Solidarität（团结）概念。其本质内涵是，政治共同体来源于创造集体奉献的社会纽带。政治共同体不能仅依存于对自由或平等的渴望，这里的自由通常指摆脱专制统治的消极自由。公民也必须互相奉献。人的主观能动性可能会破坏社会可能性，自由也有这种危险。社会正义，例如对平等的追求，需要对确定成员身份的社会关系预先做出承诺，这种社会关系还确定了政治共同体的边界。因此，社会正义蕴含着对共享世界的有意识的、自愿的奉献。如果没有这种奉献，社会生活就难以为继。在这个意义上，团结有助于建立共享世界的社会纽带。这是行动的能力。

当人们意识到共享社会世界的存在时，就会出现团结。因此，团结是现代性的产物，增强了对人类能动性的力量的认识。现代社会不同于以往的社会，其建构基础是相信政治共同体是人工产品，而非自然造物，相信人类能够根据对未来的憧憬创造世界。这引发了如何决定谁属于政治共同体的问题。

现代社会的团结时常引发对现状的政治挑战。它不会肯定现状，也不会认可已经存在的政治共同体，而是对于新的共同体的承诺，这一共同体通常由受排斥者构成。团结并不一定是慈善，比如富足的人帮助穷人和绝望的人，而是来自受排斥群体对于既有规范性秩序的政治挑战。其政治用途可能是最具说服力的团结例证，说明最强烈的团结出现在歧见共同体中（见第六章）。阿克塞尔·霍耐特（Axel Honneth）认为，"社会主义的最初理念根植于这一观念，即在未来，团结共同体模式能够组织全社会"（Honneth, 2017, pp.24-25）。然而，所有共同体可能都有团结这一特点，包括由阶级或地域界定的共同体。当团结与赋能相结合，而不是与被剥夺和去权的体验相关时，可能更加凸显共同体的精神。丧失赋能的感觉可以说明：工业化创建的传统工人阶级共同体已明显衰微。换句话说，团结是创造共同体的条件，但共同体并不一定会带来团结。为了使团结变得确实有效，当然需要符号化行为，但不能把它简化为符号化。尽管共同体试图把自己与其他共同体相区分，但为了存活下去，它们必须拥有集体奉献。当这种集体奉献不复存在时，共同体可能转而依靠把受排斥的他者符号化。

小　结

本章讨论了现代社会学和人类学主要的共同体概念，尤其聚焦共同体和社会的关系问题。当下流行的一种广泛的怀疑论认为，曾经出现过乡村共同体的黄金时代，但是现代性已经将其摧毁。下述结论是这一讨论的结果。我们不能仅仅从传统方面来定义共同体。第一个基本观点是过去传统中的权力观念以及主要源自前工业社会的固定的行为模式并不能定义共同体，原因很简单：现代性中也存在共同体。这就催生了后传统形式的共同体观。

第二种观点认为共同体可以采取公民形式，甚至是激进的形式，它经常是公民联合体的源头，也是更激进的集体动员的源头。这一观点削弱了将共同体视为肯定现状、或作为实现社会整合手段的传统观点。换句话说，共同体可以具备改造功能。

第三种观点认为，共同体和社会只是联合结构的不同表达方式，比如公社、自治市（Gemeinde）。从这种意义上来说，共同体不仅是传统的价值观，也是社会组织和归属形式。

第四种观点是，根据维克多·特纳关于阈限性和交融的重要论著，共同体的一个重要维度是它精准地表达了社会的当下性，并作为归属模式和社会关系想象存在于各种社会中。

最后，第五种观点认为共同体经常表现为符号形式、并不仅仅是一种制度形式。共同体的符号本质包括它通过仪式来建构边界的能力。然而，还需要指出，文化不仅包含符号，也包含认知形式和自我改造的可能性。这最终引出一种更激进的共同体概念，它能够反映归属关系，这种归属关系既是对边界的渴望，也是对边界的肯定。

总而言之，我们可以说作为一种想象的秩序，共同体是现代社会关系的重要基础。共同体已经成为民主、公民文化，甚至激进性的重要规范，因此不能仅仅从前现代传统的层面进行定义。[1]第三章会考察共同体研究和都市社会学的兴起，以便提供更清晰的解释。

参 考 文 献

Alexander, J. (1990) *Durkheimian Sociology: Cultural Studies*. Cambridge: Cambridge University Press.

Arensberg, C. and Kimball, S. (1940/1968) *Family and Community in Ireland*. Cambridge, MA: Harvard University Press.

Arensberg, C. and Kimball, S. (1965) *Culture and Community*. New York: Harcourt, Brace and World.

Barth, F. (ed.) (1969) *Ethnic Groups and Boundaries*. London: Allen & Unwin.

Bell, C. and Newby, H. (1971) *Community Studies*. London: Allen & Unwin.

Black, A. (1997) 'Communal Democracy and its History'. *Political Studies*, 45: 5–20.

Burke, P. (1992) *History and Social Theory*. Cambridge: Polity Press.

Calhoun, C. (1980) 'Community: Toward a Variable Conceptualization for Comparative Research'. *Social History*, 5 (1): 105–129.

Calhoun, C. (1982) *The Question of Class Struggle: Social Foundations of Popular Radicalism During the Industrial Revolution*. Chicago: University of Chicago Press.

Calhoun, C. (1983) 'The Radicalness of Tradition: Community Strength or Venerable Disguise and Borrowed Language'. *American Journal of Social Sociology*, 88

---

1 另参见 Black（1997）。他认为，公社主义与个人自由思想一样，也交织在民主的历史中。因此，当重心从作为传统的共同体转移到作为公社的共同体时，共同体与社会之间的差异变得更加模糊不清。

(5): 886–914.

Cladis, M. (1992) *A Communitarian Defense of Liberalism: Emilé Durkheim and Contemporary Social Theory*. Stanford, CA: Stanford University Press.

Cohen, A. (1985) *The Symbolic Construction of Community*. London: Tavistock.

Cohen, A. (2000) *Signifying Identities: Anthropological Perspectives on Boundaries and Contested Values*. London: Routledge.

Cohen, A. (2002)‘Epilogue’. In Amit, V. (ed.) *Realizing Community*. London: Routledge.

Durkheim, E. (1952) *Suicide: A Study in Sociology*. London: Routledge.

Durkheim, E. (1957) *Professional Ethics and Civic Morals*. London: Routledge & Kegan Paul.

Durkheim, E. (1964) *The Division of Labour in Society*. Glencoe, IL: The Free Press. First published 1893.

Evans-Pritchard, E. (1940) *The Nuer*. Oxford: Oxford University Press.

Falassi, A. (1987) *Time out of Time: Essays on the Festival*. Mexico City: University of Mexico Press.

Frankenberg, R. (1957) *Village on the Border: A Social Study of Religion, Politics and Football in North Wales*. London: Cohen and West.

French, R. M. (ed.) (1969) *The Community: A Comparative Perspective*. Itasca, IL: Peacock Publishing.

Gusfield, J. (1975) *Community: A Critical Response*. Oxford: Blackwell.

Hobsbawm, E. and Ranger, T. (1986) *The Invention of Tradition*. Cambridge: Cambridge University Press.

Holton, R. (2002)‘Cosmopolitanism or Cosmopolitanisms? The Universal Races Congress of 1911’. *Global Networks*, 2 (2): 153–170.

Honneth, A.（2017）*The Idea of Socialism*. Cambridge: Polity Press.

Jodhka, S. (ed.) (2002) *Community and Identity: Contemporary Discourses on Cultures and Politics in India*. New Delhi and London: Sage.

Jones, S. S. (2001) *Durkheim Reconsidered*. Cambridge: Polity Press.

König, R. (1968) *The Community*. London: Routledge & Kegan Paul.

Maine, H. S. (1895) *Village Communities in the East and West (7th edn)*. London: John Murray. First published 1861.

Maine, H. S. (1905) *Ancient Law: Its Connection with the Early History of Society and Its Relation to Modern Times* (10th edn). London: John Murray. First published 1861.

Moore, R. (1974) *Pit Men, Preachers, and Politics: The Effects of Methodism in a Durham Mining Community*. Cambridge: Cambridge University Press.

Moore, R. (1982) *The Social Impact of Oil: The Case of Peterhead*. London: Routledge & Kegan Paul.

Natrajan, J. (2005) 'Caste, Cleavage and Community in India: An Ethnographic Approach', *Ethnology*, 44(3): 227−241.

O'Mahony, P. and Delanty, G. (1998) *Rethinking Irish History: Nationalism, Identity and Ideology*. London: Macmillan.

Pahl, R. (2005) 'Are All Communities Communities in the Mind?'. *Sociological Review*, 53 (4): 621−640.

Parsons, T. (1951) *The Social System*. New York: The Free Press.

Parsons, T. (1960) 'The Principal Structures of Community'. In: Parsons, T. *Structure and Process in Modern Society*. Glencoe, IL: The Free Press.

Parsons, T. (1961) *Societies: Evolutionary and Comparative Perspectives*. Englewood Cliffs, NJ: Prentice Hall.

Parsons, T. (2006) *American Society: Towards a Theory of Societal Community*. Edited by G. Sciortino. New York: Paradigm Books.

Plant, R. (1974) *Community and Ideology: An Essay in Applied Social Philosophy*. London: Routledge & Kegan Paul.

Redfield, R. (1955) *The Little Community*. Chicago: University of Chicago Press.

Rogaly, B. and Taylor, B. (2011) *Moving Histories of Class and Community: Identity, Place and Belonging in Context*. London: Palgrave.

Schmalenbach, H. (1977) *On Society and Experience: Selected Papers*. Edited, translated, and with an Introduction by G. Lüschen and G. P. Stone. Chicago: Chicago University Press.

Simmel, G. (1968) 'On the Concept and Tragedy of Culture'. In: *The Conflict in Modern Culture and Other Essays*. New York: Teachers College Press.

Stacey, M. (1960) *Tradition and Change: A Study of Banbury*. Oxford: Oxford University Press.

Tönnies, F. (1963) *Community and Society*. New York: Harper and Row.

Turner, V. (1969) *The Ritual Process: Structure and Anti-Structure*. London: Routledge & Kegan Paul.

Upadhya, C. (2002) 'The Concept of Community in Indian Social Sciences: An Anthropological Perspective'. In Jodhka, S. (ed.) *Community and Identities: Contemporary Discourses on Culture and Politics in India*. New Delhi and London: Sage.

Van Gennep, A. (1960) *The Rites of Passage*. London: Routledge & Kegan Paul.

Weber, M. (1947) *Social and Economic Organization*. New York: The Free Press.

Weber, M. (1978) *The Protestant Ethic and the Spirit of Capitalism*. London: Allen & Unwin.

Williams, R. (1961) *Culture and Society*. London: Penguin.

第三章
城市共同体：地域性与归属感

在《城市》(*The City*)一书中，马克斯·韦伯认为，城市代表着西方文明的主要成就之一(Weber, [1905] 1958)。城市是文明社会的自然体现，建立在自由及公民的权利和义务基础之上。城市是公民社会的形式，相对于其他政治单位，例如国家的政治秩序，它建立于城市相对自治的基础之上，拥有相互交织的社会关系，人口密集，充满活力。韦伯认为中世纪的欧洲城市，尤其是汉萨同盟城市以及其他自由城市国家是一种公民共同体，后来由于市场失去了提供整合模式的能力，这种共同体受到现代性引发的理性化的威胁。由于城市被纳入民族国家，它丧失了自治权，也随之失去身份。城市衰败这一主题成为用现代思想对城市进行多种诠释的焦点。例如，卢梭曾称赞古代城邦是现代逃避国家监管的理想之地，19世纪中叶弗里德里希·恩格斯(Friedrich Engels)曾经描绘过曼彻斯特，齐美尔在散文中书写现代大都市，T. S. 艾略特(T. S. Eliot)将都市比作"荒原"，等等(Rousseau, [1762] 1968; Engels, [1845] 1936; Simmel, [1905] 1950; Eliot [1922] 1963)。城市这一主题始终与共同体有着紧密的联系。

自芝加哥学派以来，共同体在现代城市社会中的命运一直是现代社会学的主要议题之一。这一丰富的社会学传统引发了人们对人文生态、城市设计和城市复兴等方面的重要研究，这些研究都讨论人的异化和韧性主题。尽管芝加哥学派避免极端悲观主义，共同体危机和衰落是其常见的主题。尽管如此，这些研究基本认为共同体是可以实现的，并且普遍认为现代化能够带来公正的社会。近来有迹象表明，过去的都市社会学和共同体研究的话题已经被新的关注点所取代，后者在后现代化正在取代现代化的时代里更强调全球化而非工业化的影响。在共同体研究的这一转变中，最大的问题是城市是否已经完全失去了与共同体的联系并完全融入全球社会，导致在全球化城市及其封闭共同体控制的（revanchist）世界中，最后残存的地方性遭到破坏。老派芝加哥社会学认为，尽管存在种种问题，城市仍然是共同体的自然栖所，代表了人类的社会秩序。20 世纪 60 年代，社会学家开始质疑共同体是有韧性的这一观点，莫里斯·斯坦（Maurice Stein）在《共同体的消亡》（*The Eclipse of Community*, 1960）中对此有所论述 [1]。城市社会学的关注点转移到其他问题上，比如郊区研究，城市社会学本身也被社会学的其他发展所遮蔽。此外，芝加哥学派的许多观点都在 20 世纪 70 年代土崩瓦解，比如对美国社会制度的基本信仰、精英统治的社会将从城市的民族大熔炉中应运而生、普遍现代化在更广范围内受到信任等等。在《私有的未来：西方共同体崩溃的原因和后果》（*The Private Future: Causes and Consequences of Community Collapse in the West*）一书中，马丁·鲍利（Martin Pawley）总结道：共同体隐退到私有生活中，共同体已然衰退（Pawley, 1973）。然而近年来，都市社会学出现了复兴，这与全球化理论、社会运动以及新的无限空间概念密不可分。

本章对其中一些问题进行了探讨。我们将从芝加哥学派和二战后的城市社会学和共同体研究开始，讨论大卫·哈维（David Harvey）、

1　尽管书名如此，但它实际上是共同体研究。

尼尔·史密斯（Neil Smith）和迈克·戴维斯（Mike Davis）作品中的后芝加哥学派的城市社会学。本章还将讨论曼纽尔·卡斯特（Manuel Castells）和珍妮特·阿布-卢格霍德（Janet Abu-Lughod）的作品，聚焦城市共同体如何重新定位城市。本章还会比较卡斯特和阿布-卢格霍德在城市退化研究方面的不同研究方法。同时我们也会关注一些与共同体发展相关的城市赋能的问题。

最后，本章探讨了共同体与网络的关系，并简述了共同体网络理论的要素。

芝加哥学派及其他

老派芝加哥学派以 20 世纪 20 年代的罗伯特·帕克（Robert Park）、欧内斯特·伯吉斯（Ernest Burgess）和路易斯·沃思（Louis Wirth），以及 30 年代的海伦·林德（Helen Lynd）、罗伯特·林德（Robert Lynd）和劳埃德·华纳（Lloyd Warner）的研究成果为代表，受到威廉·詹姆士（William James）、查尔斯·桑德斯·皮尔士（C. S. Peirce）和约翰·杜威（John Dewey）的实用主义哲学的影响。也许正是出于这个原因，芝加哥学派认为城市是人类意志塑造的人工制品。罗伯特·帕克曾师从杜威并受到其影响，而杜威坚信：城市需要引入更广泛、更实际的民主，不需要大张旗鼓的系统化的意识形态。因此，帕克的社会学总是与实用主义的社会政策联系在一起，他在 1915 年发表的论文《城市：都市环境人类行为调查建议》（"The City: Suggestions for the Investigation of Human Behaviour in the City Environment", Park, 1915; 也见 Park, 1952）中清楚地表明了这一点。

老派芝加哥学派是从小镇或村庄的视角来看待城市。与欧洲人不同的是，美国人的历史想象一直对城市怀有敌意，这种思维传统可能已经影响了他们对都市生活的研究，他们认为都市生活导致了共同体的衰落，认为城市化、工业化和现代化使城镇转变为城市，创造了各种新的社会关系，对共同体提出了新的挑战。但这些社会学家也受到了齐美尔社会学的影响，齐美尔强调小群体的重要性，并奠定了城市社会学的基础。这使人们对城市产生了更加积极的看法，认为城市是获取新体验的场所，为创建团体提供了可能性。帕克将齐美尔引入美国社会学，受其影响，有社会学家将城市视作一种开放的结构，可以有不同的社会关系和归属形式，人类的创造力能在其中得到提高。齐美尔认为，冲突可以成为现代社会中社会整合的基础，并不一定会阻碍社会融合，乡村共同体即为例证（Simmel, 1955）。冲突可以促进群体内更强的身份认同，形成并不依赖共同价值观的多元群体网络。统一与多元主题反映了城镇的消亡与国际化城市的诞生之间的张力。罗伯特·帕克认为城市是由多个分离的世界拼接而成的马赛克，但它同时也是可以协调的。他认为，在因大量移民涌入而形成的多元文化社会中，城市或许能够在允许多元性存在的基础上达到某种和谐。由于城市能够吸引不同群体，这使得开放、而非封闭的群体成为可能。

帕克的研究聚焦芝加哥，认为其城市化模式会成为常态，但是另有城市社会学家考察了其他城镇，如林德夫妇在他们的经典著作《米德尔敦》（*Middletown*）中评估了 1890–1924 年间城市化的影响（Lynd and Lynd, 1929）。在工业化和技术革新的影响下，古老工艺的崩溃让林德夫妇印象深刻。在他们后来的著作《转型中的米德尔敦》（*Middletown in Transition*）中，大萧条这一核心事件体现了一种略微不同的城市共同体观，该观点认为城市共同体受到了社会碎片化的主要力量的威胁（Lynd and Lynd, 1937）。这本书记录了新型力量，探讨外部力量的入侵、受阻的流动性以及受到抑制的统一等，提出城市可能无法掌控自身的命运。这一时期的其他主要论著讨论了城市的规模、密度和城市共同体的异质性等方面，例如路易斯·沃思在其著名的论文《作为生活方式之一的城市居民生活方式》（"Urbanism as a Way of Life"）中指出："共同体越大、人口越稠密、异质程度越高，与城市居民、生活方式相关的特征就越突出"（Wirth, 1938, p.9）。威廉·富特·怀特（William Foote Whyte）在《街角社会》（*Street Corner Society*，1943）、赫伯特·甘斯（Herbert Gans）在《都市村民》（*The Urban Villagers*，Gans,［1962］1982）中都探讨了社会凝聚力和城市异化的问题。

要总结所有这些研究是不可能的，但从当前对城市共同体命运的关注而言，可以说这些研究倾向于认为共同体在地方中得到保护，但在更广阔的城市中却受到威胁[1]。一种解释可能是：城市已经被社会所吸收，而共同体却保存于地方性的残留之中。赫伯特·甘斯的著作、杰拉尔德·萨特尔斯（Gerald Suttles）关于族裔共同体的研究（Suttles, 1968）以及怀特对波士顿的意大利社区的研究都体现了这一点。由于资本主义和工业化性质的改变，城市越来越多元、越来越不稳定，与族裔相关联的地方感和归属感只可能存在于小地方或邻里之中。

当然，这也是罗伯特·雷德菲尔德在《小共同体》中论述的共同体观，他认为共同体规模较小、有凝聚力，并受到大团体的威胁（Redfield, 1955）。但对城市贫民窟的研究强调的是帮派、忠诚、地方领导和社区俱乐部的作用，而非美国的舒适乡村。这使得人们开始分析关系网络，引发了强调关系和活动流的共同体概念，正如巴里·韦尔曼（Barry Wellman）在1979年发表的一篇文章中所言："网络视角

1　有关共同体研究和城市社会学的精彩概述，参见 Bell 和 Newby（1971）。这本书还专门讨论了欧洲的共同体研究。另参见 Vidich 等（1964）。对该术语更批判性的分析参见 Stacey（1969）。

的效用在于，它不以假定的团结（本地或亲属）为出发点，也不追求和解释团结情感的持久性"（Wellman, 1979, p.1203）。

实际上，共同体与相互依存、有着共同的生活形式的相对小型群体有关，例如邻里关系。这些共同体可能很小，只涵盖几个街区，却构成归属感的基础，这样的共同体基于共同经历、通用语言和亲缘关系，最重要的是，他们有着居住在共同生活空间的感觉。这些街区采取的社会控制能够强化、而不是破坏共同体。共同体和城市社会学的一个重要议题是：保护共同体免受外部威胁。这些研究反映了对地方形式的城市归属感的力量的认可。在克劳德·费舍尔（Claude Fischer）的城市社会学研究中，他认为共同体，特别是城市中的亚文化是城市文化更新的一种手段（Fischer，1975，1982，1984）。他写道："'城市居民、生活方式亚文化理论'认为，共同体的不同规模促成了各种特色各异、联系紧密的社会世界"，这一观点与主流芝加哥学派截然相反（Fischer, 1982, p.11）。对他而言，城市比小共同体更具异质性，吸引着外来移民，并且拥有多元化的社会和专业群体。但他认为，城市的作用不限于此，还"强化了亚文化的独特性"（同上，p.12）。不同规模和构架的城市共同体具有自我转化的能力，能够催生出诸多多元化的小世界。这是对城市共同体以及以城市中的友谊和亲缘关系为基础的独特的社会组织的正面评价。在英国社会学中，对乡村和城市共同体研究的悠久传统也使用了这种方法（Bell and Newby, 1971; Moore and Rex, 1967; Young and Wilmott, 1957）

但是，如前所述，芝加哥学派总是对城市不抱幻想。他们认为城市越来越难以兑现把共同体变成有机的都市村庄的许诺。郊区的兴起和中产阶级从城市的逃离给城市社会学带来了新的问题。威廉·H. 怀特（William H. Whyte）在《组织人》（*The Organization Man*）一书中写道，流动的中产阶级共同体居住在这些空间里，新的"组织人"阶层同样也栖居于此，但他们并不忠于这个空间。实现社交的更可能是学校等机构，而不是亲缘关系（Whyte，1957）。当下共同体研究的总体趋势是将共同体等同于社会弱势群体。

城市共同体的碎片化：全球化城市、士绅化和城市的再征服

20世纪80年代中期的新城市社会学对城市持完全不同的看法，认为城市似乎已经完全不再有现代性的前景。地域让位于全球流动，街区变成了处于城市边缘的贫民窟或者封闭社区。全球市场、信息技术和新自由主义政策对资本主义的重构标志着工业化的结束和去工业化新时代的到来。这对城市和城市共同体产生了巨大影响。城市已然失去了与共同体的联系。

大卫·哈维是一位颇具影响力的"后现代思潮"批评家（Harvey，1990）。主流后现代思想家（见第七章）认为后现代共同体具有潜在的解放性，但哈维只看到了碎片化和城市的瓦解。事实上，哈维认为后现代共同体是共同体的终结。作为一名城市地理学家，哈维对后现代的一些概念并不感兴趣，他认为这些概念只强调身份认同的文化和哲学维度。他指出，美国城市面临的现状是：都市共同体存在严重的两极化、缺乏归属感、碎片化和边缘化现象。在后现代化问题上，其他评论家也有这种认识。弗雷德里克·詹姆逊（Frederic Jameson）在《后现代主义或晚期资本主义的文化逻辑》（*Postmodernism, or, the Cultural Logic of Late Capitalism*，1991）一书中表明，后现代主义不过是资本主义向生活各个领域，特别是文化领域的延伸，因此后现代时期的社会斗争将在文化领域展开，而文化领域不再是一个单独的领域。哈维更加明确地强调了后现代化向社会空间结构的延伸，后现代主义在城市社会的空间结构中表现得最为突出，通过监控和碎片化实现社

会控制。

哈维认为，后福特主义的资本主义特征包括裁员、灵活性、小规模企业、外包、社会原子化，等等，这与后现代主义之间没有本质上的区别。于他而言，后者是一场用美学取代伦理、用自主性混淆原子化的运动。后现代主义认为合法性已不再可能，这就为新资本主义提供了新自由主义者的一贯主张，用英国前首相玛格丽特·撒切尔（Margaret Thatcher）的名言来说，即"别无选择"或"根本不存在社会一说"，因为只存在市场和个人消费者。后现代主义只是告诉人们要接受碎片化的现实；还要接受的一个现实是：由于共同的价值和生活形式已经与现代性一同消亡，人们与环境不再有任何有意义的关系。正如哈维在《后现代状况》（*The Condition of Postmodernity*）中所言：

> 最糟糕的是，尽管后现代主义思想通过承认其他观点的真实性开启一种全新的景象，但是它又立刻用模糊的他者性和某种语言游戏的特殊性把这些声音阻隔起来，防止它们获得更普遍的力量来源。
>
> （Harvey, 1990, p.117）

尽管哈维承认后现代主义的某些特征有助于突出差异性，但其代价是忽视城市衰落的现实，甚至忽略后现代主义可以轻而易举地变成新自由主义和后福特主义这一基本事实。

一些研究已经开始讨论全球城市的出现，指出城市共同体被替代，已经出现空间重组的现象。萨斯基亚·萨森（Saskia Sassen）在《全球城市》（*The Global City*，1992）一书中，对伦敦、纽约和东京进行了研究，认为这些城市已经成为以信息和通信技术为基础的全球金融资本主义的中心。在这些新的全球经济体中，城市已然成为一个跨国行为体，不再仅仅与其国家背景相关。其他研究着眼于随新资本主义兴起而出现的全球化如何让城市转型。对于共同体来说，值得注意的发展包括士绅化以及最近出现的拥有封闭共同体的再征服的城市。

自 20 世纪 70 年代末以来，士绅化对整个北美和西欧城市共同体的重塑产生了重大影响。虽然这个词在很大程度上带有贬义色彩，但它最初是用来指代大城市中的职业中产阶级向工人阶级或少数族裔曾经居住的社区迁移，那些地区人口稀少，或者更常见的是中产阶级迁移导致那里的原住民流离失所。这一发展是积极的，意味着人们不会像过去几十年那样完全抛弃城市，迁往郊区，也意味着富足、具备审美意识的中产阶级得以享受相对低廉的房价，他们可能让城市共同体延续下去。从这个意义上说，士绅化逆转了郊区化。在许多评论家看来，尤其在美国，士绅化带来了富有、文明和生态的新城市共同体。在遭到强烈反对并最终走向衰落之前，士绅化甚至可以与西部边疆的扩张相提并论（Smith, 1996）[1]。促进士绅化的人是拯救城市走向衰落的新都市英雄，许多城市规划者甚至将士绅化视为城市再生的一种手段。

然而事实上，士绅化更接近于职业中产阶级的入侵，它导致了大量人口的迁移，这一现象是士绅化之后而不是之前发生的。换句话说，士绅化本身导致了人口迁移，是传统工人阶级消失后新资本主义兴起的表现。对其批评者而言，士绅化是城市空间商品化，是一种后现代消费意识形态，它宣告城市不宜居住，必须用中产阶级的品位观念进行振兴。在这一观点中，中产阶级属于后现代的新阶层，即时髦的"住房阶级"[2]。

1　关于反对士绅化的内容，参见 Abu-Lughod（1994a）和本章后面部分的讨论。
2　关于住房阶级的概念，参见 Moore 和 Rex（1967）。

以共同体行动主义和新社会群体催生的另类社区为例，例如认同同性恋的群体，可以说明这一点。另一个相关趋势是往"混合共同体"方向发展，其市政议会的目标是发展更丰富的多样性（例如，见Bridge and Butler，2012）。因此，人们认为混合共同体能够取代士绅化的同质化趋势，而在士绅化过程中，工人阶级共同体被中产阶级共同体或"买来出租"的地产所取代，爱彼迎（Airbnb）出租产业在许多城市爆增即为例证。

士绅化对共同体建设的贡献的讨论有待继续，但它与殖民和新阶级战争的联系是无法逆转的。根据尼尔·史密斯的观点，士绅化是后现代晚期资本主义的一部分：

> 士绅化及其再开发是晚期资本主义城市发展的系统性产物。正如资本主义努力消灭空间和时间一样，它也越来越努力创造差异化的空间，让自身得以生存。

（Smith, 1996, p.89）

士绅化不可避免地导致了城市空间重构的冲突。在一些批评家看来，随着20世纪90年代士绅化重要性的下降，更新迭代的阶级斗争已经爆发。尼尔·史密斯将20世纪90年代后士绅化时代的崛起称为"恢复失地运动者之城"，城市中的中产阶级前所未有地关注安全问题（Smith，1996）。再征服主义是一种使用新控制手段的阶级斗争文化，它表达了现在处于"后士绅化时代"的士绅化中产阶级的愤恨。早期士绅化进程出现了逆转，现在的中产阶级已经沦为"受害者"。事实上，士绅化已时过境迁。它是20世纪70年代以来城市重组的产物，但在今天，自20世纪90年代以来，促使富裕的中产阶级进入防御状态的其他力量也开始发挥作用，意味着要承认随着城市新边界的出现，城市已经衰落。正如尼尔·史密斯所说，新的城市边界是封闭的，而士绅化则是开放的。一个新的房地产市场——"曼哈顿化"——和国家对当地社区日益缩减的供给使士绅化走向终结。城市居住空间正日益高度商品化和全球化，来自世界各地的买家斥巨资购买地产，而中产阶级早已不堪重负（Williams and Smith, 1986）。不断攀升的犯罪率、暴力事件、环境污染、失业率以及新移民潮（通常是非法的）迫使白人和老一代族群离开，中产阶级滞留在迅速衰败的城市地区。最重要的是，对城市的恢复失地运动表达了白人中产阶级和统治阶级对种族、阶级或性别的恐惧，他们突然被新的城市居民（比如少数族裔和移民群体）破坏的房地产市场围困。它预示着对少数族裔、工人阶级、无家可归者、失业人群、妇女、同性恋者和移民的敌对态度（Smith, 1996, p.211）。洛伊克·华康德（Loïc Wacquant）讨论了西方城市中"发达的边缘性"的到来，指的是那些既隔离又有边界的地区，它们随着雇佣劳动的分化而出现，位于西方后工业城市的中心地带（Wacquant，2007）。

迈克·戴维斯等城市社会学家认为，这种发展无异于城市的终结，同时也为共同体创造了可能性。在《石英之城：挖掘洛杉矶的未来》（*City of Quartz: Excavating the Future in Los Angeles*, 1990）以及《恐惧生态：洛杉矶与灾难想象》（*Ecology of Fear: Los Angeles and the Imagination of Disaster*, 1999）中，戴维斯以图解的方式详细描述了都市和生态恐惧时代下城市的分裂。他把洛杉矶描绘成"开发者千禧年的坚硬边缘"，这与芝加哥学派古典社会学中的芝加哥形象形成了鲜明对比（Davis, 1990, p.11）。自 1992 年由于四名袭击罗德尼·金（Rodney King）的警察被判无罪而引发种族大暴乱之后，洛杉矶便成为反城市的象征。对城市景观的恐惧是当前的主要议题之一："城市改革的空谈依然存在，但其实质已经消亡。'重建洛杉矶'仅仅意味着填补沙坑。随着城市生活日趋危险，各种社会环境都在各尽所能地使用安全策略和技术手段"（Davis, 1999, p.364）。在用略带未来主义的手法描绘洛杉矶这座未来之城时，我们会看到军国主义城市的出现，使不同收入人群必须对自己的安全负责。在这样一个反乌托邦的城市景观中，戴维斯远远超越了在他早期著作《石英之城》中对洛杉矶的描绘。《恐惧生态》描绘的城市是一个空间区隔的分裂世界：长期受到排斥的低技能移民工人等底层阶级住在隔离区，那里犯罪率居高不下，暴力事件频发；还有封闭的富裕郊区、社区警戒哨卡和社区治安委员会，以及蓬勃发展的边缘城市和设有监狱的外部"古拉格圈"（gulag rim）。在这样的城市景观中，共同体已经退回到封闭的富裕郊区，中产阶级试图在那里重建 20 世纪 50 年代失去的郊区伊甸园。

封闭共同体是受到高度保护的白人中产阶级领土，他们信奉胡安·佩雷亚（Juan Perea）所说的"新本土主义"（Perea，1996）。它们实际上成了堡垒，不同阶层的白人中产阶级已经退缩至此。当然，阶级的空间区隔并非什么新鲜事。从 19 世纪中期以来的城市规划，比如奥斯曼（Haussmann）对巴黎的重新设计，或者英国工业城市的环卫区建设，目的都是分隔各阶层。在英国的乔治王朝，许多商人的住宅带有台阶和栏杆，其设计都是为了抵御城市暴乱。然而，新出现的情况是，监控、隔离区和国家抛弃内城加剧了隔离程度，现代主义者的梦想破裂了。即便是士绅化过程也是基于对共同体的信仰。戴维斯所描述的城市堡垒则是基于一种"恐惧生态"，而不是基于对共同体的信任和团结。三百多万美国人居住的封闭社区是真正封闭的领地，设有戒备森严的警卫和大门，的确是私人共同体。在这些保护区之外还有其他孤岛，比如购物中心，它们加强了城市共同体的空间分割。许多美国城市以及发展中国家的一些城市都有封闭共同体，例如芝加哥的白人圈联盟[1]。

在城市及其封闭共同体之外，美国也有相类似的富人社区开发项目，比如佛罗里达州的海滨郊区。莱奥妮·桑德科克（Leonie Sandercock）将其称为"新城市主义"，旨在为富人打造一个彻底抛弃城市的乌托邦："它努力通过设计来创造速成共同体"（Sandercock, 1998, p.194）。也许在这些人工"岛屿"中存在着某种虚构的共同体身份。但在贫民窟，即使能把"我们"与"他们"区分开，共同体身份的基础并不存在。封闭共同体不仅仅是富裕西方世界发展的产物，它们存在于世界各地，新生的中产阶级一直努力强化自我保护。现在，中国以及亚洲、拉丁美洲和南非的特大城市都有这个特征。很久以来，它就是布宜诺斯艾利斯城市景观的一大特征（Pow, 2009; Atkinson and Blandy, 2006）。显然，封闭共同体是新自由主义社会中私有化倾向的产物，因此反映的主要是分化的现象而不是共有的生活。然而，正如最近的研究所示，不应过于狭窄地理解封闭共同体现象，封闭一个共同体可以采取多种形式，有硬封闭或软封闭，并非所有形式都必然带有逆时而动的色彩（见 Bageen and Uduku，2015）。从更长远的时间来看，历史上的城市大多出现过这样或那样的封闭，中世纪欧洲城的自治权部分归功于城门。

赋能城市共同体

许多当代城市社会学对城市的描绘非常消极。迈克·戴维斯在关于恐惧生态学的著作中几乎把城市描绘成了世界末日（Davis,

1　另参见 Garreau（1991）和 Caldeira（1999）。

1999）。除了将后现代洛杉矶作为 21 世纪城市形象的视角外，其他研究以更具差异性的视角看待城市共同体。他们把洛杉矶看作美国的例外，并且认为美国经验在欧洲并没有得到完全体现。例如，洛伊克·华康德提出，法国衰败的郊区（banlieues）与美国一些内陆城市之间仍存在很大差异。法国有不同形式的贫民窟化，无法用美国经验进行概括（Wacquant, 1992, 1993, 1999）。

诸多迹象表明，欧洲城市拥有很多确立其身份的机会。欧洲一体化显然创造了很多时机，帮助城市恢复自身身份，并为公民创造更多机会（Delanty, 2000）。当城市不依赖国家政府就能够与其他城市实现联系时，国际社会就能为地方共同体提供更多的可能性，因此卡斯特认为欧洲一体化为地方政府提供了许多机遇。

"国家干预越少，城市越能在构建全新欧洲社会中发挥推动作用"（Castells, 1994, p.23）。曼纽尔·卡斯特指出：全球化为城市提供了新机会，这是从社会学角度研究城市的好案例。尽管他一直强调，后福特主义和新型信息驱动经济带来了"二元城市"的危险，但这并不排斥其他选择。他认为，城市，甚至是纽约这样的城市，是比二元城市更加开放的结构。因此，虽然职业体系和居住空间组织上有一定的变化，但二元城市并非城市的终结（Mollenkopf and Castells, 1991）。卡斯特在很多关于全球化对城市影响的研究中指出，城市可以进行重构（Castells, 1983, 1989, 1994; Borgja and Castells, 1997）。这是因为全球化并不一定会对地方共同体造成破坏，反而还能为它们赋能。卡斯特意识到全球化带来腐蚀性和同质化后果，他为之前讨论过的城市悲观论提供了一种替代方案，非常有影响力。在其早期作品中，卡斯特与古典马克思主义观点不同。他认为，与基于劳动的运动相比，以共同体为基础的行动主义更有可能抵制资本主义（Castells, 1977, 1978）。

社会运动能够产生新的共同体表现形式，我们将在第六章展开相关讨论。通过参与社会运动，人们发现他们共同的利益，从而产生集体认同感。根据几十年对城市社会运动的研究，卡斯特认为，城市社会运动是有目的的社会动员过程，它有三个主要目标："对生活条件和集体消费的城市需求；对地方文化身份的确认；以及对地方政治经济的征服和公民参与"（Castells, 1996, p.60）。当然，这些目标可能会以不同的方式组合起来，产生社会影响。他的一个重要观点是："不管社会运动取得什么样的成就，其存在本身不仅对运动的参与者，而且对整个共同体都会产生意义"（同上，p.61）。对卡斯特来说，意义的产生都是社会运动和城市的关键。不同群体之间的利益冲突会产生意义，在抵抗单方面的资本主义逻辑、国家主义和原教旨主义时也能产生意义，其结果是地方政治竟然在全球化时代得到复苏（参见第八章有关地方性与全球化的讨论）。

　　由于公民的参与，城市运动及其话语、行动者和组织越来越能融入地方政府。这会降低这类运动的激进性，但它同时也增强了地方政府的力量。另一方面，在涉及有毒废弃物处理、监狱、核电站和住房建造等事宜时，这类运动逐步形成了一种"事不关己"的态度，尽管这至少包含了两个维度。这种共同体的反应既可能是防御性和保守的，也可能是进步的，因为他们想要保护一种基于人类生态学、却受到系统性力量威胁的生活方式。共同体复兴的另一方面是，在世界许多地方，特别是在发展中国家，共同体可以成为不同的福利制度的基础。在教会的帮助下，地方共同体往往建立起自己的福利体系，以对抗剥削和贫困。最后，卡斯特也在地方共同体中看到了城市斗争的阴暗面，美国和发展中国家的许多城市的很多地区依然受到帮派的控制。

　　因此，与迈克·戴维斯不同的是，曼纽尔·卡斯特采用了类似地球村概念的视角。一般说来，这种观点认为全球化促进了城市共同体的发展。珍妮特·阿布-卢格霍德对纽约下东区的研究与卡斯特，尤其是戴维斯的视角不同（Abu-Lughod, 1994a）。她并不赞同把城市共同体看作同质抵抗的声音，也不同意相对立的极端观点，即认为城市失去了作用和基于共同体力量的抵抗能力。她提出了一种更具差异性的分析方法。在这一点上，她的观点与卡斯特更接近，但她并不同意全球化本身就是阻力来源这一观点。作为城市社会学的领军人物，珍妮特·阿布-卢格霍德对地方共同体的看法既不强调老式的城市村庄观念（例如罗伯特·雷德菲尔德的），也不认同卡斯特的地球村概念。在曼哈顿最古老的片区，在靠近金融区地带，具有多元文化的工人阶级对士绅化的抵制是最持久的城市斗争之一。阿布-卢格霍德反对

处于困境中单一的、防御性"共同体"概念，这一概念认为赋能可能会被简单定义为"满足人民所需"。确定"他们"想要什么（以及每个参与者能得到什么），的确是机构和地方政治的根本问题。

（Abu-Lughod, 1994b, pp.335-336）

　　与迈克·戴维斯的恐惧生态相比较，阿布-卢格霍德的出发点是"博弈生态"[1]。她认识到"地方博弈共同体"并非产自真空，而是由许多结构性的力量构建。她的论点是，这些力量虽然能产生影响，但并不能塑造社会斗争的结果。这种观点极力强调共同体作为机构的力量，我们可以在案例分析的基础之上做出一些概括。她认为，某个案例所探讨的殖民、抵抗、冲突和谈判过程也可能出现在其他多元化和变化的内陆城市中。尽管阿布-卢格霍德的研究的侧重点有所不同，但她与卡斯特都着重强调空间政治，以及根植于地方、而非潜在文化身份的地方运动的作用。尼尔·史密斯、迈克·戴维斯、曼纽尔·卡

1　基于诺顿·朗（Norton Long）的一篇著名论文（Long，1958）。

斯特以及珍妮特·阿布-卢格霍德等人的研究是新城市社会学的成果，是对社会空间的新思考[1]。

爱德华·苏贾（Edward Soja）是一位重要的理论家，在共同体的另类空间结构研究方面著述颇丰。有两个空间概念曾经占主导地位，一是需要图绘和控制的具体空间形式，另一个是作为纯粹的表征性认知结构，而苏贾提出了"第三空间"概念（Soja, 1996）。超越要么"真实"、要么"想象"的空间概念，他倡导的"第三空间"具有创造性和开放性。这是一个非常抽象的概念，参考了米歇尔·福柯（Michel Foucault）的"异托邦"和"他者空间"概念、亨利·列斐伏尔（Henri Lefebvre）的理论及边缘性理论，这一术语大致是对列斐伏尔所提出的"生活空间"（Lefebvre, 1991）的重构。苏贾在最不可能的地方，比如洛杉矶，努力寻找"第三空间"的范例。我们关注的是城市语境下的地方共同体，因此在这里我们不深入探讨，但是不同的议题推动了许多新的城市社会理论。

理查德·桑内特（Richard Sennett）的研究是一个很好的出发点。在过去的 30 年间，他的城市研究的一个主题是如何使城市恢复人性。地方共同体在这项任务中提出了一个问题："究竟是从外部，在其发挥作用的地方挑战新资本主义有效，还是从内部改革其运行机制更有效？"（Sennett, 1998, p.137）一方面，由于害怕失去他们赖以生存的东西，公民不敢挑战已经"殖民"当地共同体的企业。另一方面，尽管劳力和资本具有灵活性，但新资本主义对地理位置非常敏感。桑内特认为，地方拥有权力，新资本主义可能受到它的制约。

现代资本主义强化了地方价值，唤起了人们对共同体的渴望，这是它始料未及的结果。工作场所的所有情感激发了这种渴望：灵活性带来

1　另参见 Isin（2000）。

的不确定性；缺乏深度信任与承诺；流于表面的团队合作；最为重要的是，害怕无法出人头地，无法通过工作来"过上好日子"。所有这些情况都推动人们去寻求另一种依附感和深度感（同上，p.138）。

因此，"我们"便成了一种保护性策略。对共同体的渴望在很大程度上是防御性的，所以共同体很容易采取专制形式，例如将移民和所谓的外来者拒之门外[1]。基于以上原因，桑内特认为共同体可能是危险的，但也是必要的，因为社会关系需要相互依赖，所以我们的任务是设计出能够促进信任和团结的社会体制。在这种情况下，我们可以看看几种方案。可以通过提高参与度和自给自足的战略来强化地方共同体，例如可持续的生态政策、科技商店、提供商品和服务、关爱型共同体、共同体管理和电台，等等。为了保护生态，有效利用城市空间和最大限度地减少消费十分重要，也可以成为创造可持续生态共同体的基础。我们面临的挑战是在可持续发展的框架内创建共同体。共同体对专业知识的应用（例如科学商店、科学博物馆）、再循环倡议、重新绿化和共同体土地信托可以成为替代性共同体和强大地方共同体的基础，能够让社会资本与生态意识紧密结合。生态可持续共同体也是能够自发组织并得到共同体规划支持的共同体（Sandercock，1998）[2]。由于新资本主义的出现，商店和其他零售专卖店的数量在过去20年中有所下降，削弱了地方共同体基础建设。为了扭转这一趋势，必须修建大型超市，建设自给自足的地方共同体，降低对汽车旅行的依赖。社区广播也是加强社区参与的重要手段，它提供了国家媒体无法提供的参与对话机会。与国家媒体不同，社区媒体具有对话性。共同体转向在社区卫生领域最为明显。由于非正式网络在许多方

1　桑内特在他早期的著作《混乱的利用》（*The Uses of Disorder*）中指出，"纯净共同体的神话"使种族主义和排他政治合法化（Sennett，1970）。

2　另参见 Douglas 和 Friedmann（1998），Flyvbjerg（1998），Forester（1989）。

面永远不能取代国家提供的服务，特别是针对精神病患者和老年人的服务，因此，关爱共同体的理念已经失去了替代官方机构的意义。然而，关爱共同体的理念与地方共同体的发展持续相关，是其重要的组成部分[1]。需要地方参与的共同体卫生倡议在为共同体赋能方面发挥了重要作用，尽管这些项目也可能推动"第三条道路"式决策，这种政策将参与者视为购买服务的消费者（Mayo，2000，p.158）。尽管如此，在许多国家，特别是在英国[2]，共同体发展转向非常成功，促成了更具交流性的共同体，能与资本主义抗衡，并提供其他选择。

　　全球资本主义导致了社会分裂，地方共同体为其提供替代方案的能力不能单纯依靠社会制度。尽管这些制度在为地方共同体赋能方面至关重要，但共同体的产生需要比来自地方更强大的归属感纽带。回顾本书之前提到的一个主题，即只有通过建立沟通共同体，才能克服生活中的道德败坏和城市的社会病态。当共同体生活的基础出现缺失或严重瓦解时，制度无法提供全新的社会整合模式。随着道德滑坡、抑郁、压力、自杀和暴力的增加，人们不再使用共同的语言来交流他们被剥削、被侮辱和被忽视的经历。阿克塞尔·霍耐特、皮埃尔·布迪厄（Pierre Bourdieu）和理查德·桑内特均对此进行了论证，他们的任务是创建一种新的"惯习"或语言来表达集体经验[3]。灵活的经济使许多劳动力过剩，随之而来的是一种不被认可的感觉。

　　当前共同体面临的主要挑战似乎是创造共同的归属感。作为一种

1　参见围绕菲利普·艾布拉姆斯（Philip Abrams）著作的辩论（Bulmer，1986）。

2　有关地方共同体发展政策的更多内容，另见 Crow 和 Allan（1994），Hill（1994）和 Mayo（2000）。

3　我在这里援引了霍耐特的著作（Honneth，2002），同时参见 Honneth（1995），Fraser 和 Honneth（2001）。参见 Sennett（1998），Sennett 和 Cobb（1972）。关于去道德化，参见 Febrve（2000）和 Bourdieu 等（1999）。

沟通媒介，共同体仍然是表达道德体验和愿望的重要来源，而不是共同持有的价值观或共同居住的地方。为了人类的自尊、自重和自主，我们需要更广泛地宣传共同体。地方共同体必须让个体身份得到表达，而不是被视为对集体的文化表达，也不是有组织地接受国家服务的空间类别。这不仅仅是共同体的任务，也是公民身份的一部分，我们可以把它看作集体学习的过程。这需要我们学习重新定义工作、社会关系和物质环境。作为提升意识的话语，尽管共同体的灵活性可能会受到自省意识的挑战，但它是赋能的重要手段。从这个方面来看，共同体的象征性或想象性特征非常重要，因为这种观点把共同体看作地方性组织的替代方案。

共同体发展：以"美好生活"（Buen Vivir）为例

社会科学文献中共同体的主题之一是共同体发展。它可以涵盖各种各样的社会行动者，从地方组织到国家政府，再到例如世界银行和国际货币基金组织等国际性组织（参见 De Filippis and Saegert, 2012）。一个基本观点是：共同体可以通过集体行动来应对不公。

人们普遍认为，共同体发展的目标是增强地方共同体的权力。M. 莱德威斯（M. Ledwith）认为，它是始于批判意识并通过参与地方事务而发展的过程（Ledwith, 2005）。因此，它植根于地方问题，其中的关键因素是赋能和参与。"它以普通民众和共同体行动主义为基础，致力于推动可持续生活、地方经济和人类价值观，但同时团结起来，努力改变导致歧视的根源"（同上，p.2）。她倡导的共同体发展的关键立场不同于自上而下的善意举措；受保罗·弗雷尔（Paulo Freire）著作的启发，共同体发展与社会资本建设（见第四章）以及人们日常生活现实中的激进变革有关。但它突破了日常层面，与造成社会不公正问题的根源关联起来。

共同体发展通常被看作解决社会问题的一种替代方案，而不是像传统那样依靠对国家或国际组织的信任（Ife，2006）。这在拉丁美洲尤为明显，那里有运用共同体方案解决环境和社会问题的强大传统。以"美好生活"（buen vivir）这一安第斯概念为例，它源自秘鲁、玻利维亚和厄瓜多尔的本土宇宙观，我们可以试译为"美好生活"或"很好生活"。最近这一概念被本土共同体组织稍加修改，用作替代共同体发展的管理型模式，而该模式的基础是国际社会对于共同体所需内容的假设。"美好生活"的重点在于满足地方需求的小规模生产。它也是应对生态问题和增强本土共同体自决权的政治项目。"美好生活"的基础是重视互惠互补的价值观，强调人类行为互相关联以及人与自然的关系（Merino，2016）。它关注地方共同体与自然的和谐。"美好生活"哲学与世界范围内的去增长概念相呼应，并试图替代西方新自由主义所倡导的资本主义积累。

共同体与网络：共同体关系理论

网络和网络分析的概念在社会科学中的影响力越来越显著。网络构成了关系网，使社会有了存在的可能。这便是齐美尔的"团体关系网"的意思，被后来的社会网络研究继续沿用（Granovetter，1973）。网络概念与大规模社会进程的宏观分析以及对共同体本质的理解至关重要。网络既可以是正式的，也可以是非正式的，本质上是节点之间的不同关系。它们是既能促进又能限制社会行为的社会结构。与所有社会组织一样，它们的基础逻辑也是包容和排斥。网络组织的灵活性特别强，能够适应不断变化的环境。网络之所以具备带来社会变革的能力，其关键原因是它们能够促进沟通。网络基于沟通，同时也搭建了使原本不同的中心之间进行沟通的渠道。

根据凯瑟琳·朱弗尔（Katherine Giuffre）对共同体和网络的关系的论述，网络分析着眼于人与人之间的关系网络，而非其成员的个体特征（Giuffre, 2013）。因此，网络理论基于关系分析，重点是网络中各元素之间的关系。共同体的本质是网络。马塞尔·莫斯（Marcel Mauss）的交换礼物的例子很好地说明了这一点。根据莫斯在1925年发表的一篇经典论文的观点，进行交换的是群体，而不是个人，在一方赠与、另一方接受的过程中，整个共同体都产生了相互关系（Mauss，1969）。礼物不是免费的，反而是一种负担，因为礼物承载着礼尚往来的义务。正如朱弗尔所示，"共同体通过赠与、接受和回赠的责任提供社会支持"（Giuffre, 2013, p.46）。礼物交换具有交互性，因而成为社会生活的基本范式。这也是共同体的基本结构，它不是由位置或规模来定义的，而是由使共同体成为可能的互动性决定。

毫无疑问，传统共同体规模很小，且位于诸如村庄等飞地，或是像沃思在其1928年发表的经典论文《贫民窟》（"The Ghetto"）所示，位于族裔聚居区。在这些共同体里，人与人的联系是牢固而紧密的，因为几乎一切事物都相互重叠。然而，从另一种意义上说，较弱的联系也可以产生更强的共同体。建立在强联系基础上的传统共同体很难经受住重大变化，例如地理变化等，而且几乎没有跨界的可能。这些共同体通常以小团体为基础，因此有联系的对象也相对较少。朱弗尔援引了马克·格兰诺维特（Mark Granovetter）的著名论文《弱联系的力量》（"The Strength of Weak Ties"，1973），并解读了甘斯的《都市村民》，他指出：规模较大、密度更低的共同体更容易获得支持，因为他们会与来自多个团体，尤其是与自己不同的团体的人建立联系。因此，人们可以获得局限在紧密联系的小共同体中无法获取的一些资源，所以多样化的共同体可能会更强大，更具韧性。但是，如果共同体变得碎片化，则另当别论。在这种情况下，由于以前存在的联系不起作用，关系结构失效，导致了共同体纽带的断裂。这是法西斯的政治战略，正如 20 世纪 30 年代纳粹主义在德国兴起时，纳粹分子渗透到地方共同体，瓦解了社会生活，而社会生活本该是抵抗的基础。

我们不能说所有传统共同体都建立在高度受限空间中的紧密联系之上。肯尼斯·舍尔策（Kenneth Scherzer）在一项历史研究中揭示了族群聚居区的真相，表明在过去也存在"无边界的共同体"：在 19 世纪，纽约人已经开始依靠朋友和遍布全城的社会关系了（Scherzer，1992）。

小　　结

本章讨论的重点是与国家层面的政治共同体和文化共同体相对应的地方共同体。地方共同体是共同体的主要表现形式之一，如今已随着共同生活和理想共同体发展的新理念而复兴。在所有关于地方共同体的讨论中，一个核心问题是城市的都市形态是否能够包容共同体。我们讨论了关于这个问题的不同理论，发现尽管城市越来越以社会为基础，但它们仍然是共同体的重要场所。很多美国社会学家对城市感到悲观失望，因此过分强调对城市的控制以及极端隔都化。因此，洛伊克·华康德不无道理地批评美国是欧洲的"社会反乌托邦"（Wacquant，1999）。事实上，美国和欧洲的现实包含差异巨大的各种情况，而欧洲尤其如此。我们还讨论了曼纽尔·卡斯特和珍妮特·阿布-卢格霍德的研究，他们认为共同体具有赋能功能，是开放的而非封闭的，能够为当下提供可行性。

在这方面，作为沟通网络的共同体概念非常重要。共同体形成于基于特定场所的集体行动，它不一定有边界，在这个意义上，它是沟通性的，而不只是潜在文化认同的表达。戴维·斯特德特（David Studdert）也有类似看法，他重申要把共同体看作关系性实体，而非存在于客观结构中，相互交往和共同生活是共同体的特点（Studdert，2006，另见 Studdert and Walkerdine，2016）。[1] 因此，构想共同体时不能简单地把它描绘成已经失去的东西（Studdert，2016）。

地方共同体是复兴和表达道德认同以及建立个人身份的重要载体。今天，面对前所未有的灵活经济和社会秩序的分裂我们迫切需要这样的共同体。这让我们看到了共同体的建构性，它是创造力的源泉，是由社会因素建构出来的，而非简单地认同某个地方[2]。从这个意义上说，共同体需要具备重新想象社会关系的能力。珍妮特·阿布-卢格霍德及其研究团队关于纽约下东区斗争的研究表明，文化差异实际上是多元文化工人阶级抵抗地方的"曼哈顿化"的集体认同的基础。这表明，要重视共同体的沟通特征，以便提升政治意识。另外一个案例是本土共同体，例如安第斯共同体的"美好生活"哲学，寻求的是与主流国际模式相对立的共同体发展的减增长理念。

参 考 文 献

Abu-Lughod, J. (ed.) (1994a) *From Urban Village to East Village: The Battle for New York's Lower East Side.* Oxford: Blackwell.

Abu-Lughod, J. (1994b) 'Conclusions and Implications'. In: Abu-Lughod, J.(ed.) *From Urban Village to East Village: The Battle for New York's Lower East Side.* Oxford: Blackwell.

1 　参见《社会学评论》的共同体主题特刊，2016 年第 64 卷。
2 　杰拉尔德·萨特尔斯在《共同体的社会建设》（*The Social Construction of Communties*）中有所讨论，他反对所有的自然共同体观（Suttles，1972）。

Atkinson, R. and Blandy, S. (eds) (2006) *Gated Communities*. London: Routledge.

Bageen, S. and Uduku, O. (eds) (2015) *Beyond Gated Communities*. London: Routledge.

Bell, C. and Newby, H. (1971) *Community Studies*. London: Allen & Unwin.

Borgja, J. and Castells, M. (1997) *Local and Global: Management of Cities in the Information Age*. London: Earthscan.

Bourdieu, P. et al. (1999) *The Weight of the World*. Trans. P. P. Ferguson. Cambridge: Polity Press.

Bridge, G. and T. Butler (eds) (2012) *Mixed Communities: Gentrification by Stealth*. Bristol: Policy Press.

Bulmer, M. (1986) *Neighbours: The Work of Philip Abrams*. Cambridge: Cambridge University Press.

Caldeira, T. (1999) 'Fortified Enclaves: The New Urban Segregation'. In: Holstein, J. (ed.) *Cities and Citizenship*. Durham, NC: Duke University Press.

Castells, M. (1977) *The Urban Question: A Marxist Approach*. London: Arnold.

Castells, M. (1978) *City, Class and Power*. London: Macmillan.

Castells, M. (1983) *The City and the Grassroots*. Berkeley: University of California Press.

Castells, M. (1989) *The Informational City*. Oxford: Blackwell.

Castells, M. (1994) 'European Cities, the Informational Society, and the Global Economy'. *New Left Review*, 204: 18–32.

Castells, M. (1996) *The Information Age, Vol. 1: The Rise of the Network Society*. Oxford: Blackwell.

Crow, G. and Allan, G. (1994) *Community Life*. London: Harvester Wheatsheaf.

Davis, M. (1990) *City of Quartz: Excavating the Future in Los Angeles*. London: Verso.

Davis, M. (1999) *Ecology of Fear: Los Angeles and the Imagination of Disaster*. London: Picador.

De Filippis, J. and Saegert, S. (eds) (2012) *The Community Development Reader*. London: Routledge.

Delanty, G. (2000) 'The Resurgence of the City: The Spaces of European Integration'.

In: Isin, E. (ed.) *The Politics and City*. London: Routledge.

Douglas, M. and Friedmann, J. (eds) (1998) *Cities for Citizens: Planning and the Rise of Civil Society in a Global Age*. New York: Wiley.

Eliot, T. S. (1963) *Collected Poems, 1909–1962*. London: Faber and Faber. First published 1922.

Engels, F. (1936) *The Condition of the Working Class*. London: Unwin Hyman. First published 1845.

Febrve, R. (2000) *The Demoralisation of Western Culture: Social Theory and the Dilemmas of Modern Living*. New York: Continuum.

Fischer, C. (1975) 'Toward a Subcultural Theory of Urbanism'. *American Journal of Sociology*, 80 (1): 319–341.

Fischer, C. (1982) *To Dwell Among Friends: Personal Networks in Town and City*. Chicago: Chicago University Press.

Fischer, C. (1984) *The Urban Experience*. New York: Harcourt, Brace, Jovanovich.

Flyvbjerg, B. (1998) *Rationality and Power*. Chicago: University of Chicago Press.

Forester, J. (1989) *Planning in the Face of Power*. Berkeley: University of California Press.

Fraser, N. and Honneth, A. (2001) *Recognition or Redistribution? A Political Philosophical Debate*. London: Verso.

Gans, H. (1982) *The Urban Villagers*. New York: The Free Press. First published 1962.

Garreau, J. (1991) *Edge City: Life on the New Frontier*. New York: Doubleday.

Giuffre, K. (2013) *Communities and Networks*. Cambridge: Policy Press.

Granovetter, M. S. (1973) 'The Strength of Weak Ties'. *American Journal of Sociology*, 78: 1360–1380.

Harvey, D. (1990) *The Condition of Postmodernity: An Inquiry into the Origins of Cultural Change*. Oxford: Blackwell.

Hill, D. (1994) *Citizens and Cities*. London: Harvester Wheatsheaf.

Honneth, A. (1995) *The Struggle for Recognition*. Cambridge: Polity Press.

Honneth, A. (2002) 'An Interview with Axel Honneth: the Role of Sociology in the Theory of Recognition'. *The European Journal of Social Theory*, 5(2): 265–277.

Ife, J. (2006) *Community Development in an Uncertain World* (2nd edn). Cambridge: Cambridge University Press.

Isin, E. (ed.) (2000) *Democracy, Citizenship and the Global City*. London: Routledge.

Jameson, F. (1991) *Postmodernism, or, the Cultural Logic of Late Capitalism*. Durham, NC: Duke University Press.

Ledwith, M. (2005) *Community Development*. Bristol: Policy Press.

Lefebvre, H. (1991) *The Production of Space*. Oxford: Blackwell.

Long, N. (1958) 'The Local Community as an Ecology of Games'. *American Journal of Sociology*, 64: 251–261.

Lynd, R. and Lynd, H. (1929) *Middletown*. New York: Harcourt Brace.

Lynd, R. and Lynd, H. (1937) *Middletown in Transition*. New York: Harcourt Brace.

Mauss, M. (1969) *The Gift: Forms of and Functions of Exchange in Archaic Societies*. New York: Norton. First published 1925.

Mayo, M. (2000) *Cultures, Communities, Identities*. London: Palgrave.

Merino, R. (2016) 'An Alternative to "Alternative Development"? Buen vivir in Andean Countries'. *Oxford Development Studies*, 44(3): 271–286.

Mollenkopf, J. and Castells, M. (1991) *Dual City: Restructuring New York*. New York: Russell Sage Foundation.

Moore, R. and Rex, J. (1967) *Race, Community and Conflict*. Oxford: Oxford University Press.

Park, R. (1915) 'The City: Suggestions for the Investigation of Human Behaviour in the City Environment'. *American Journal of Sociology*, 20: 577–612.

Park, R. (1952) *Human Communities*. Glencoe, IL: The Free Press.

Pawley, M. (1973) *The Private Future: Causes and Consequences of Community Collapse in the West*. London: Thames and Hudson.

Perea, J. (ed.) (1996) *Immigrants Out! The New Nativism and the Anti Immigrant Impulse in the United States*. New York: New York University Press.

Pow, C-P. (2009) *Gated Communities*. London: Routledge.

Redfield, R. (1955) *The Little Community*. Chicago: University of Chicago Press.

Rousseau, J. J. (1968) *The Social Contract*. Harmondsworth: Penguin. First published

1762.

Sandercock, L. (1998) *Towards Cosmopolis: Planning for the Multicultural Cities*. New York: John Wiley.

Sassen, S. (1992) *The Global City: New York, London, Tokyo*. Princeton, NJ: Princeton University Press.

Scherzer, K. (1992) *The Unbounded Community: Neighbourhood Life in New York, 1830–1875*. Durham, NC: Duke University Press.

Sennett, R. (1970) *The Uses of Disorder*. New York: Knopf.

Sennett, R. (1998) *The Corrosion of Character: The Personal Consequences of Work in the New Capitalism*. New York: Norton.

Sennett, R. and Cobb, J. (1972) *The Hidden Injuries of Class*. Cambridge: Cambridge University Press.

Simmel, G. (1950) 'The Metropolis and Mental Life'. In: Wolff, K. (ed.) *The Sociology of Georg Simmel*. New York: The Free Press. First published 1905.

Simmel, G. (1955) *Conflict and the Web of Group Affiliations*. Glencoe, IL: The Free Press.

Smith, N. (1996) *The New Urban Frontier: Gentrification and the Revanchist City*. London: Routledge.

Soja, E. (1996) *Thirdspace: Journeys to Los Angeles and Other Real and Imagined Places*. Oxford: Blackwell.

Stacey, M. (1969) 'The Myth of Community Studies'. *British Journal of Sociology*, 20 (2): 134–147.

Stein, M. (1960) *The Eclipse of Community*. Princeton, NJ: Princeton University Press.

Studdert, D. (2006) *Conceptualising Community: Beyond the State and the Individual*. London: Palgrave.

Studdert, D. (2016) 'Sociality and a Proposed Analytic for Investigating Communal Being-ness'. *The Sociological Review*, 64: 622–638.

Studdert, D. and Walkerdine, V. (2016) *Rethinking Community Research*. London: Palgrave.

Suttles, G. (1968) *The Social Order of the Slum: Ethnicity and Territory in the Inner City*. Chicago: Chicago University Press.

Suttles, G. (1972) *The Social Construction of Communities*. Chicago: University of

Chicago Press.

Vidich, A., Bensman, J. and Stein, M. (eds) (1964) *Reflections on Community Studies*. New York: John Wiley.

Wacquant, L. (1992) 'The Comparative Structure and Experience of Urban Exclusion: "Race", Class, and Space in Paris and Chicago'. In: McFate, K. et al. (eds) *Poverty, Inequality and the Future of the Social Policy*. New York: Russell Sage Foundation.

Wacquant, L. (1993) 'Urban Outcasts: Stigma and Division in the Black American Ghetto and French Urban Periphery'. *International Journal of Urban and Regional Research*, 17 (3): 366–383.

Wacquant, L. (1999) 'America as Social Dystopia: The Politics of Urban Disintegration, or the French Use of the "American Model"'. In: Pierre Bourdieu et al. *The Weight of the World: Social Suffering in Contemporary Society*. Cambridge: Polity Press.

Wacquant, L. (2007) *Urban Outcasts: A Comparative Sociology of Advanced Marginality*. Cambridge: Polity Press.

Weber, M. (1958) *The City*. New York: The Free Press. First published 1905.

Wellman, B. (1979) 'The Community Question'. *American Journal of Sociology*, 84: 1201–1231.

Whyte, W. F. (1943) *Street Corner Society*. Chicago: University of Chicago Press.

Whyte, W. H. (1957) *The Organization Man*. New York: Doubleday Anchor Books.

Williams, P. and Smith, N. (eds) (1986) *Gentrification and the City*. London: Allen & Unwin.

Wirth, L. (1928) *The Ghetto*. Chicago: University of Chicago Press.

Wirth, L. (1938) 'Urbanism as a Way of Life'. *American Journal of Sociology*, 44 (1): 1–24.

Young, M. and Willmott, P. (1957) *Family and Kinship in East London*. London: Penguin.

第四章
政治共同体：共同体主义与公民身份

安东尼·吉登斯（Anthony Giddens）写道："我们发现，不管是哪个政治派别，他们都对社会解体感到恐惧，都在呼吁共同体的复兴"（Giddens, 1994, p.124）。吉登斯注意到：共同体已经成为近年来左派和右派政治话语的共同政治主题。另一个相似的主题是民粹主义对"人民"的呼声，但共同体理念更具普适性和包容性。

本章将聚焦近年来政治理论和社会思想中关于共同体的争论。与前两章讨论的共同体的社会学理论不同，共同体在社会政治哲学中的概念在很大程度上具有规范性特征，一些概念对英语国家政策制定的影响不容忽视，并且这种影响与日俱增。主要的社会学理论关注现代社会转型等宽泛语境，而政治哲学主要关注政体的公民基础。因此，许多争论都与公民身份相关，强调政治共同体的成员身份。但是，在第三章有关共同体的社会学争论与其在政治哲学意义上的探讨并非毫不相干。将两者统一起来是：他们都认为共同体主要关注归属感。社会学中许多的经典辩论都倾向于强调传统和地域，而政治哲学中的共同体对社会成员身份有着更为广泛的关注。可以说，两者都是对于共同体的不同表达。在罗伯特·贝拉（Robert Bellah）的主要作品《心灵的习性》（*Habits of the Heart*）中，社会学和政治哲学之间的联系是显而易见的（Bellah et al., 1996）。该书对于自我本质、价值观以及共同体的问题进行了实证调查，是社会学版本的共同体主义政治哲学研究。在该书中，共同体是一种归属模式，存在于愿望和信念之中，而非地域或制度结构。菲利普·赛尔茨尼克（Philip Selznick）在一篇讨论共同体主义的重要文章中，将共同体简要描述为一种群体经验（Selznick, 1992, p.358）。该定义的优势在于它的开放性，认为共同体可能有不同的形式。然而，这种共同体主义的立场与前一章所论述的共同体概念存在一个重要差异：共同体不仅是交融或交流，它包含一系列需要承诺和团结的活动，最依赖的是行动而非其他任何东西。赛尔茨尼克特别强调，共同体不仅意味着参与，还意味着忠诚、团结与奉献。例如，按照维克多·特纳的共同体理论（见第二章），共同体主义者较少关注自发性的、反结构的共同体，而是对政治共同体的规范性理论和支持共同体建设的组织机构更感兴趣。

　　"共同体主义"是关于公民身份的广泛立场，它在很大程度上改变了以往自由主义占主导地位的局面。我们可以用"从契约到社区"[1]来总结共同体主义转向。共同体主义者认为，公民身份的社会概念的基础是把个体看作共同体的一分子。就此而言，共同体意味着政体中的公民共同体，而不是小范围的传统共同体。查尔斯·泰勒（Charles Taylor）的政治哲学是最具影响力的共同体主义话语，他认为共同体的公民概念已成为文化政治认同的基础。在一些更强调多元主义的阐释中，这一概念通常用于描述对少数群体的认可。罗伯特·普特南（Robert Putnam）在其著作中将共同体与社会资本关联起来。

　　随着共同体主义的发展，共同体已成为一个备受争议的术语，甚至共同体主义思想内部有多个分支。许多关于共同体的著作和论述从未定义过共同体，因此想要准确地定义谁是"共同体主义者"并非易

1　我引用的是弗雷德·达尔迈尔（Fred Dallmayr）编撰的《从契约到共同体》（*From Contract to Community*）（Dallmayr，1978）。

事。在接下来的分析中，我将对四种主要共同体主义话语进行区分。第一种是自由共同体主义，它与迈克尔·桑德尔（Michael Sandel）和迈克尔·沃尔泽（Michael Walzer）的政治哲学相关，后来查尔斯·泰勒发展出新的分支。它也包含了对于民族共同体文化权利的新关注[1]。第二种共同体主义被我称为"激进多元主义"，其特点是强调团体权利，而非自由爱国主义。玛丽昂·艾瑞斯·杨（Marion Iris Young）和许多女权主义理论家都属于这一类。第三种是公民共和主义，或者公民共同体主义，其代表人物有罗伯特·贝拉、菲利普·赛尔茨尼克、罗伯特·普特南和戴维·米勒（David Miller）。他们的研究更多地强调参与公民社会与社会资本当中，而不仅仅是关注共同体的文化内涵。第四种是许多公共政策中的政府共同体主义。在这一传统中，共同体是一种政府话语，旨在强化公共承诺，并且往往与新自由主义政治并行不悖。

自由共同体主义

"自由共同体主义"立场的出现是对自由主义政治理论的修正。确立共同体主义思想的那些开创性著作都强烈反对把市场和国家当作政治共同体的焦点。更确切地说，共同体主义反对传统的自由主义道德个人主义，更强调人的社会内涵。共同体主义的定义不可避免地走到了两种主要自由主义政治理论的对立面：即约翰·罗尔斯（John Rawls）的社会自由主义和新保守主义或新自由主义的市场自由主义。奇怪的是，尽管后者占据中心地位，但遗憾的是它可能是个错误的目标。罗尔斯的社

1　这既不是他唯一的，也不是最重要的理论，但是就共同体主义理论而言，这基本表明了他的观点。

会自由主义才是共同体主义的主要反对者。在《自由主义与正义的局限》（*Liberalism and the Limits of Justice*，1982）一书中，迈克尔·桑德尔认为，被罗尔斯彻底研究的古典传统中的自由主义忽视了个体作为共同体成员的本质。自由主义者认为个人是相对自治的，而共同体主义者主张团体优先。他们反对道德个人主义，认为罗尔斯的名著《正义论》（*A Theory of Justice*）对此有很好的论断（Rawls, 1971），并且支持更深层次的共同体概念。许多论著同样坚持这一立场，例如：迈克尔·沃尔泽的《正义的领域》（*Spheres of Justice*，1983）、阿拉斯代尔·麦金泰尔（Alasdair MacIntyre）的《德性之后》（*After Virtue*，1981）、菲利普·赛尔茨尼克的《道德共和国》（*The Moral Commonwealth*，1992）、查尔斯·泰勒的《承认的政治》（"The Politics of Recognition"，1994）和《自我的根源》（*Sources of the Self*, 1990）等。[1]

　　起初，在20世纪80—90年代，共同体主义哲学立场出现了两极分化，自由主义和共同体主义甚至经常被视为两种截然不同的立场。但是，几十年后，随着共同体主义争议的平息，将共同体主义看作对自由主义的修正而非一种完全不同的立场，或许更有意义。因此，最好将共同体主义称为"自由共同体主义"。[2] 自由主义和共同体主义互相转化，这两种情况都反对新保守主义。[3] 在以罗尔斯为代表的自由主义话语中，从一开始他对社会正义的关注就多于对古典自由主义或市场自由主义的关注。在他后期著作《政治自由主义》（*Political*

1　Sandel（1982），MacIntyre（1981），Selznick（1992）和 Taylor（1990；1994）。
2　在这方面，我沿用了 Mulhall 和 Swift（1996）的建议。
3　应该注意的是，在美国使用的"新保守主义"一词，通常对应于英国和欧洲的"新自由主义"。两者都意味着市场自由主义。与此相关的是美国使用的"自由"和"自由主义"的不同含义，它们指激进政治，而不是常规共和主义的保守政治。在这方面，它与英国/欧洲自由政治与保守政治的关系不同，与社会民主有区别。从本质上讲，"社会民主"可以等同于美国意义上的"自由主义"。

Liberalism，1993）和《万民法》（*A Law of Peoples*，1999）中，罗尔斯表示，必须修正他早期的一些立场，尤其是对共同的善（common good）这一文化共识的假设。罗尔斯在其后期著作中越来越关注共同体问题和自由政体的文化基础。随着讨论的深入，我们越来越容易发现，罗尔斯所代表的自由主义与共同体主义之间并没有实质性区别。共同体主义者也明确表示，他们并不特别仇视个人主义。两者的根本分歧在于对社会本体基础的不同理解，共同体主义主要要求承认社会本体论，以纠正主流自由主义政治理论对于道德个人主义的过度关注。

无论如何，到了 20 世纪 90 年代，早期自由主义者和共同体主义者之间围绕自由政体基础的辩论逐渐淡化，关于文化权利的辩论则愈演愈烈。这场辩论以查尔斯·泰勒为中心，辩题是国家应该在何种程度上对某些社会团体予以官方承认。作为"承认的政治"[1]，实际上共同体主义已经被一些新术语所取代，相关的主要人物是泰勒和尤尔根·哈贝马斯（Jürgen Habermas），后者在 20 世纪 80 年代的辩论[2]中取代了罗尔斯。在这一转向中，自由共同体主义明确表现出对于公民民族主义的支持，我们可以把它理解成哈贝马斯宪法爱国主义的加强版。民族或民族共同体的概念已经成为泰勒研究的焦点，其自由爱国主义近年来已经成为许多民族主义和民粹主义研究的重点。

泰勒支持公民民族主义，他对主流自由主义所推崇的平等原则以及共同体主义者所倡导的差异原则之间的二分法持谨慎态度。他代表一种自由共同体主义的立场，努力使自由主义认可文化差异、承认需要保护文化共同体，对自由主义进行修正。然而，即使自由主义者和共同体主义者都一致反对新自由主义，他们之间仍存在着巨大的鸿沟。

1　参见古特曼编写的《承认的政治》，其中包括泰勒和哈贝马斯经常被引用的论文以及其他文献（Gutmann，1994）。
2　哈贝马斯一直批判自由主义和共同体主义（Habermas，1998）。

泰勒认为，自由主义蕴含原子论，社会必须对价值观念保持中立态度，自由主义在普通生活方式方面没有"共同的善"这一概念。然而，自由主义的确认可广义上共同的善，遵守程序和规章，承认差异。但对于泰勒来说，更具体、更实在的"爱国主义"承认共同的善，它认同政治共同体，该共同体本身体现了一种更深层次的文化生活方式。从本质上来说，泰勒与自由主义者和那些有广泛自由主义倾向的人不同，比如哈贝马斯。哈贝马斯主张纯粹形式化或程序化的政治共同体，他认为共同体必须基于生活的实质形式，因此国家不可能是中立的。

对于泰勒来说，在一个文化分化的社会，比如加拿大，国家对不同少数族裔给予官方承认是至关重要的。因此，承认的政治就是群体差异的政治。需要讨论的焦点是集体性自我这一特殊概念，这个问题经常是关于政体中少数群体或多数群体的定义问题。泰勒强调语言是共同体的体现，自我通常具有文化特殊性。因此，我们可以将他的共同体主义思想视为对文化特殊论的辩护，以及对自由主义的道德普遍主义观的驳斥，后者不论是在罗尔斯的著作中，或是哈贝马斯的沟通普遍主义思想中都有所体现。[1]

承认的政治能够以强调平等的形式出现，即尊重所有公民的权利和道德价值，所有公民都享有平等尊严，也能以强调差异的形式出现，这需要主流文化对特殊群体（通常是少数群体）做出让步：

> 普遍尊重的政治努力实现对公民差异"一视同仁"的非歧视形式，差异的政治却往往重新定义非歧视，要求我们将这些差异作为区别对待的基础。

（Taylor, 1994, p.39）

---

1 关于哈贝马斯的话语共同体的讨论，参见第六章。

　　泰勒认为，要使一个文化共同体保持其完整性，并在主流群体中持续发展壮大，该共同体的主张必须得到国家的某种公开承认。但毫无疑问，泰勒只为某些大规模的群体发声，借以维护他们的自治权，比如居住在魁北克、说法语的加拿大人。由此看来，对于自由共同体主义的真正认同，似乎是对自称有能力定义共同利益的多数群体的认同。只要这种文化尊重多样性，它就有理由获得官方承认。

　　正如共同体主义者指出的那样，自由主义的基本观点是毋庸置疑的。虽然他们明显侧重对文化共同体的积极认可，但落脚点依然是对平等的自由主义原则的基本遵守。自由共同体主义并不是激进的群体差异理论，而是对于自由主义中道德个人主义的修正，尤其是对文化中立的宪法思想的修正。尽管自由主义者通过承诺群体权利来规避保护少数群体的问题（Kymlicka, 1995），但共同体主义者总体上更关心保护主流文化并包容少数族裔。对于自由主义者来说，这并不成为问题，因为大多数人已将其认定为既成事实，或者就像罗尔斯最近的提法一样，这是一个寻求"重叠的共识"的问题。[1] 由此看来，共同体主义者一开始追求社会本体论，最终却变成对文化共同体的维护。从这一方面来讲，自由主义理念可能被过度延展，因为正如齐格蒙特·鲍曼（Zygmunt Bauman）所说，自由主义的"差异"代表个人自由，而共同体主义的"差异"则代表群体制约个人自由的权力（Bauman, 1993）。将共同体主义称为文化极权主义是毫无意义的，但很显然，它可能会导致僵化的结论，因为在共同体主义话语中，共同体的概念是指被国家官方承认的主导文化的共同体。政治共同体必须建立在一个优先的文化共同体基础之上，政体中的少数群体和移民群体都必须适应这个文化共同体，这也正是遭到激进多元主义者诟病的地方。

1　参见 Rawls（1993）。

激进多元主义

含蓄地为某种爱国主义辩护限制了自由共同体主义的发展。就这一点而言，它与古典自由主义并没多大不同，因为许多自由主义哲学家和政治家都支持民族主义。约翰·穆勒（J. S. Mill）在他 1861 年发表的《论代议制政府》（*Considerations on Representative Government*）中支持民族主义，英国自由政治家威廉·格莱斯顿（William Gladstone）也支持民族主义运动，包括爱尔兰地方自治民族主义和保加利亚及希腊的民族主义。如今共同体主义已成为自由民族主义事业的典范。最具影响力的共同体主义已经要求把文化权利视为公民身份的基础。共同体主义可能发展出了一种替代的、激进的分支，我们可以称之为"激进多元主义"。但它最终突破了共同体主义的局限。激进多元主义以"差异"概念为出发点，与自由共同体主义一起出现。但是，自由共同体主义所特有的相对保守特征并没有体现在激进的多元共同体理论之中。在这一理论中，共同体被视为相互重复而又相互冲突。

激进多元主义者既反对自由主义，也反对爱国主义，他们认为文化权利或群体权利具有完全不同的基础。[1] 这种大体上属于共同体主义运动，很大程度上是女权主义运动的结果。许多著名的倡导者都是女权主义理论家（Benhabib, 1992, 1996; Frazer and Lacey, 1993; Lister, 1997, 1998; Young, 1989, 1990, 2000）。这些理论家主张根据不同群体来理解共同体，这种理解从来都不是整体性的。在玛丽昂·艾瑞斯·杨的作品中，共同体在更广泛社会中围绕群体差异建构而成，她的共同体主义立场相比其他激进多元主义者的共同体主义立场更

---

1 参见 Isin 和 Wood（1999），Delanty（2000）。

为明显。迈克尔·沃尔泽在其著作中，隐晦地承认了"稀薄"的共同体形式，而不是"浓厚"的形式（Walzer, 1994；Miller and Walzer, 1995）。

这些辩论的关键在于边缘群体赋能的问题。然而对于自由共同体主义者，比如威尔·金里卡（Will Kymlicka）来说，最大的问题是规模较大的少数族裔的自治权；而对于激进多元主义者，如玛丽昂·艾瑞斯·杨来说，问题在于如何塑造一个真正的多元文化社会。在这个社会中，不论群体大小，不论其重要程度，所有的群体都可以被接纳。自由共同主义者明确表示，他们只关注国家层面的认可。此外，这种关于文化权利的表述将公民政治限定在公共领域。激进多元主义者则前进一步，要求将公民身份延伸至私人领域。杨认为，公民身份不仅涉及公共领域的参与和权利，它还必须包括在性别、年龄和残障等私人领域的权利。玛丽昂·艾瑞斯·杨强调，我们需要承认群体差异的公民身份和差异人群构成的公众：

> 在多元社会，公众承认差异，并且认为差异是不可消除的。这句话的意思是，单一思维方式或单一历史背景的人永远不可能完全理解和接受那些有着集体思维方式和多元历史背景之人的观点。
>
> （Young, 1989, p.258）

在激进多元主义者那里，被自由共同体主义基本接受的平等理想大势已去，取而代之的是对差异的强调。在这本书之后的章节中（尤其在第五章），我们会具体讨论共同体和差异的主题。然而，在共同体主义中，更激进地强调差异性是激进多元主义的最大特征。虽然玛丽昂·艾瑞斯·杨坚持共同体主义的某些方面，但对南茜·弗雷泽（Nancy Fraser）、塞拉·本哈毕比（Seyla Benhabib）等人来说却并非如此，他们认为民主最重要。民主的本质是对差异的解决，以及避免共同体主义沦为相对主义和自由主义的道德普遍主义。

激进多元主义并不意味着要摒弃共同体，而是将其理解为归属感和身份认同的纽带。共同体是一个沟通的范畴，而非封闭的文化领域，是民主无法忽视的。

公民共和主义

共同体主义并不只是身份政治。它还涉及公民身份的另一个方面：参与。尽管自由共同体主义和激进共同体主义主张各异，但它们都最为关注群体特殊权利意义上的文化权益，共同体主义中的公民传统使社会资本和参与公共生活成为共同体的核心内容。

公民共和主义也可以被称为"公民共同体主义"，通常可以追溯到让-雅克·卢梭在 1762 年发表的《社会契约论》（*Du Contrat Social*）中的政治思想。卢梭强调公民身份的激进特征，认为公民必须广泛参与国家政体之中。公民共和主义也在许多理论家的著作中出现，如汉娜·阿伦特（Arendt, 1958）、本杰明·巴伯（Barber, 1984）、迈克·欧菲尔德（Oldfield, 1990）、约翰·波科克（Pocock, 1995）、罗伯特·普特南（Putnam, 1993，1999）、菲利普·赛尔茨尼克（Selznick, 1992）、约翰·奥尼尔（O'Neil, 1994）和罗伯特·贝拉等人（Bellah et al., 1996）。公民共和主义的传统与自由共同体主义相似，它可以被视为一种激进的自由个人主义，但在某些方面两者又有所不同。对于公民共和主义者来说，个人主义在公共生活中表现得最为突出，而自由主义强调的是对利益或个人自治的私人追求。在这一点上，公民共和主义更接近自由共同体主义，因为它强调的是共同体生活。利害攸关的并非个人利益，而是公共利益和集体目标。自由主义建立在消极自由的基础之上，消极自由强调免受某种伤害的权利，而非追求某种利益的权利，但公民共和主义是一种积极的自由，例如，它相信自治政治共同体的理想。因此可以说，公民共和主义建立在主动的公民概念基础上，这与自由主义典型的被动模式形成鲜明对照。

这种作为公众参与的积极的政治概念是共和主义的真正含义，正如启蒙运动时期激进派所追求的那样（虽然托克维尔认为，它只有在美国成为一股真正的力量）。在以卢梭为代表的激进派中，这引发了共和主义与自由民主或宪政民主的对抗，因为自治政治共同体的理想与代议制政府互不相容。在这种情况下，需要注意的是，历史上自由民主一直与君主立宪制紧密相连。但对于汉娜·阿伦特等理论家来说，公民共和主义与代议制政府完全兼容（Arendt, 1958）。公民共和主义所面临的挑战是如何将政治从国家剥离出来，置入公共领域。这一传统遗留下的一个问题就是政治与民主的矛盾关系。像自由主义一样，古典共和主义出现在民主革命之前，在不同程度上包容民主。一些支持者则追溯到古希腊时期的思想和实践中。汉娜·阿伦特指出，共和主义对民主的现代观念表现出深深的怀疑。社会问题侵入了所谓的纯粹的政治领域，现代民主观应运而生。然而，共和主义的最初灵感是激进地主张公民参与公民社会。我们不能夸大当代公民共和主义的激进维度，因为在许多论述中，它偏于保守，主张参与文化中立的公民社会。就这一意义而言，公民社会仅仅由社团和自愿行为组成。

因此，公民共和主义大多是对共同体丧失的一种新托克维尔式话语。罗伯特·普特南是公民共同体主义最著名的倡导者之一，他认为在当代美国社会，"社会资本"已经萎缩，共同体价值也在衰退（Putnam, 1993, 1999）。对于很多公民共和主义者来说，共同体意味着创造和激活社会资本。罗伯特·普特南将公民参与和社会资本联系起来，而在查尔斯·泰勒的共同体主义中，文化身份扮演着这样的角色。共同体的意义不在于其解决冲突的能力，而在于能促进信任、奉献和团结等价值观，这些价值观将会推动民主走向繁荣。社会责任首先一定是落在公民社会而非国家身上。普特南表示，只有在公民社会能做到一致发声时国家才会运转。他早期对现代意大利的研究指出，真正重要的不是制度，而是文化传统，尤其是那些能促进公民社会发展的文化传统（Putnam, 1993）。普特南认为，公民社会造就了更好的国家和公共制度，而不是相反。

普特南的共同体观念是一种对不远的过去的怀念，尤其对 1910-1940 年间出生的美国人主导时期的美国社会的怀念，它所追忆的不是传统的前现代共同体，而是哀悼现代公民生活的丧失。他认为，随着 20 世纪 20 年代出生的这一代人的逝去，当代社会已经丧失了共同体生活的精神，而这种精神对于增强社会凝聚力至关重要。在激起广泛讨论的著作《独自打保龄球》（*Bowling Alone*, 1999）中，他讲述了当代美国"共同体崩溃"的故事。虽然他的主题也包含共同体的"复兴"，但主要讨论的是冷漠、自利和脱离公共生活如何导致社会资本的衰落（Putnam, 1999）。如今，美国人喜欢独自打保龄球，而不是加入当地的俱乐部或联盟。不论是保龄球这项美国传统的社区运动，还是其他公共活动，例如加入当地社团、家长协会或出席公众集会、参加慈善等，志愿者精神日益减弱，伴随而来的是信任的丧失。没有信任，现代社会将难以为继，因为信任是民主的核心特征。从参与度来看，个人主义、工作性质的变化，尤其是以电视为代表的大众媒体已经破坏了共同体。人们更愿意在个人追求、事业和消费中寻找意义，而这损害了维系公民社会的集体价值观。

公民共和主义认为民主建立在社会资本基础上，[1] 从这个意义上来

1　参见托克维尔的经典著作《美国的民主》（*Democracy in America*, 1969）。参见 Gittell 和 Vidal（1998）。

说，我们也可以把它归为"新托克维尔式"理论。对普特南来说，社会资本指的是社会网络以及互惠和信任的规范。它使集体生活成为可能。普特南本质上是保守的，他认为强有力的公民社会将建设更强的国家和勃兴的民主。这种立场忽略了冲突，反而将社会资本看作能被转化为政治制度的确定性资源。[1] 美国文化批评家克里斯托弗·拉什（Christopher Lasch）也持相似立场，他在自己的最后一部著作中将公民的民主价值观的衰落视为背叛民主的后果，背叛民主的并非公众，而是脱离共同体的精英（Lasch，1995）。[2] 拉什的解决方案是呼吁人们回归共同体、宗教和家庭美德。公民共和思想大多倾向于回望过去自由新教价值观凝聚美国社会的年代。这种思维方式的依据是：民主建立在同质文化的共同体基础之上。因此，共同体主义理论还有一个暗含之意：当代多元文化社会无法维系民主的公民身份。结果，随着共同体的衰亡、社会功能失调、文化战争以及对现代性的厌倦等问题，共同体主义已成为美国近年来大量文化批评的灵感来源。

社会学家罗伯特·贝拉等人撰写的《心灵的习性》广受欢迎，其核心观点是对民主共同体的信仰（Bellah et al., 1996）。这部专著于 1986 年首次出版，怀旧的基调并不强烈，共同体被视作许多人日常生活的一部分，人们的日常行为或记忆使共同体得以延续。民族、种族和宗教团体，以及国家层面和家庭内部都有"共同体记忆"。该书的作者们认为，这种记忆共同体也是"奉献共同体"。共同体不仅存活于共同记忆中里，还体现在团结协作的行动中（同上，pp.153-154）。个人主义和自我表现会削弱共同体，但不会侵蚀它。与普特南强调的社会资本的衰落不同，这本书传递的信息是：尽管看上

1　相关批评参见 Whittington（1998）和 Cohen（1999）。
2　另见 Wuthnow（1994），其重点在于互助团体共同体。

去并非如此，但共同体生机勃勃，维持着个人主义。贝拉等人与普特南的著作还存在其他差异。《心灵的习性》的作者们并不认为基于志愿群体的小型共同体能够解决主要社会问题。他们还表示，志愿主义普遍存在于较为富裕的阶层，因此它并不能真正帮助弱势人群，尤其是在阶级和种族隔离更为严重的美国社会。然而，在 1996 年出版的第二版中，社会资本的衰落感更加强烈，因此政治参与度的减退也更明显。但是作者们强调，主要原因是新资本主义经济的发展，而不是个人主义。理查德·桑内特的专著更强烈地展现了这一批判性视角。他撰写的《公众人的衰落》（*The Fall of Public Man*，1978）及其之后的所有作品都涉及公民共和主义主题。在《人格的腐蚀》（*The Corrosion of Character*）中，他强烈批评了共同体主义，认为它的基础是一种肤浅的统一：

　　在我看来，共同体主义对信任或奉献的主张是非常可疑的；它错误地强调共同体的力量源自统一，害怕当共同体中爆发冲突时，社会组带会受到威胁。

（Sennett, 1998, p.143）

对于桑内特而言，共同体主义过分强调共同体是解决因资本主义和工作性质改变所导致问题的道德方案。在英国政治理论家大卫·米勒和保罗·赫斯特（Paul Hirst）的著作中，也可以找到与之相似的有关共同体的自由左翼观点。

　　在《市场、国家和共同体》（*Markets, the State and Community*）中，米勒认为共同体是公平社会的基础。共同体是民主不可或缺的根基（Miller, 1989）。保罗·赫斯特关于联合民主的研究在民主和组织形式之间建立了联系，同时规避了共同体主义显著的道德维度

（Hirst, 1994）。

　　普特南在《独自打保龄球》中讲述了共同体衰落的故事，但在近期与刘易斯·费尔德斯坦（Lewis Feldstein）合著的《共创美好：重建美国共同体》（*Better Together: Restoring the American Community*）中，他们对共同体的回归进行了更为积极的阐释（Putnam and Feldstein, 2003）。两位作者首先区分了聚合资本和桥接资本。前者维系小而紧密的共同体；后者则是多元化民主所需要的，但也是最难找到的。桥接社会资本连接不同的群体，而聚合资本连接单一群体。《独自打保龄球》讲述了 20 世纪最后 30 多年中各种社会资本衰退的过程。《共创美好》并不认为这种下降趋势已经随着公共生活和社会联系的复兴而突然逆转，但它确实描绘了抵制社会关系侵蚀的情形，并认为即使参与公共生活的总体水平持续下降，美国许多地方仍正以新的方式创造社会资本。该著作通过对工会、教会、艺术项目、共同体发展项目、大型企业和城市公共图书馆的案例研究，说明大城市、小城镇和郊区共同体均是如此。他们的结论之一：社会资本必然是一种地方现象，因为只有相互认识的人才能形成社会资本。该书表达了对未来社会资本增长的期望，并希望有新的机构和组织来维系社会资本。作者认为，人们非常清楚社会关系的核心地位，并且以人际关系为基础的社会关系一直十分牢固。教育是社会资本最强大的力量之一，因为受过教育的人和受过教育的共同体比教育程度低的人更善于提升社会资本。两位作者还认为，人们无须费力去创造社会资本，实际上成功的共同体由大量活动演化而来。

　　尽管我们的目标是界定桥接社会资本，但实际上它有赖于聚合资本。从社会资本强大的小共同体过渡到大共同体异常艰难。公共活动很难扭转休闲私人化和工作转型。然而，虽然小型共同体更有利于建立和维持联系，但共同体建设也从这一认识中获益，即共同体是某种更大存在的一部分，并会成长（Putnam and Feldstein, 2003, p.277）。作者强调，个体经历能够被塑造为集体故事，从而形成更紧密的纽带，架起沟通的桥梁。

总之，公民共和共同体主义强调社会资本是共同体的关键原则，而后者反过来又是多元民主运作的基础。整体而言，在这一特定的共同体主义分支中，社会资本理论强调其道德特征，看待当下形势的角度包括社会资本的衰落以及努力在新的社会空间中通过创新使用技术和城市空间的创造性设计重新创造社会资本。相比之下，以桑内特为代表的其他更具批判性的研究认为，社会资本是共同体的重要维度，但并不把它当作只有地方共同体才能创造的纯粹的公民道德价值观。社会资本可能确实会产生团结，团结又能成为民主政治共同体的基础，但社会团结的形式多种多样，它既可以是肯定的，也能以对立的形式出现（参见 Crow, 2002）。

政府共同体主义

本章前面部分讨论过的自由共同体主义在很大程度上是对自由主义的修正，它提倡对特定群体、实际上是文化群体的政治认可，但最近共同体主义已经成为一种更加政府化的话语。共同体已经成为"第三条道路"式政治的核心，在离开社会民主的同时，"第三条道路"在共同体种发现了缓和新资本主义重建步伐的方法。尼古拉斯·罗斯（Nikolas Rose）沿用福柯式的分析路径，指出：

在共同体体系中，一个部门是这样构成的：在新颖的方案和技术指导下，鼓励和积极运用自我管理和身份构建，注重个人道德和集体忠诚，它的矢能和动能均可以被动员、纳入和部署。我通过共同体来定义政府。

（Rose, 1999, p.176）

在政策制定中，共同体话语权日益增长，按照罗斯的建议，我们可以称之为政府共同体主义，因为其目的是通过政策制定来构建政治主体性。

20世纪90年代，共同体主义在英国和北美盛行，并经常与公民爱国主义通用。[1] 在1997年的大选中，它成为英国工党政治话语的核心，"国家"和"社会"这两个词在某种程度上变得可以互换，这与爱国保守主义的专制共同体主义形成了鲜明对比。1996年，工党强调把信任和团结作为英国公民价值观，打破了过去保守党对民族话语权的垄断。然而这一形势并不持久，20年后，中右翼重新夺回民族共同体话语权。

托尼·布莱尔（Tony Blair）曾提出"利益共享社会"一词，在20世纪90年代被广泛使用。共同体主义概念与此如出一辙，该理论被用来使第三条道路政府合法化。英国工党一直有共同体主义倾向，随着社会主义这种新第三条道路话语的淡化，工党开始频繁使用明确的共同体主义思想。也许因为"共同体"是一个模糊的术语，它可以被轻易用于非意识形态目的的计划中，同样适用于左翼或右翼模式。

尼古拉斯·罗斯认为，共同体已经成为一种半统治性话语，促进了新权力技术和社会治理的发展。共同体新技术是由共同体专家制定的分散性实践。这些新技术打破政府和公民社会的界限，将公民和国家联系起来。当共同体变得技术化时，就变得具有治理意义，变成政府的一个部门。在布莱尔政府或者更早的克林顿政府的政治计划

1　要了解最近的公民共和、英国共同体主义的案例，参见 Tan（1998）。

中，与第三条道路政治相对应的是"第三空间"，在这个空间中，共同体话语被赋予志愿主义、慈善工作和自治关怀的意义（Rose, 1999, p.171）。共同体的道德色彩是其魅力的来源，因为共同体强调社会的公民义务和道德承诺。其政治影响是政府责任的减少和社会公民身份的淡化。共同体的政府化促进了共同体话语体系的创建，例如，共同体重建、共同体档案、共同体专家以及地方共同体法案，比如共同体治安、共同体安全和共同体发展等（同上，p.189）。值得注意的是，我们不能单一地把共同体政府化视为社会控制的相关运作，因为它也为共同体赋能。共同体以及道德语言正与日俱增地融入政治话语中（例如，道德投资、道德外交政策）。共同体话语曾是20世纪90年代政治宣传的核心，尤其对于布莱尔政府和克林顿政府来说。他们强调志愿主义、慈善工作以及自发组织的关怀（同上，p.171）。但是正如罗斯所言，这要么会成为一种肤浅的政治道德化，要么会为道德政治提供新的赋能机会。

　　阿米泰·埃齐奥尼（Amitai Etzioni）是著名的共同体研究专家之一。虽然他并非明确的政府共同体主义者，而是某种公民共和主义者，但他对共同体的推广接近政策制定中的共同体官方话语（Etzioni, 1995, 2001）。埃齐奥尼的观点在他创办的季刊《响应式共同体》（The Responsive Community）中得以体现，这本刊物是美国通俗共同体主义的重要宣言。他所倡导的共同体可以被视为对20世纪80年代占主导的理性选择和新自由主义的美国式反应。对于埃齐奥尼来说，共同体是基于义务和参与的公民身份，而非基于权利的公民身份的道德基础和表达形式。共同体需要声音，一种"道德的声音"，而社会责任有赖于个人责任。对于责任的关注是埃齐奥尼共同体主义的核心思想。埃齐奥尼响应式共同体的观念根植于"社会美德"和"基本既定价值观"之中（Etzioni, 1995, pp.1-5）。家庭和学校是培养响应式共同体所需要的公民身份的关键机构。

埃齐奥尼没有明述共同体的组成要素，但很明显是他的共同体不包含国家的政治共同体（Etzioni, 1995, 2001）。他呼吁复兴邻里、地方、家庭和社团等小型共同体。这是一种主张个人利益的共同体观，多多少少免除了国家对于社会的责任。这种共同体观与政府共同体在关注学校教育、家庭和治安等问题上互相呼应。

这种共同体观与激进多元主义相冲突。虽然埃齐奥尼表示这是一种后传统性质的共同体，不是怀旧式地回到过去，但他的共同体概念很大程度上关注的是人与人的接近，以及区域性、小型团体和个人对于社会的责任。他的著作贯穿着一个假设，即共识要么已然存在，要么肯定能被创造出来。

各种不同的政治立场，不论是右派还是左派，都可以轻易地呼吁共同体。"共同体"几乎成为公民身份的别名，但它不认可政府共同体主义的特征，即公民权更多强调享受权利，而非履行义务。

总之，"政府共同体主义"表明共同体话语已融入官方政策制定之中。这也在保守的共同体概念中有所体现，比如在埃齐奥尼的理论中，共同体明确了规训路线，如社区治安、邻里监督。它还明确了政治主体性，不寻求大规模地解决社会问题，而是依赖志愿主义。

小　结

共同体主义的主要议题包括：

- 从社会公平向文化差异的转变
- 社会资本作为民主和公民身份的基础
- 将共同体定义为拥有共同的价值观、团结和依恋的共同体
- 团体纽带的社会本体论，与道德个人主义对立

- 承认群体差异的公民身份
- 强调文化权利而非社会权利

我们可以得出两个结论：第一，共同体主义一般反映的是后传统主义的共同体概念。第二，虽然共同体主义具有后传统主义的维度，但它对多元化的包容力很有限。主流共同体主义思想强调公民性和规范性维度，而不是第三章所讨论的象征与阈限维度，这可以在涂尔干的公民共和主义中找到共鸣。然而，在主流共同体主义中，最大的特点是它在许多问题上持肯定立场。这是一种反政治的政治，它呼吁道德情感和公民美德。除了边缘化和高度批判主流共同体主义的激进多元主义以外，其他主要理论的社会愿景都比较保守，强调小型团体、志愿主义和爱国主义。虽然共同体主义认为它为当代社会提供了后传统主义共同体概念，用以克服现代性的弊端，但共同体已逝的话语仍然贯穿在许多主要论著中。[1]

共同体主义的另一个显著缺点是，它认为共同体建立在独立的、相对同质的、具有主动性的群体基础上。事实上，正如在第五章即将讨论的那样，这种群体构成观与多元文化主义的社会现实存在本质区别。共同体主义主要关注共同体与社会之间的冲突，而共同体内部的冲突没有得到应有的重视。即便没有上述的问题，共同体之间的冲突也会成为问题。人们通常认为共同体具有相对同质化特征，共同体的现实情况是每个人都是多个共同体的成员，其身份和忠诚具有多样性。共同体主义思想对于共同体的基本描述是：文化造成分裂，文化冲突撕裂了当代社会。第五章将探讨多元文化主义难以摆脱的文化冲突之谜。

1　关于对共同体主义的批判，参见 Frazer（1999）和 Honneth（2007）。

参考文献

Arendt, H. (1958) *The Human Condition*. Chicago: University of Chicago Press.

Barber, B. (1984) *Strong Democracy: Participatory Democracy for a New Age*. Berkeley: University of California Press.

Bauman, Z. (1993) *Postmodern Ethics*. Oxford: Blackwell.

Bellah, R., Madsen, R., Sullivan, W., Swidler, A. and Tipton, S. (1996) *Habits of the Heart* (2nd edn). Berkeley: University of California Press. First published 1986.

Benhabib, S. (1992) *Situating the Self*. Cambridge: Polity Press.

Benhabib, S. (ed.) (1996) *Democracy and Difference: Contesting the Boundaries of the Political*. Princeton, NJ: Princeton University Press.

Cohen, J. (1999) 'Does Voluntary Association Make Democracy Work?'. In: Smelser, N. and Alexander, J. (eds) *Diversity and Its Discontents: Cultural Conflict and Common Ground in Contemporary American Society*. Princeton, NJ: Princeton University Press.

Crow, G. (2002) *Social Solidarities*. Buckingham: Open University Press.

Dallmayr, F. (ed.) (1978) *From Contract to Community: Political Theory at the Crossroads*. New York: Marcel Dekker.

Delanty, G. (2000) *Modernity and Postmodernity: Knowledge, Power, Self*. London: Sage.

Etzioni, A. (1995) *The Spirit of Community*. London: Fontana Press.

Etzioni, A. (2001) *The Monochrome Society*. Princeton, NJ: Princeton University Press.

Frazer, E. (1999) *Problems of Communitarian Politics: Unity and Conflict*. Oxford: Oxford University Press.

Frazer, E. and Lacey, N. (1993) *The Politics of Communitarianism: A Feminist Critique of the Liberal Communitarian Debate*. Brighton: Harvester Press.

Giddens, A. (1994) *Beyond Left and Right*. Cambridge: Polity Press.

Gittell, R. and Vidal, A. (1998) *Communal Organizing: Building Social Capital as a Developmental Strategy*. London: Sage.

Gutmann, A. (ed.) (1994) *Multiculturalism: Examining the Politics of Recognition*.

Princeton, NJ: Princeton University Press.

Habermas, J. (1998) *The Inclusion of the Other: Studies in Political Theory*. Cambridge, MA: MIT Press.

Hirst, P. (1994) Associative Democracy: *New Forms of Economic and Social Governance*. Cambridge: Polity Press.

Honneth, A. (2007) 'Post-traditional Communities'. In: *Disrespect: The Normative Foundations of Critical Theory*. Cambridge: Polity Press.

Isin, E. and Wood, P. (1999) *Citizenship and Identity*. London: Sage.

Kymlicka, W. (1995) *Multicultural Citizenship: A Liberal Theory of Minority Rights*. Oxford: Clarendon Press.

Lasch, C. (1995) *The Revolt of the Elites and the Betrayal of Democracy*. New York: Norton.

Lister, R. (1997) *Citizenship: Feminist Perspectives*. London: Macmillan.

Lister, R. (1998) 'Citizenship and Difference: Towards a Differentiated Universalism'. *European Journal of Social Theory*, 1(1): 71–90.

MacIntyre, A. (1981) *After Virtue*. London: Duckworth.

Miller, D. (1989) *Markets, the State and Community*. Oxford: Oxford University Press.

Miller, D. and Walzer, M. (eds) (1995) *Pluralism, Justice, and Equality*. Oxford: Oxford University Press.

Mulhall, S. and Swift, A. (1996) *Liberalism and Communitarianism* (2nd edn). Oxford: Blackwell.

O'Neill, J. (1994) *The Missing Child of Liberal Theory: Towards a Covenant Theory of Family, Community, Welfare and the Civic State*. Toronto: University of Toronto Press.

Oldfield, M. (1990) *Citizenship and Community: Civic Republicanism and the Modern World*. London: Routledge.

Pocock, J. G. A. (1995) 'The Ideal of Citizenship since Modern Times'. In: Beiner, R. (ed.) *Theorizing Citizenship*. New York: SUNY Press.

Putnam, R. (1993) *Making Democracy Work: Civic Traditions in Modern Italy*. Princeton, NJ: Princeton University Press.

Putnam, R. (1999) *Bowling Alone*. New York: Simon & Schuster.

Putnam, R. and L. Feldstein (2003) *Better Together: Restoring the American Community*. New York: Simon and Schuster.

Rawls, J. (1971) *A Theory of Justice*. Cambridge, MA: Harvard University Press.

Rawls, J. (1993) *Political Liberalism*. New York: Columbia University Press.

Rawls, J. (1999) *A Law of Peoples*. Cambridge, MA: Harvard University Press.

Rose, N. (1999) *Powers of Freedom*. Cambridge: Cambridge University Press.

Rousseau, J. J. (1968) *The Social Contract*. Harmondsworth: Penguin. First published 1762.

Sandel, M. (1982) *Liberalism and the Limits of Justice*. Cambridge: Cambridge University Press.

Selznick, P. (1992) *The Moral Commonwealth: Social Theory and the Promise of Community*. Berkeley: University of California Press.

Sennett, R. (1978) *The Fall of Public Man*. New York: Vintage.

Sennett, R. (1998) *The Corrosion of Character: The Personal Consequences of Work in the New Capitalism*. New York: Norton.

Tan, H. (1998) *Communitarianism: A New Agenda for Politics and Citizenship*. London: Macmillan.

Taylor, C. (1990) *Sources of the Self*. Cambridge, MA: Harvard University Press.

Taylor, C. (1994) 'The Politics of Recognition'. In: Gutmann, A. (ed.) *Multiculturalism: Examining the Politics of Recognition*. Princeton, NJ: Princeton University Press.

Walzer, M. (1983) *Spheres of Justice*. New York: Basic Books.

Walzer, M. (1994) *Thick and Thin: Moral Argument at Home and Abroad*. Notre Dame, IN: Notre Dame University Press.

Whittington, K. (1998) 'Revisiting Tocqueville's America: Society, Politics, and Association in the Nineteenth Century'. *American Behavioral Scientist*, 42(1): 21–32.

Wuthnow, R. (1994) *Sharing the Journey: Support Groups and America's New Quest for Community*. New York: The Free Press.

Young, I. M. (1989) 'Polity and Group Difference: A Critique of the Ideal of Universal

Citizenship'. *Ethics*, 99: 250–274.

Young, I. M. (1990) *Justice and the Politics of Difference*. Princeton, NJ: Princeton University Press.

Young, I. M. (2000) *Inclusion and Democracy*. Oxford: Oxford University Press.

第五章
共同体和差异：多元文化主义面面观

多元文化主义改变了共同体理念。现在，共同体具备不可逆转的多元性的观点已成为广泛共识。讨论共同体，必然要讨论差异问题。前一章对共同体主义的分析表明，许多共同体主义思想与多元文化主义之间存在张力。即使是某些回应了差异挑战的共同体主义思想也没有充分讨论共同体的多元性。一般而言，由于共同体更关注统一性，因此它对差异的接受度有限。简单而言，共同体主义一般围绕国家的主体民族开展。

多元文化主义和共同体一样，是一个颇有争议性的术语，存在许多不同形式。近年来，多元文化主义遭到诟病，被指已经"失败"。但是，多元文化主义不存在单一模式这一简单事实让"失败说"不攻自破。共同体主义本身是一种特殊的基于少数族裔的多元文化主义，但它无法回应其他形式的多元文化主义。因此，我们必须讨论它是否适用于当前形势。共同体主义与多元文化主义都认同一个可能不再站得住脚的观点：占主导地位的国家共同体确实存在。现实情况是，几乎每个社会都存在着许多不可通约的文化共同体。有鉴于此，多元文化主义，至少主流多元文化主义，可能不再适合理解今天的文化共同体。然而，多元文化主义可以朝着跨文化主义或世界主义的方向发展，其重点不是差异，而是互动（参见 Wood and Landry, 2008）。对于多元文化社会来说，如何加强而非遏制多样性是一个新挑战。如果继续用这个词指代某种特殊模式的文化融合，可能会出现问题。实际上，我们可能不得不抛弃这个词，因为它隐含了一种对不同文化的理解，即这些文化在本质上相互区分，但在各自内部却并没有区别。

其中的问题在于，西方多元文化主义的基础通常是文化与社会的分离。一直以来，文化被视为一个多样性与差异性并存的领域，因此，必须对文化加以管理。实际上，多元文化主义是一种管理文化多样性的手段，这种文化多样性是由于殖民地独立和移民潮发生后，移民大规模涌入西方社会而产生的。欧洲的多元文化主义在 20 世纪 60-70 年代兴起，本质上是放宽了自由宽容度，并非试图允许移民获取公民身份。其基本假设是，社会中已经存在占主导地位的文化认同；新加入的族裔必须适应这种主导性的文化身份，但是原有的文化认同也可以为他们做出某些让步。多元文化主义的目标从来都不是给社会带来巨大变革，其基础是人数相对较少的群体。从这个意义上说，多元文化主义仅仅是在既定框架内管理文化多样性。现代早期的世俗主义通过在公共领域之外提供庇护空间来保护宗教，类似地，多元文化主义是保护固有社会免受新文化共同体影响的一种手段。但现在的情况不同，因为历经几十年的时间和代际更迭，多样性已经渗透到整个社会的文化认同，也渗透到现在的后移民共同体中。今天的融合越来越以个人为基础，而不是以共同体或群体为单位。实际上，这种发展比人们想象的更能促进社会整合。[1] 但这种整合不同于旧有文化管理模式。

尽管如此，多元文化主义仍然是一个有争议的概念。鉴于所谓的文化多样性，旧的多元文化主义模式认为，共同基础应该被限定在公

---

[1] 这是一本关于当代美国社会共同点的著作的主要结论之一（Smelser and Alexander，1999）。

共领域。近期的多元文化主义模式则为大规模的有组织群体引入了群体差异化权利的理念。近年来，由于跨国主义、多元化和个体化等社会变化的出现，多元文化主义的前提已经被削弱。我们是否仍可以在提及新的共同体形式时谈论多元文化主义？本章将讨论这个问题。本章的观点是，不能轻易地用文化术语对共同体进行定义。但是，我们不是全盘否决这个概念，如果把重点转移到社会问题上，并承认大多数共同体都具备超级多样性的事实，我们可能打造一种民主的、灵活的多元文化主义。

接下来，本章将对多元文化主义的主要模式进行归纳和讨论。在分析中，多元文化主义被视为管理族裔共同体的主要策略。从本质上看，这意味着我们要把共同体理解为具有鲜明文化特征的具有相当凝聚力的族群。当今社会更加分裂，主流国家共同体几乎消失不见，本章将在这一语境下讨论多样性与共同体的关系。但在讨论多元文化主义之前，我们先谈一谈多样性。

多元文化主义之前的多样性

多元文化主义是相对新近的产物，而多样性则与人类社会一样古老。几十年前，大多数西方社会都奉行单一的文化政策，主流群体的文化身份享有特权。工业社会和统一的民族国家的巩固使现代社会趋于同质化，现代社会的分裂主要在于阶级而不是种族。这反映在公民政策中：公民资格由国籍决定，而国籍一般是排他性的，往往仅为在国家领土上出生的人提供公民权利。主权实体是作为人民代表的国家。由于政治认同与主流文化认同相伴而生，多元文化主义只能在社会边缘立足。尽管世界将走向多元文化主义，但目前世界上大部分地区仍是如此（Kymlicka and He, 2005）。日本在很大程度上仍然基于

"种族即国籍"政策来确定公民身份。在欧洲，德国是一个更加贴切的例子。在德国，官方只承认一种文化认同，因为民族认同与基于德国血统的民族认同是同时产生的。因此，德国的公民身份通常取决于德国人的种族，而不是像法国那样取决于出生地。在官方承认单一文化的社会中，多元文化主义的目标只能是融合，而不是同化。然而，官方奉行单一文化的国家有办法促进其他形式的多元文化主义，尽管这不太可能突破不完全公民身份。尽管德国奉行"血统主义"（jus sanguinis），[1] 但有些地区已经确立共同体主义的多元文化主义。许多国家已承认双重国籍。

我们可以从法国的共和传统中看到单一文化主义范式。在这种传统中，多元文化主义被限定在私人领域，它和看似不同的美国现代共和主义传统（下文将讨论）存在相似之处，即公民社会本来应该是平等社会，但文化差异在其公共领域得不到公开承认。忽略文化差异的多元文化主义模式认为文化认同与政治认同是绝对分离的。鉴于美国的同化模式认为多元文化政策的最终目标是创造一种共同的生活方式，这一经典的共和政策又在前政治层面接受多元化的现实，只寻求一种共同的政治身份。在法国，多元文化主义源于共和主义意识形态，认为只有一种政治身份：宪法的共和价值观，国家对文化和各族裔绝对中立，不论是社会的主流群体还是最近的移民群体，这种中立立场为宪法的共和价值观提供保障。因此，它所要求的同化是强制性的，因为少数族裔必须否定原有文化传统、成为地道的法国人（Kastoryano, 2002; Wieviorka, 1998）。在共和主义精神最为明显的法国，正如我们从"头巾事件"（Headscarves

---

1　德国的传统是通过血统或血缘关系来确定公民身份，但最近国籍法发生了修改，该做法已经式微。

Affair）[1]中所了解到的那样（Benhabib, 2008），多元文化社会实际上止步于校门内，一旦涉及国家及其机构的公共领域，就不可能容忍多样性的存在。

不过，政治共同体的共和主义传统很少像通常所说的那样僵化。实际上，正如法国宪法法院对充满争议的"头巾事件"的裁决所证明的那样，一般而言，国家只会在极端情况下承认某个文化团体的主张。但不可否认是，经典共和主义模式在实践中被弱化，因为国家更愿意采取多元化整合模式（Schain, 2000）。一般而言，多元文化主义主要存在于私人领域，也就是族裔个人主义的前政治领域，或者正如最近的发展所示，占主导地位的中产阶级群体参与多元文化社会的消费领域。从这个意义上说，大多数西欧国家是多元文化国家。但这是一种前政治的文化主义，最开始体现在对族裔群体的宽容。最终，随着不同族裔融入社会，多元文化主义逐渐成为社会接纳多种文化身份的表现，其关键性标志在于产生新的消费模式。事实上，许多社会是通过消费而不是族裔来实现多元文化的。

在许多情况下，多元文化主义受到了早期文化政策传统的影响。荷兰的"支柱化"结构是一个很好的例子。自19世纪初开始，荷兰一直奉行宗教平等原则。"支柱化"结构是在一个政体中容纳两种宗教传统的官方手段。然而，直到1917年，国家对天主教学校的支持才获准，这一年正式采用了"支柱化"结构，将其作为天主教和新教开展教育的手段。到了20世纪，"支柱化"结构一直是处理文化多元化的官方手段。最初它适用于两个主要教派，从1983年开始，由

1　译者注：穆斯林妇女的头巾问题在法国争论已久。2004年，法国国民大会通过了一个法案，俗称"头巾法案"，主要内容是严禁在公立学校穿戴具有明显的宗教标志的衣饰，包括穆斯林头巾、犹太人礼帽，以及基督教十字架等。该法案遭到法国穆斯林民众的强烈反对，在国际社会也引起了广泛争论。

于荷兰已经被认定为多元文化社会，这一原则扩展到了其他宗教传统，如犹太教和印度教群体。但是，该结构具有局限性，因为它仅适用于宗教团体，不适用于族裔群体（Nederveen Pieterse, 1997, pp.177-200）。此外，正如这个术语所示，其目的在于与社会主要"支柱"（pillar, 即主要教会）进行协商，因此无法有效作用于影响力较小的群体。如今，由于越来越多的族群不再以宗教来界定，因此在世俗主导型社会里，"支柱化"结构不再是多元文化主义的合适模式。

二战后，许多前欧洲殖民国家都有自己偏爱的少数旅裔。从 20 世纪 40 年代末到 60 年代，这些国家欢迎来自海外殖民地的移民，并把他们视作公民融入国家共同体（Buettner, 2016）。1946 年，法国殖民地被重新命名为"属地"（departments），并入法国，法兰西联邦取代法兰西帝国。1948 年，《英国国籍法》授予所有殖民领地公民和其他国家的公民定居权。荷兰和葡萄牙对其殖民地居民也采取了类似的融合政策。虽然欧洲移民普遍更受欢迎、种族化程度更低，但在这个时期，国家政治共同体对非白人的敌意较少。这些国家的种族越来越多元化，形成了不同的多元文化主义传统。但好景不长。从 20 世纪70 年代开始，大多数国家终止了这些政策，许多国家的政策友善程度降低，工具性增强，重点针对到欧洲国家的移民劳工。

那些更古老的帝国以不同的方式推行多元文化主义，即使这个词在当时并不存在。1919 年，奥匈帝国解体，奥地利和匈牙利独立，但人们通常认为，在解体之前的多国家和多民族的奥匈帝国的文化更加多元化。

此外，奥斯曼帝国的"米利特"（millet）制度是一种官方认可的早期多元文化主义形式，即国家正式承认某些非穆斯林的少数族裔并授予他们自治权（Eisenberg, 1999, pp.390-391）。苏联也有类似的政策，在联邦共和国内部认可族裔公民权。在某种程度上，瑞士可以被视为该类多元文化主义的当代范例。但是，瑞士所涉及的群体不是少数族裔，而是地方民族群体。因此，我们最好把这样的案例称作"民族多元主义"，而不是多元文化主义，毕竟多元文化主义是针对移民族裔群体而不是少数旅裔的融合政策。

因此，多元文化主义在很大程度上是一种归属于政治共同体、以权利为基础的政治策略。但它也反映在文化身份的层面上，比如温和的多元文化主义模式试图将文化差异宣扬为一种积极要素（参见Watson, 2000, p.51）。在这种情况下，多元文化主义体现在文化意识项目中，旨在鼓励包容和了解其他文化。如今大多数国家都制定了旨在促进文化理解的教育政策。这种多元文化主义也体现在某些消费主义和广告中。多样性已成为不再要求人口同质化的当代资本主义不可或缺的一部分。

自由多元文化主义

自由多元文化主义是美国宪政的范式，也被称为"大熔炉"模式，这一观点的基础是认为所有的移民都将被社会同化。自1776年以来，美国的官方口号"合众为一"（e pluribus unum）体现了这一点。值得注意的是，这个宣言有很大的局限性，因为它最初针对的是爱尔兰人、苏格兰人、德国人、荷兰人和英国人，并不包括土著印第安人。

严格来说，这不是多元文化主义的模式，因为它不以权利作为基础，而更像一个乌托邦国家。其基本理念是追求一种共同的生活方式，即美国式生活，而不是保留差异。自由多元文化主义的基本假设是群体同化和精英成就。尽管通常被视为多元文化主义的范式表达，但这种多元文化主义也可以叫作"平等多元文化主义"，实际上是美国所特有的：美国的多元文化主义的基础是文化身份的多样性以及政治领域内共同公共文化的绝对中立。政治身份的自由主义和族裔身份的多元文化主义为形成美国独特的生活方式提供了构架，因为人们相信文化混杂迟早会创造一种共同的生活方式，促进平等。这样一来，所谓的政治共同体的团结就与社会多元现实协调起来。

国家本身的中立政治立场，再加上美国社会是移民社会，使得这种乌托邦成为可能（只要我们忽略白人盎格鲁-撒克逊殖民者的后裔占据着社会核心地位这一事实）。讲德语的移民构成了最大的移民群体，他们还没有形成民族意识，使得这一乌托邦愿景（至少作为一种愿望）具备了可能性。尽管美国的情况特殊，例如移民的大量涌入以及缺乏本土统治精英有助于实现梦想，但梦想的实现最终取决于社会结构能否兑现建立一个新社会的承诺。据此，许多人认为它是失败的（但也有很多人为之辩护）（Glazer and Moynihan, 1963; Hall and Lindholm, 1999; Schlesinger, 1992）。无论如何，人们普遍认为，文化的混杂以及美国社会的核心意识形态——精英个人主义——将拥有共同的目标。2016 年 11 月，唐纳德·特朗普（Donald Trump）当选美国总统，标志着国家共同体统一信念的终结。

美国传统中关于同化的理论与法国共和政策不同，美国的同化强制性较弱，也不那么依赖于立宪国家的官方认同。可以看出，虽然美国的平等主义模式根植于现代移民社会，但法国共和模式产生于前现代启蒙社会，当时宗教作为文化认同的主要标志，被归入私人领域。就宪政民族国家而言，多元文化主义仍然是在启蒙运动反教权主义的模式中铸就的。

然而，到底多元文化主义何时是同化过程，何时是文化多样性，这之间的区别并不容易明确。归根结底，自由宪政民主与多元文化主义是不相容的。前者基于平等，而后者是基于多样性。无论如何，当代美国多元文化主义与宪法传统几乎没有共同之处，用丹尼尔·拉扎尔（Daniel Lazare）的话来说，宪法传统已经"冻结"，"大熔炉"模式已经被激进的多元文化主义和各种各样的共同体主义所取代，它们的首要目标不是普适性（Lazare, 1996）。这是因为当今的问题不再是移民问题，而是"种族"问题。此外，还需要使社会机构更能代表他们所处的环境。尽管美国宪法仍然无视文化，许多本土族群还是赢得了自治权。根据詹姆斯·塔利（James Tully）的观点，这一事实体现了宪法传统的当下相关性（Tully, 1995）。

自由多元性多元文化主义

这种多元文化主义通常出现在地方层面，能够与其他更官方的多元文化主义共存。它的概念与自由多元文化主义并没有本质区别，但它可能与共同体主义有所不同，因为在少数民族的群体权利方面，它没有体现出明显的多元文化主义形式，英国的多元文化主义大多采用这种形式，可追溯到殖民和英联邦时期。它强调合作、和平共处，而不是官方的遏制政策。因为官方承认多样性，所以可以称之为"自由共同体主义"，但它缺乏积极方案来为群体赋能。这是一种被共同体主义和广泛认可改造过的自由主义。

与下文将讨论的加拿大模式不同，少数族裔群体与社会的主流文化群体并非处于同等地位。例如，人们普遍认为移民将学习社会主流群体的语言。大多数国家的语言政策反映了这一点，他们为定居一段时间后有意归化的居民举行公民考试和语言测试。社会默认主流文化群体的存在，但又强调包容精神，这体现了强烈的自由主义特质。"沙拉碗"而不是"大熔炉"的比喻最生动地反映了这种多元文化主义，这也是西欧以及世界上很多国家最普遍的传统之一。阿兰·图海纳（Alain Touraine）的著作理论性地阐述了这种多元文化主义。他主张自由主义与共同体主义进行妥协（Touraine, 2000）。这也是哈贝马斯的多元文化主义理论的基础，它受限于"宪法爱国主义"以及比库·帕雷克（Bhiku Parekh）的多元文化主义平等对话理论（Habermas, 1998; Parekh, 2000）。

自由共同体主义的多元文化主义

前一节讨论的自由多元文化主义传统没有将多元文化主义理念拓展到政治共同体的领域，因此它没有涉及文化差异政治。严格来说，它并不是多元文化主义模式。它解决文化差异的方案是消除差异。自由共同体主义的多元文化主义在加拿大得到了最好的体现，与美国不同，其宪政传统并非建立在传统的自由民主基础上。加拿大对文化多样性和民主平等的包容性并不像在法国和美国的共和宪法传统那样对立。这是一种相对较新的多元文化主义概念，尽管历史上出现过基于群体差异的公民身份案例（例如阿米什共同体在美国赢得的权利）。与美国不同的是，20世纪下半叶，移民在加拿大政治共同体的形成中发挥了更为核心的作用。因此，它反映了移民的现实情况和国家社会的变化。

加拿大联邦政府公开承认这些不同群体，鼓励他们保留各自差异。加拿大对不同群体的支持的形式至少有三种：少数族裔（如讲法语的人和本土居民）以自治形式进行联邦自治；特殊少数族裔的多民族权利；各种弱势群体的特殊代表权（Kymlicka, 1996）。因此，国家统一所需要的不过是对公共领域的共同政治文化做出最低限度的承诺。印度也是一个以宪法为基础的多元文化主义的例子，它包容国家内部的主要分歧。但是在印度，其多元文化主义并没有受到国际移民的影响（Bajpai, 2009）。

显然，融合和保持不同之间存在着微妙的平衡。这一点在比利时尤为明显，印度或许同样如此，甚至在爱尔兰等明确强调民族主义的国家也不例外（O'Mahony and Delanty, 1998）。共同体主义模式与美国宪政的自由模式大相径庭，因为前者鼓励群体保留各自的文化认同。它认识到，为了在社会层面上实现最大程度的包容，国家必须做出妥协，保持中立，这与自由主义模式不同。此外，它与美国自由模式也不同，因为它并不认为文化的相互混杂能够实现社会整合。总而言之，国家必须在促进社会整合方面发挥积极作用。这种多元文化主义模式还可以用共同体主义的"承认的政治"来表达，查尔斯·泰勒用这个词来描绘多元文化社会的特征（Taylor，1994，见第四章）。泰勒反对传统的自由主义立场（即同化模式），他认为国家必须承认文化身份，因为政治身份必须依赖独特的文化身份，这就引发了对文化群体的集体权利的呼吁。这种立场使得共同体主义多元文化主义变得与众不同，并且引发极大争议（Bauböck, 2000; Offe, 1998）。

在很大程度上，自由共同体主义多元文化主义是移民社会的产物，比如在加拿大就是如此。正如金里卡指出，在这种社会语境下，还存在着移民和本土人民地位不同的问题（Kymlicka, 1995）。金里卡维护曾经遭受历史苦难的本土的、被殖民群体的群体差异性权益适用性，对自愿加入该社会以便从中获益的移民群体是否适用于该权益提出了质疑。在很多国家，比如美国和澳大利亚，自由共同体主义被用来证明本土人民实行自治的合理性。在英国，基于差别权利的分权是解决北爱尔兰和苏格兰问题的手段。然而，自由共同体主义并不需要更宽泛的群体权利概念，在很大程度上，它是一种在广泛的自由主义框架内包容文化多样性的策略。基于此，人们认为自由共同体主义是一种补充而不是创新，并且常常与跨文化表象主义混为一谈。

虽然早期的多元文化主义是工业社会的产物，这个工业社会仍然受到启蒙时期公民社会的影响，但是共同体主义多元文化主义模式是后工业社会的产物。它是社会的一种表现，在这种社会中，移民群体可以按照类似企业的模式来进行自我组织，并获得政治组织形式。这种组织形式的基本设想更有利于管理，而非自由。此外，我们还需要指出，这种模式主要关注获取社会和文化的公民身份。在涉及群体认同的基本问题的政治争议中，它并不占主导地位。在这种情况下，自由多元主义，甚至是激进的多元文化模式，已经变得更加普遍。

激进多元文化主义

近年来，特别是 20 世纪 80 年代中期以来，多元文化主义在新的文化差异政治上发生了激烈转向。正如前几节所讨论的，现代多元文化主义试图进一步促进社会中所有群体的平等，并建立一个共同的政治共同体，但最近的发展表明，差异本身是一个需要实现的目标。这种观点认为，必须赋予弱势群体特权，以使他们有能力对抗主流群体。在这种更为激进或更为强劲的多元文化主义概念中，国家必须积极干预，认可边缘群体。这是当今美国多元文化主义所采取的主要认可形式，上文所讨论的"大熔炉"模式已不再适用，它造成了深刻的文化与政治分化。这是因为如今我们所面临的主要问题是种族问题，而非民族问题，是如何使制度更能代表社会环境，而不是塑造一种共同的生活方式，甚至是包容性的文化身份。积极作为的方式促成了这种多元文化主义，因为当下的多文化主义主要体现为积极行动，特别是在教育和就业方面。

在欧洲，多元文化主义主要针对第一代和第二代移民和难民，而今天关于美国的讨论主要集中在社会原住民人口的多样性问题（Glazer, 2000）。多元文化主义在相关课程的讨论中已经出现争议，并引发了高等教育中的文化战争（Delanty, 2001）。在许多批评家看来，它造成了更多的分歧而不是融合。

后现代多元文化主义

后现代多元文化主义概念与多元主义模式相近，但更加激进，因为它本质上还是一种文化多元主义理论，超越了所有传统的对于多元文化主义的理解（参见 Goldberg, 1994）。与激进的多元文化主义模式相比，不同之处在于它所涉及的群体在很大程度上是"后族裔"的，在主流文化群体和族裔群体中都有他们的身影，国家应该积极而不是被动地推广公民身份（Hollinger, 1995）。后现代多元文化主义强调族裔的内部差异；在根本上，这种多元文化主义概念承认所有群体身份的多元化。现在许多群体是后移民共同体，因此与早期的移民潮截然不同。

在双语教育权利、妇女权利和残障人等弱势群体的权利问题方面，玛丽昂·艾瑞斯·杨的硬派共同体主义理念与这种群体差别权利模式相吻合（Young, 1989, 1990；同时参见 Guttman, 1993; O'Neill, 1994）。女权主义者和文化多元主义者倡导群体差异的公民身份（Isin, 2000；同时参见第三章），他们认为身份存在争议，因此其定义始终是开放性的。我们也可以把后现代多元文化主义称为"批判性多元文化主义"，它强调群体的集体权利与个体权利（即个体与族群持不同意见的权利）的冲突。因此，这里的多元文化主义较少强调复数意义的多种文化，而是一种文化的多元化。这种模式在很大程度上是理论性质的，是对其他传统的批判，因此不能轻易地与特定类型的政策联系起来（Delanty, 2000）。

后现代多元文化主义与日益增长的"超级多元性"现实有关（参见 Mintchev and Moore，2018）。在这种情况下，族裔群体内部变得多元，但他们所处的社会不一定具备多元性。如果社会也呈多元性，那么多元民主和繁荣更有可能出现。超级多元性是由更加复杂的移民模式所造成的，移民不再来自前殖民地，而是来自多种区域、呈现多种形式，例如难民、大规模移民，以及欧洲联盟内部的流动，等等。它的另一个特点是族裔群体的多元化，包括近年的移民共同体。S. 维托维克（S. Vertovec）称之为"多元性的多元化"，这是移民、族裔群体、性别、年龄或专业素养等因素综合作用的结果（Vertovec, 2007）。N. 明切夫（N. Mintchev）和 H. 摩尔（H. Moore）指出，超级多元性是由相互交叉的社会因素造成的（Mintchev and Moore, 2018）。因此，超级多元性的特点是不同族裔之间和单个族裔内部出现大量社会分界线。群体之间并不存在多元性，群体内部和跨群体才具备多元性。

超越多元文化主义？社会的复兴

我们在前文已经讨论了多元文化主义的局限性，但未谈及其结果。在共同体主义理论和较为古老的自由主义概念中，人们认为群体身份固定不变，属于私有领域，或者可以归为一种与共同利益相关的公共概念。一些最新的多元文化主义模式提出要超越这些旧模式，后者认为应该把民主国家作为运作框架。无论是宪法还是纲领，多元文化主义在将文化简化为权利时，不可逆转地将公民身份政治化，甚至开始质疑社会融合的可能性，而社会融合的前提是权利框架不会因移民而改变。今天的现实是，移民经历不仅从根本上改变了移民自己的生活，而且永远地改变了他们定居的社会。移民带来了高度流动的新一代跨国家庭和跨国共同体（Levitt, 2001, 2006）。

鉴于移民、种族、亚文化和后现代化身份认同导致了文化的多样性，当代社会还有多少共同点？我们用什么标准来定义共同体？多元文化主义是促进了社会融合还是会导致分裂？在特朗普当选美国总统、英国脱欧、法国政治转型中 2017 年马琳·勒庞（Marine Le Pen）成为左翼和右翼的主要挑战者等情况下，政治共同体严重分裂，国家共同体还剩下什么？

我们必须来看看几个发展态势。毫无疑问，自从人们普遍意识到公共领域不可能完全保持中立，共和式元文化主义就变得不再那么重要。只要我们认同共同体主义和自由主义的批评，就会发现，人们普遍认为美国的经典模式失败了，或者说在政治上已经枯竭（Lazare, 1996; Schlesinger, 1992）。中右翼和中左翼的几位政治家都宣称多元文化主义已经终结。许多批评家认为，只有贫民窟化才有可能实现同化，并且新的社会排斥形式已经出现（Wacquant, 1993）。但是，这并不是要全盘否认美国的多元文化主义，因为已经实现了大量同化，并且"同化"一词也已经成为常规术语（Glazer, 1997; 同时参见 Smelser and Alexander, 1999）。

但是，显然这种模式可能已经达到了极限。一种新型多元文化主义已经出现，试图通过集体权利和文化身份的重新政治化来积极地为群体赋能，但是这种新形式是否是同化失败的产物还有待探讨。法国的共和模式无法遏制宗教和民族认同上升的趋势，甚至可能鼓励文化多元主义，因为它无法为不同文化创造空间。该模式以普遍的世俗主义为前提，实际上这只是在公共领域包容宗教的一种不同方式。与其谈论多元文化主义的终结，我们需要做的是承认它的成功，看到它已随着广泛的社会变革而发生转型的事实。

多元性多元文化主义相对于自由文化主义来说更加成功。正如 Y. N. 索伊萨尔（Y. N. Soysal）所说，移民，至少是欧盟国家的移民，现在已经扩大了他们的权利，可以通过直接向欧盟当局申诉来挑战自己国家的政府（Soysal, 1994; 同时参见 Cesarani and Fulbrook, 1996）。有关公民身份和多元文化主义的论述表明，多元文化主义已不再是移民的集装箱，而是已经成为当代社会多样性的体现。[1] 文化和社会变得不可分割，正如政治不能与社会分离一样。

社会群体之间的界限比以前更加模棱两可。多元文化主义意味着族群之间的划分越来越困难，并且族群与主流文化之间的界限并不总是那么明确。这与当今许多移民是中产阶级专业人士，并且在全球范围内的流动有关（Ong, 1999）。S. 斯坦伯格（S. Steinberg）认为消费是一个重要原因，并且现实中许多社会融合尚未获得承认（Steinberg, 1989）。最近，拉塞尔·雅各比（Russell Jacoby）重申了新多元文化主义源自多元文化主义的早期模式的成功这一论点。他认为，学者们创造了文化差异的神话，他们将学校的争论和"一切皆为文化"的哲学运用于社会，从而扭曲了广泛的社会融合的现实（Jacoby, 1999）。在许多人看来，把多元文化主义视作文化分离的形式是存在风险的，因为它无法协调对群体差异保持宽容和允许个体与群体保持不同意见之间的冲突（Eisenberg, 1999）。

多元文化公民身份的前提已经不复存在。虽然发达国家越来越关注排他性政策，严格限制入境，但全世界的移民数量正在增加。联合国数据显示，2016 年全球移民人数超 2.44 亿，其中包括 2 000 万难民。民族国家承受着巨大的压力，因为旧模式不适用于如此庞大的体量。正如萨森指出的那样："大规模的国际移民是高度条件化和结构化的，处在复杂的经济、社会和种族网络中。各国可能会坚持将移民视为个人行为的总体结果，但它们无法逃避这些更大的作用力所带来的影响"（Sassen, 1996, p.75; 同时参看 Sassen, 1999）。西方多元文化主义是建立在相对稳定的经济和社会基础上的。在发达国家中，多

1　另参见 Parekh（2000），该书从文化多样性理论的角度对多元文化主义进行了很好的定义。

元文化的公民身份已经变得不稳定。经济上的不安全感加剧，福利国家不再能够消化各种社会问题，民族主义崛起，与第一代移民群体具有不同追求的第二、三代移民出现，这一切使西方多元文化主义受到破坏。对一些人来说，同化在增强；对另一些人而言，增强的却是边缘化，同化模式不复当初。确实，正如拉塞尔·雅各比引用马库斯·李·汉森（Marcus Lee Hanson）的话所说，种族多元化的主张往往源于已经融合的移民，这些移民正在重寻祖父母消失已久的种族根源："儿子希望忘记的，孙子却渴望记住"（引自 Jacoby, 1999, p.48）。具有讽刺意味的是，激进的多元文化主义可能来源于同化，而不是同化失败的产物。

总而言之，移民的数量和状况已经发生了变化，削弱了多元文化主义的既定概念。此外，文化身份与政治身份变得越来越难以区分。由于去差异化过程越来越普遍，这两种身份不再像以前那样处于分离状态。随着私人和公共领域更进一步渗透，文化身份正变得越来越混杂，政治身份与文化身份越来越难以区分。虽然许多民族保留了他们的语言，但这并不是文化区分的标志。社会中的主流群体本身也会被民族多元文化所改变。今天的文化多样性更多地依赖于阶级、性别、宗教和由消费所引领的生活方式，而不是基于种族的异质性——文化生活形式的多元性。民族多样性的意识形态不再是多元文化主义的基础（Fischer, 1999）。在所有这些社会行为模式的背后，蕴含了身份和价值观的显著个人化。因此，文化共同体的构成因素究竟有哪些？答案变得越发扑朔迷离。

小　　结

西方多元文化主义基于这样一种假设：多样性主要取决于文化认

同的水平，而这在很大程度上是由相对同质的移民群体的民族价值观所形成的，这些移民群体与主流民族社会相分离。如果说我们今天已经达到了多元文化主义的极限，这是因为所谓的"族群内部是同质的，因此迥异于国家共同体"这一说法已经站不住脚了。文化多样性已经渗透到社会文化精神的核心，并淡化了前政治的文化身份与中立的公共文化之间的区别，而公共文化中立能保障国家共同体的认同。今天的多元文化主义必须适应"后族裔"的现实（Hollinger, 1995）。简而言之，用威廉·康诺利（William Connolly）的话来说，"多元精神"已经渗透到政治领域，改变了国家与社会之间的关系（Connolly, 1995）。

参 考 文 献

Bajpai, R. (2009) *Debating Difference: Group Rights and Liberal Democracy in India.* Delhi: Oxford University Press.

Baubök, R. (2000) 'Liberal Justifications for Ethnic Group Rights'. In: Joppke, C. and Lukes, S. (eds) *Multicultural Questions.* Oxford: Oxford University Press.

Benhabib, S. (2008) 'L'Affaire du Foultard (the Headscarf Affair)'. In: *Another Cosmopolitanism.* Oxford: Oxford University Press.

Buettner, E. (2016) *Europe after Empire: Decolonization, Society and Culture.* Cambridge: Cambridge University Press.

Cesarani, D. and Fulbrook, M. (eds) (1996) *Citizenship, Nationality and Migration in Europe.* London: Routledge.

Connolly, W. E. (1995) *The Ethos of Pluralization.* Minneapolis: University of Minnesota Press.

Delanty, G. (2000) *Modernity and Postmodernity: Knowledge, Power, Self.* London: Sage.

Delanty, G. (2001) *Challenging Knowledge: The University in the Knowledge Society.* Buckingham: Open University Press.

Eisenberg, A. (1999) 'Cultural Pluralism Today'. In: Browning, G., Halcli, A. and Webster, F. (eds) *Understanding Contemporary Society: Theories of the Present.* London: Sage.

Fischer, C. (1999) 'Uncommon Values, Diversity and Conflict in City Life'. In: Smelser, N. and Alexander, J. (eds) *Diversity and Its Discontents: Cultural Conflict and Common Ground in Contemporary American Society.* Princeton, NJ: Princeton University Press.

Glazer, N. (1997) *We Are All Multiculturalists Now.* Cambridge, MA: Harvard University Press.

Glazer, N. (2000) 'Multiculturalism and American Exceptionalism'. In: Joppke, C. and Lukes, S. (eds) *Multicultural Questions.* Oxford: Oxford University Press.

Glazer, N. and Moynihan, D. (1963) *Beyond the Melting Pot.* Cambridge, MA: MIT Press.

Goldberg, D. (ed.) (1994) *Multiculturalism: A Reader.* Oxford: Oxford University Press.

Gutmann, A. (1993) 'The Challenge of Multiculturalism in Political Ethics'. *Philosophy and Public Affairs*, 22(3): 171-206.

Gutmann, A. (ed.) (1994) *Multiculturalism: Examining the Politics of Recognition.* Princeton, NJ: Princeton University Press.

Habermas, J. (1998) *The Inclusion of the Other: Studies in Political Theory.* Cambridge, MA: MIT Press.

Hall, J. A. and Lindholm, C. (1999) *Is America Breaking Apart?* Princeton, NJ: Princeton University Press.

Hollinger, D. (1995) *Postethnic America: Beyond Multiculturalism.* New York: Basic Books.

Isin, E. (ed.) (2000) *Democracy, Citizenship and the Global City.* London: Routledge.

Jacoby, R. (1999) *The End of Utopia: Politics and Culture in an Age of Apathy.* New York: Basic Books.

Kastoryano, R. (2002) *Negotiating Identity: States and Immigration in France and Germany.* Princeton, NJ: Princeton University Press.

Kymlicka, W. (1995) *Multicultural Citizenship: A Liberal Theory of Minority Rights.* Oxford: Clarendon Press.

Kymlicka, W. (1996) 'Three Forms of Group Differentiated Citizenship in Canada'. In: Benhabib, S. (ed.) *Democracy and Difference: Contesting the Boundaries of the Political.* Princeton, NJ: Princeton University Press.

Kymlicka, W. and He, B. (eds) (2005) *Multiculturalism in Asia.* Oxford: Oxford University Press.

Lazare, D. (1996) *The Frozen Republic: How the Constitution is Paralyzing Democracy.* New York: Harcourt.

Levitt, P. (2001) *The Transnational Villagers.* Berkeley: University of California Press.

Levitt, P. (2006) *The Changing Face of Home: The Transnational Lives of the Second Generation.* New York: Russell Sage Foundation.

Mintchev, N. and Moore, H. (2018) 'Super-Diversity and the Prosperous Society'. *European Journal of Social Theory*, 21(1).

Nederveen Pieterse, J. (1997) 'Traveling Islam: Mosques Without Minarets'. In: Öncu, A. and Weyland, P. (eds) *Space, Culture and Power.* London: Zed Books.

O'Mahony, P. and Delanty, G. (1998) *Rethinking Irish History: Nationalism, Identity and Ideology.* London: Macmillan.

O'Neill, J. (1994) *The Missing Child of Liberal Theory: Towards a Covenant Theory of Family, Community, Welfare and the Civic State.* Toronto: University of Toronto Press.

Offe, C. (1998) '"Homogeneity" and Constitutional Democracy: Coping with Identity Conflicts through Group Rights'. *Journal of Political Philosophy*, 6(2): 113–157.

Ong, A. (1999) *Flexible Citizenship: The Cultural Logics of Transnationality.* Durham, NC: Duke University Press.

Parekh, B. (2000) *Rethinking Multiculturalism: Cultural Diversity and Political Theory.* London: Macmillan.

Sassen, S. (1996) *Losing Control: Sovereignty in an Age of Globalization.* New York: Columbia University Press.

Sassen, S. (1999) *Guests and Aliens.* New York: New Press.

Schain, M. (2000) 'Minorities and Immigrant Incorporation in France: The State and the Dynamics of Multiculturalism'. In: Joppke, C. and Lukes, S. (eds) *Multicultural Questions*. Oxford: Oxford University Press.

Schlesinger, A. (1992) *The Disuniting of America*. New York: Norton.

Smelser, N. and Alexander, J. (eds) (1999) *Diversity and Its Discontents: Cultural Conflict and Common Ground in Contemporary American Society*. Princeton, NJ: Princeton University Press.

Soysal, Y. N. (1994) *Limits of Citizenship: Migrants and Postnational Membership in Europe*. Chicago: University of Chicago Press.

Steinberg, S. (1989) *The Ethnic Myth*. New York: Beacon.

Taylor, C. (1994) 'The Politics of Recognition'. In: Gutmann, A. (ed.) *Multiculturalism: Examining the Politics of Recognition*. Princeton, NJ: Princeton University Press.

Touraine, A. (2000) *Can We Live Together? Equal and Different*. Cambridge: Polity Press.

Tully, J. (1995) *Strange Multiplicities: Constitutionalism in an Age of Diversity*. Cambridge: Cambridge University Press.

Vertovec, S. (2007) 'Super-diversity and Its Implications'. *Ethnic and Racial Studies*, 30: 1024–1054.

Wacquant, L. (1993) 'Urban Outcasts: Stigma and Division in the Black American Ghetto and French Urban Periphery'. *International Journal of Urban and Regional Research*, 17(3): 366–383.

Watson, C. (2000) *Multiculturalism*. Buckingham: Open University Press.

Wieviorka, M. (1998) 'Is Multiculturalism the Solution?'. *Ethnic and Racial Studies*, 21(5): 881–910.

Wood, P. and Landry, C. (2008) *The Intercultural City*. London: Earthscan.

Young, I. M. (1989) 'Polity and Group Difference: A Critique of the Ideal of Universal Citizenship'. *Ethics*, 99: 250–274.

Young, I. M. (1990) *Justice and the Politics of Difference*. Princeton, NJ: Princeton University Press.

第六章
歧见共同体：沟通共同体理念

本章介绍沟通共同体理念。到现在为止，共同体的一些主要概念来源于古典社会学理论和政治哲学。在所有的概念中，有一种观点认为共同体在很大程度上是对主流社会的肯定。主流古典社会学强调共同体的整合能力，将共同体看作现有社会及其成员身份的合法化（尽管古典社会学家对身份这一概念并不熟悉）。这种传统主要从传统角度阐释共同体，尽管出现过重要的偏离，例如维克多·特纳的关于阈限与交融的交汇这一后传统的共同体概念，并不认为共同体能改变社会。不论如何，特纳的阈限理论依然以社会外部现实为前提，其社会规范和结构暂时被搁置起来，将特纳的理论用于公共节日活动便是如此。

这种保守的共同体观点也反映在自由主义和共同体主义政治哲学中。如前一章所述，在美国传统的共同体主义思想中，共同体摆脱了现代性的社会弊端，因此在很大程度上被认为适用于现代城市社会。然而，尽管人们在寻求一种可能为现代性困境提供解决办法的现代共同体，共同体主义却反映出非常反政治的观点。正如在第四章所指出的，在关于公民共和主义的构想中，共同体在很大程度上是脱离国家的，属于志愿主义范畴。其他共同体主义思想强调国家承认特定文化群体的官方地位，以便培养公民的爱国主义精神。这显然没有将共同体看作社会替代方案的基础，而是认为它是在更大范围内对群体的包容。它是身份与权利融合的结果。

本章将讨论共同体激进的一面，例如抗议、改革社会或者通过社会运动建立集体身份，等等。这种歧见共同体的概念是一种更具沟通性的共同体模式。歧见共同体，或者说抵抗共同体在其组织和构成上具有沟通性。在这方面，它们与其他主要强调符号、公民和规范的共同体模式形成了反差。与第一章所讨论的某些伟大的现代性意识形态不同，这种意义上的共同体的独特之处不仅仅是对替代社会的规范化憧憬，而且还要通过社会行动的动能来构建沟通模式。

本章的主要内容包括：第一部分考察一些重要的共同体理论（哈贝马斯、图海纳和鲍曼），并根据哈贝马斯和卡尔-奥托·阿培尔（Karl-Otto Apel）的理论探讨沟通共同体的内涵。第二部分讨论共同体与社会运动的关系。这种观点认为，共同体产生于围绕一个集体目标的社会动员之中。第三部分介绍了个人主义的新概念并对个人主义思想进行重新评价。正如乌尔里希·贝克（Ulrich Beck）和其他人所论述的那样，新的个人主义阐释意味着必须抛弃共同体与个人的二分法。

对共同体的批判：哈贝马斯、图海纳和鲍曼

哈贝马斯、图海纳和鲍曼的社会理论的共同特征是：不相信共同体理念本身。在此，本书要讨论他们对共同体的批判，这些批判提供了一个既非自由主义也非共同体主义的视角。哈贝马斯和图海纳对共同体的批判主要是针对共同体主义，更多的是针对民族主义，而鲍曼对共同体的批判对象是当代社会对共同体的怀旧，其语境是不安全问题已经变得日益尖锐。

哈贝马斯对共同体的立场是矛盾的。一方面，他反对共同体主义的一些基本假设，尤其是共同体主义思想倾向于把社会看成是道德实

体；而另一方面，他想复兴沟通共同体的概念，这一概念在商品化的社会关系中面临被工具化的危险。沟通作为一种社会行为方式，是哈贝马斯著作中的核心概念（Habermas, 1984, 1987）。社会行为是以语言为基础的，按照这种观点，社会是一个由语言创造和维持的实体。对哈贝马斯来说，沟通是开放的，并且是所有社会行为的基础，它永远不会沦为工具性的关系，因为沟通的过程总是抵制封闭，从而最终能够抵制专治。

沟通的这一超验因素意味着它包含一定程度的批判和反思。哈贝马斯的现代性社会理论旨在揭示现代社会中的沟通理性，并论证沟通性结构如何为政治可能性提供基础。因此，他的现代性理论试图通过扩展沟通的重要形式来重构现代性，这些形式能够抵抗现代性另一副面孔，即资本主义的工具化力量。更通俗地说，这种现代社会理论化是体制与生活世界的冲突的体现，生活世界的沟通结构能够抵制体制的工具理性。

哈贝马斯的沟通概念有两个层次。沟通是社会融合的基本媒介，是调解冲突的手段，其中包括相互竞争的政治立场的冲突。在第一个层面上，沟通是嵌入在社会行为的基本语言本质之中的。一切社会行为都以语言为中介，语言的本质是共享世界的社会行为。虽然各种权力关系和弊病掩盖并扭曲沟通结构，但在原则上，尽管存在差异，人们总是有可能在某些事情上达成一致。社会行为是通过语言来表达，这就意味着可能存在一个关于真理、正义、伦理和政治的共同概念。言说能力本身包涵与他人达成一致的可能以及对共享世界的默认。事实上，生活世界这一想法本身就是一种共同体的概念。虽然永远无法达成共识，但在原则上绝不能忽略人们在行为的沟通模式下进行商谈的能力。这构成了语言的第二个层次，即研讨式沟通的反思和批判维度，这一点与日常生活剥离，但总是以日常生活为前提。在对公共领域的研究中，哈贝马斯论证了现代社会是如何将公共话语空间制度化的（Habermas, 1989）。哈贝马斯认为，从 17 世纪到 19 世纪初，现代社会出现了一个不同于宫廷社会和绝对国家的公共领域。这是一种形成于新型空间的公共空间，如咖啡馆、公共图书馆、免费出版机构以及其他正规机构之外能够进行公共辩论的任何场所。哈贝马斯后期的话语民主理论反映了这种将政治共同体看作自我建构的对话过程的理解方式。

共同体的矛盾之处在于，它既可以表现为生活世界的沟通行为，使自我管理的政治共同体变得可能，也可以完全因为道德立场退出沟通过程，从而不触及统治结构。作为一种沟通的概念，共同体在哈贝马斯的社会和政治理论中占有重要地位。"沟通共同体"是指现代社会中的社会关系是通过沟通组织起来的，而不是通过其他媒介，比如权威、地位或仪式等。当然，权力、金钱以及法律是主导现代社会的最重要媒介，但哈贝马斯著作中的一个基本前提是：这种系统性的再生产形式总是面临着任性的生活世界的阻力，而生活世界是通过不同的逻辑来再现的，并且与沟通有着千丝万缕的联系。在现代社会中，沟通空间越来越多，其中最重要的是公共领域和科学。公共领域由各种各样的沟通场所组成，这些场所存在于社会的各个层面，从公民社会的民族形式到跨国话语，等等 [1]。哈贝马斯认为，科学和现代大学机构也是开放的沟通共同体，因为它们都追求真理，而这在原则上只能通过共识来解决 [2]。只有通过商讨才能获得真理，通过共识确定真理，这是哈贝马斯交往行为理论的核心。正是这种观念使他摒弃了共同体

1　参见哈贝马斯的公共领域理论（Habermas, 1996, 1998）。这个关于公共领域的理论是他早期理论的发展，参见 Habermas（1989）。

2　参见哈贝马斯关于社会科学的哲学的早期著作（Habermas, 1978）。阿培尔也阐释过科学共同体是沟通共同体的观点（Apel, 1980）。

主义思想，转向另一种不同的、更具沟通性质的共同体。如果共同体是共有的，那么它必须采取一种沟通的形式，这是哈贝马斯交往行为理论的内涵。它还指出了共同体的变革性概念，即共同体是人类潜能的一种表现，这种潜能植根于言说能力和创造共同世界的能力。共同体是未完成时，始终处于形成的过程中。

在哈贝马斯看来，像查尔斯·泰勒或汉娜·阿伦特这样的共同体主义思想家将社会简化成道德实体，而不是把它看成一个始终与现有社会之间存在张力、具有沟通性、结构化的过程。事实上，共同体主义思想忽略了共同体的沟通维度，仅仅认为它与道德或公民有关。对于哈贝马斯来说，共同体主义思想的这种简化和高度规范的立场否定了现代社会的转型时刻，而这种时刻正是源自沟通结构。哈贝马斯的共同体主义思想批判并未采取自由主义立场，因为其重点不是道德个人主义的丧失，而是对社会批判性反思能力的否定 [1]。事实上，哈贝马斯与共同体主义思想家都希望超越自由主义的道德个人主义，但他不认同共同体主义者对基本道德的追求。共同体的道德不仅规定成员该如何行动，也为协商解决相关冲突提供依据（Habermas, 1998, p.4）。哈贝马斯的立场，尤其在他后来的作品中，强调了多种沟通共同体的存在。此外，他最近的作品强调政治共同体的多维视角，国际社会同样有沟通共同体的存在。

哈贝马斯支持欧洲后国家融合，这影响了他对共同体主义思想的批判。他也认识到当代世界主义共同体变得越来越重要。尽管如此，他也对共同体在德国所表现出的危险性做出了回应。共同体是民族主义取得合法性的一个主要原因，在极端情况下，共同体支持法西斯主

1　哈贝马斯对共同体主义的批判参见 Habermas（1994，1996，1998）。在一些辩论中，他认为共同体主义等同于公民共和主义。

义。把共同体视为一种道德统一体是危险的，因为它将社会简化为非社会原则，并将社会的现代性概念与前现代性概念捆绑在一起。因此，尽管哈贝马斯从未明确反对过共同体，但他的社会理论与共同体概念并不相容。事实上，哈贝马斯交往行为理论以共享生活世界中的社会和文化语境作为前提。他将焦点从共同体转向沟通，解决了一些共同体所面临的困难。在这种意义上，作为一种沟通概念的共同体与前文所讨论过的更具多样性和流动性的交融具有一定的联系。下一章还会讨论这个议题。

在阿兰·图海纳有关民主与现代性的著作中，也可以发现这种对共同体的批判立场。他认为，共同体与民族主义非常接近。共同体最常见的一种表现是民族（völkisch）情感，认为社会建立在预先确定的统一基础之上，这种统一性凌驾于个体和所有社会群体之上，为了维护整体性，必须否认他们的多样性。图海纳认为呼吁文化遗产、共同体与民族主义等政治概念是对民主的主要挑战。但这并不意味着他反对共同体的集体目标或共同利益。问题在于民族主义降低了共同体的内在价值："对共同利益的追求难道不是已经变成对于身份的执着了吗？相对更加整合的共同体而言，我们难道不是需要更强大的制度来保障对个体自由和人权的尊重吗？"（Touraine, 1997, p.112; 同时参见 pp.65-68 和 Touraine, 2000）

图海纳的现代性理论认为，当今社会处在共同体以及市场和个人主义之间的斗争所导致的分裂中（Touraine, 1995）。在这种情况下，民主的社会空间被剥夺，因为它既不能在市场中存在，也不能在共同体中存在。图海纳认为，共同体所主导的世界只寻求融合、同质性以及共识，反对民主辩论："共同体主义社会是令人窒息的，并且很可能会转变成神权统治或民族主义专制。"他还指出，随着权威宗教复兴共同体，一种类似于"文化极权主义"的事物正在出现（同上，

pp.304, 311-312）。

与共同体不同的是，民主既允许统一的社会存在，同时可以包容分歧，因为多元民主包含多种声音。然而，这并不是说图海纳反对统一的原则，事实上，统一在他的思想中占据着非常中心的地位。实际上，可以说图海纳像哈贝马斯一样，试图寻找另一种政治共同体概念，这种概念不会将共同体简单归结为统一，而是建立在多样性以及沟通的可能性之上。

图海纳认为，仅仅依靠共同体本身无法实现统一，他努力寻找与伟大的现代性社会运动相媲美的当代社会运动。共同体的问题在于它过于强调身份：

> 一个主要强调身份的社会不可能是民主社会，更遑论强调独特性的社会了。这种社会陷于只对国家有利的逻辑之中，这样一来，社会就简化为国家，社会的多元性让位于人民的统一性。

> （同上，p.343）

身份是共同体以及社会运动的核心，但当它变成运动的唯一要素时，只能导致对自我的过度关注和政治无能。

与图海纳以及哈贝马斯一样，齐格蒙特·鲍曼同样对共同体持有深深的怀疑。在最近一本关于共同体的书中，他指出：共同体许诺安全，但兑现的却只有怀旧与幻觉。鲍曼认为，共同体只是一个传递安全感、使世界变得温暖舒适的词汇："我们怀念共同体，是因为我们怀念安全感，它对于幸福生活至关重要。但是我们栖息的世界几乎不可能提供安全感，更不愿意做出许诺"（Bauman, 2001a, p.144）。在这样的共同体中，没有人是陌生人，人们对社会有着共同的理解。然而，这样的共同体是有代价的，因为安全与自由不太容易兼得。在真正的共同体中没有批评与反对，但是这种共同体并非作为自然实体存在，除非是一个乌托邦。真实存在的共同体是一座围城，抵御着外部世界。鲍曼认为当代世界沉迷于挖掘文化战壕。事实上，随着身份问题变得日益尖锐，当下共同体正在复兴。随着真正的共同体的衰落，身份认同取而代之，带来对共同体的全新理解。作为共同体的替代品，它重新发明了身份（同上，p.15）。正如埃里克·霍布斯鲍姆在《极端的年代》中所指出的："近几十年里，在现实生活中已经再难找到社会学意义上的共同体，'共同体'一词被随意、空洞地滥用到了前所未见的地步"（Hobsbawm, 1994, p.428）。

　　问题是共同体是不可能存在的，因为它不能解决它所面临的问题，尤其是道德选择与不确定性的问题。共同体没有直面挑战，而是提供了一种舒适的幻觉。从这个意义上来说，共同体从未丧失，因为它从未诞生过。当下社会不断呼吁共同体，是因为它对自身感到不满，并需要一种替代性幻想，要么从过去复兴，要么许诺一个乌托邦。

　　鲍曼认为，共同体主义思想只是不加批判地吸收了共同体的话语，从而极大地简化了社会的和存在的不安全问题。鲍曼、哈贝马斯和图海纳都相信，类似共同体的事物是可能存在的，但需要在共同体主义和民族主义中才能实现：

　　如果说在众多个体构成的世界中存在着共同体的话，那么它只可能是（而且必须是）共享和相互关怀编织起来的共同体。这是一个关注平等权利并对其负责的共同体，是人类能够根据这一权利拥有平等行动能力的共同体。

（Bauman, 2001a, pp.149-150）

针对共同体及其虚假的许诺，鲍曼主张建立一种基于个人自主性的后现代伦理。在这种伦理观念下，自我的身份并不以排斥他人作为代价。这样的后现代伦理不能逃避不安全的事实，而是必须迎接这个挑战。

总而言之，哈贝马斯、图海纳与鲍曼著作中对共同体的批判态度可能会使我们完全抛弃共同体。共同体看上去似乎无法与现代性概念相调和，因为后者强调沟通与自反性的重要力量。然而，如果采用沟通式立场，共同体的许多问题都可以迎刃而解。在这个方面，哈贝马斯的沟通共同体的观点为鲍曼强烈的伦理立场提供了另一种选择。我们可以这样将沟通共同体理论化，把它运用到承认多元归属感的世界中，在这样的世界里，更多是通过沟通、而非现存的道德和共识来实现整合。在这种语境下，以作为实践的歧见和身份为主题的社会运动理论能为沟通共同体理论提供许多解释。

共同体、社会运动与身份政治

越来越多有关新社会运动的文献为共同体提供了与共同体主义思想截然不同的视角。作为一种关于现代城市社会的社会学理论，共同体主义的一个主要观点是个人主义会损害共同体，并且从公民自豪感、社会资本和志愿主义等方面来看，个人主义的广泛传播导致了共同体的衰落。这种观点受到了社会运动研究的挑战，针对共同体与个人主义的关系，后者提供了一种完全不同的理解方式。对新社会运动的研究表明，个人主义实际上是许多共同活动的基础，并且维持多种集体行动的正是强烈的个人主义。普特南与费尔德斯坦合著的《共创美好：重建美国共同体》（2003）也证实了这一点（见第四章）。对集体目标下公共事业的奉献依赖于个人主义，但不能将个人主义简单归结为利己主义或个体脱离社会属性。个体的自我实现和个人主义的表达完全能够与集体参与协调一致。例如，拥有较高自主性的受过良好教育的人们被吸引到集体行动中，以实现他们的创造力或者获得认同，因为这些可能在工作或家庭生活等其他领域受到阻碍。共同体可以成为释放文化创造力的一种手段，这种创造力由晚近的现代性所创造，却没有得到充分的利用。

保罗·利希特曼（Paul Lichterman）在一项对责任与共同体的研究中表明，人们普遍追求成功，这种做法其实是一种文化成就。换句话说，参与共同体生活能增强个人对成功的追求。从自助小组到宗教团体，以及基层政治群体等各种共同体组织和群体中，都可以找到创建共同体的个性化方法。作为人格主义的个人主义与代表集体团结的共同体相互融合，这在许多共同体主义思想中引起共鸣，但它最终指向一种作为沟通网络的更为开放和民主的共同体。共同体主义者认为人格主义会腐蚀共同体。正如利希特曼所说："共同体主义较少关注共同体可以为个体做什么，而是更加关注个体为了维持共同体做了什么"（Lichterman, 1996, p.10）。他反对将自我表达与私人生活看作压低公众美德、公民参与以及社会道德的"跷跷板"游戏。他认为，我们并非总是需要在满足个体愿望与服务公共事业之间做选择。这种玩跷跷板的想法凸显了共同体主义倾向于强调个体与共同体之间的二元对立，并且认为必须以某种方式加以平衡。针对这种思维方式，利希特曼认为我们需要重新思考个人主义本身，尤其是为了理解激进的民主政治背后所蕴含的各种责任。例如，个人主义以及个人自治文化是许多国家绿色政治的基础，它还体现在公共责任上，这种责任源于集体奉献和对个人贡献的重视。就赋能意义而言，共同体可以强化人格主义，给予个体更强烈的身份感受。

利希特曼将表达型个人主义引入讨论，反对将道德个人主义视作排他性的个人主义。虽然共同体主义者的一般立场是反对自由主义的道德个人主义，但激进政治却指向另一种自由主义。这种共同体观念认为，来自不同背景的人们可以在集体活动中聚集在一起，通过共同的奉献和由此产生的团结而联合起来。表达型自由主义是一种文化现象，根源于 20 世纪 60-70 年代的反文化运动，后来被 20 世纪 80 年代主流中产阶级消费社会所采用。克里斯托弗·拉什等批评家把它称作为回归自我、最小自我、文化自恋以及愤世嫉俗等等；另一些批评家，例如阿尔伯托·梅卢奇（Alberto Melucci）、贝克和吉登斯等则将它视为建立在反思性和自主性基础上的个性化或个体化的政治的基础。

　　理论家阿尔贝托·梅卢奇有一部著作很具说服力，论及如何通过参与集体行动推动自我实现。工人运动的特点是私人与公众的分离，而在新社会运动中，集体行动并不具有这样的特点。梅卢奇认为，个性化的私人生活是今天参与集体行动的基础，从新政治中产生和重新分配的东西是意义。诸如女性参政运动、工人运动、工会运动和社会民主运动等旧社会运动的影响力日益下降，一些新社会运动和反运动日益兴起，这些运动并非主要从国家内部组织起来，而是从阶级斗争中获得支持，这使得自我和身份问题成为政治的核心。许多新社会运动，如女权运动、和平运动、生态运动、同性恋平权运动、生活品质运动和反全球化运动等，都以集体身份作为其政治核心；与之不同的许多运动则将影响力归结为强有力的集体身份。不论新社会运动是否主要与身份政治有关，集体身份或是其开端，在更多情况下，也可能是其结果。毫无疑问，共同体主义文献中也能找到典型案例，如自助组织、公民自愿主义以及各种各样的地方组织，等等。就集体身份而言，它不一定是共同体的基础，而是共同体的产物。但在这里，作为行动的共同体才是真正的关键。梅卢奇认为，"最近许多社会运动的集体行动构成了一种沟通行为，它通过行动本身来实现，使新力量浮出水面，也让挑战它们成为可能"（Melucci, 1996, p.79）。

社会运动研究中的共同体思想表明，共同体是被构建的，而非一系列现有的价值观，后者对于社会融合和个体身份建构具有重要意义[1]。它不是本就存在的现实，而是在实际的动员过程中构建起来的。共同体是一个强调过程的概念，在社会行动中被定义和构建，而非存在于先前的价值观中。按照梅卢奇的观点，不能把身份和共同体当作现实，或是任何与先前的主题、结构或价值体系有关的事物。相反，这种构建必须被视为一种关系体系，并通过行动，而不是客观存在的文化框架来维持，文化框架不过是行动的产物。身份不是共同体的资源，共同体是象征性建构的观点也说明了这一点。它不仅是对现有共同体的符号性认可的问题，因为所构建的往往是有别于现有社会的社会。共同体不是一个静态的概念，而是在构建的过程中被定义的。从这个意义上说，共同体在构想和建立新型社会中具有认知功能。如第一章所述，共同体概念中总蕴含着这种追求新时代的激进力量。然而，寻求替代性社会与日常生活和生活世界资源的调配有关，这与新社会运动的政治中隐含的共同体概念有所不同。在打破公私界限和共同体准则政治化的过程中，文化意义上的激进共同体概念在重塑政治领域中发挥了重要作用。

这种理解共同体的方式将争论的范围扩大，不再将共同体作为寻求替代现状的亚文化。基于激进风格、颠覆意义的亚文化为青年文化成功地维系着一种反对性共同体。尽管亚文化试图从文化层面上颠覆现状，但是最近的新时代共同体向其支持者提供了非政治性的共同体概念。新时代运动起源于 20 世纪 60 年代的自我表达文化，但没有引起广泛的社会变革。在过去的几十年里，各种精神运动的数量激增，例如异教秘术

1　参见 M. 梅奥（M. Mayo）对共同体和社会运动的深入讨论（Mayo, 2000）。

运动、宗教共同体以及许多新时代运动等，它们都代表了某种替代性共同体。这些运动是反政治的，只关注主体性和身份（见第七章关于后现代共同体的讨论）。上文讨论的新社会运动与精神运动不同，因为前者更聚焦集体政治，渴望带来社会改变。因此可以说，奉献才是新社会运动的核心，而不仅仅是个人成就。正如新社会运动一词的字面意义所示，社会运动不同于文化运动或狭义政治层面的政治运动。社会改变是新社会运动的目标，是其身份的核心。因此，在实现集体目标的过程中，个人政治立场支撑着社会运动，也最终超越了个人主义。

再议个人主义

关于共同体的争论主要围绕个人主义这一概念，因此，有必要讨论一下个人主义的不同概念。从上面的讨论中可以清楚地看出，"个人主义"是社会科学和政治学中使用最广泛的术语之一，但像"共同体"一样，其概念同样模糊不清。我们似乎生活在个人主义的时代，现代政治理论使得个体成为所有政治制度的衡量标准，但当我们仔细审视这个词时，我们会发现它争议性很强。基于上文关于共同体和社会运动的讨论，下文将总结在当今社会和政治文献中占主导地位的个人主义的主要概念，但并不能涵盖所有的个人主义概念。[1]我们的观点是：个人主义超越了道德个人主义，与共同体兼容。

道德个人主义

道德个人主义是关于人的主流自由主义概念，也是许多理性选择

1　参见 Cortois 和 Laemans（2017）。

理论和方法论个人主义的基础。该观点认为，个人是自主、理性的行为主体。道德个人主义主要认为，个人是前社会的存在，是负责任的行为主体。个人是衡量一切事物的标准，是一个自由的行为主体，因此要对个人行为负责。这种个人主义概念经常与市场个人主义相联系，也就是 C. B. 麦克弗森（C. P. MacPherson）所说的"占有性个人主义"，是根据财产所有权定义的个人主义（MacPherson, 1962）。这种意义上的道德个人主义是市场社会的一种意识形态，反映了个人作为自由行为主体的资产阶级观念。道德个人主义也是现代一些最具影响力的思想之基，如自我决定论。道德个人主义一直强烈反对所有集体主义，近来与理性选择理论共同复兴。[1] 这种道德个人主义也可以叫作功利个人主义，与涂尔干的道德个人主义不同。它认为个体是社会语境中的社会行动者。

集体个人主义

与道德个人主义的自由主义概念相反，查尔斯·泰勒等共同体主义学者强调个人的社会性质，认为个人的社会性质完全体现在道德关系中（Taylor, 1990）。与自由主义思想对个人主义的定义相比，这一概念对个体的解释偏重社会学，比涂尔干的个人主义观更深刻。虽然批判者经常指摘强调自我的社会性是"过度社会化"（Wrong, 1961），但并不能以此来轻易地总结泰勒的自我理论。泰勒推崇黑格尔的观点，认为自我并非起源于抽象、普适的道德（Moralität），而是起源于伦理共同体（Sittlichkeit）（Taylor, 1975, p.376），个体必须根植于集体

---

1 罗伯特·伍思诺夫（Robert Wuthnow）的"话语共同体"也讨论过这一点（Wuthnow, 1989）。

自我之中。我们在第四章的共同体主义中讨论过这一观点，这可能是有关个体的第一次重大概念重建：个体是在共同体中塑造的。

个体自主性

现代思想中的另一传统较少强调个体的集体性或其社会属性，而更多强调有道德的个体的自主性（Honneth, 1995）。从这个角度来看，个体自主性并没有在社会化过程中妥协。美国的实用主义传统强烈推崇这种自我概念，例如威廉·詹姆斯（William James）的著作、乔治·赫伯特·米德（Charles Herbert Mead）有关象征性互动的专论等（见 Joas, 1998）。斯坦利·卡维尔（Stanley Cavell）的著作讨论了自我与共同体的内在联系。卡维尔认为，正是这两个领域的关系使社交生活成为可能（见 Eldridge, 2003; Norris, 2006）。在这一传统中，个人主义是在自我与他人的主体间关系中形成的社会化产物。科尼利厄斯·卡斯托里亚迪斯（Cornelius Castoriadis）的自我理论清晰地阐述了个体道德自主权和社会语境之间如何努力实现和解。他认为，道德自主权不是通过压迫实现的，而是通过与社会世界的开放关系来实现的（Castoriadis, 1987）。还有一种观点认为，承认的道德关系从本质上决定了个体，霍耐特的承认理论即为一例（Honneth，1995）。

表达型个人主义

在 20 世纪后期的反文化运动中，表达型个人主义概念流行起来，它起源于浪漫主义思想和 19 世纪末的生命哲学（核心概念为生机论）。与占主导地位的道德个人主义和集体个人主义的概念截然不同，表达型个人主义认为个人是有活力和创造性的。一些批评家批评过这种个人主义，认为它过分强调需要通过消费和治疗来维持的私密自我和内在自我。"治疗性自我""自恋性自我"或"极简性自我"都是表达型人主义的代名词（Lasch, 1979）。表达型主义个人排斥集体的、公共的价值观，强调个人价值，是一种反政治的个人主义。

个 体 化

安东尼·吉登斯认为，一种新的个人主义在近代社会应运而生，尽管自我不一定得到解放，但已被赋予了相当大的权力（Giddens, 1990, 1991）。构成个体身份的自我监督和自我控制不断增强，从这个意义上来说，自我变得更具反思性。这种观点认为，个体可以规划自己的人生。乌尔里希·贝克也主张将这种个人主义视为"个体化"（Beck, 1997, 1998; Beck and Beck-Gernsheim, 2002）。这不仅仅意味着自由是个体命运，也是社会命运。同时也可能意味着更多焦虑和不安感也会随之出现（Pahl, 1995）。社会的传统角色发生变化，组织结构断裂，个体越来越与集体纽带相割裂，这一过程催生了个体化。贝克和吉登斯认为，当代文化是个性化文化。研究"个体化的社会"的齐格蒙特·鲍曼在他的社会理论中也讨论了个人主义的概念（Bauman, 2001b）。在这种社会背景下，个体的选择越来越多，必须不断地做出各种选择。

人格主义

如本章前文所述，我们也可以从人格主义的角度来理解个人主义。其实在贝克、鲍曼和吉登斯对个体化的定义中也隐含了这一视角。虽然这些研究者大多将个体作为参照点，但新社会运动理论更关注集体行动者，如梅卢奇更加强调个体的社会属性：

如今，社会的发展越来越以个体为中心，导致了身份的主体化和内在化。但是，这并没有将身份转变为一种心理构建，至少从"身份"通常被简化使用的意义上来看。由于受许多社会因素的影响，如今的身份构建与我们的内在密不可分。身份是可以协商的，因为某些行为主体不再从外部或客观地定义，而是自身拥有生产和定义其行为的意义的能力。

（Melucci, 1996, pp.49-50）

作为人格主义的个人主义的重要特点是自我实现、奉献、团结和集体责任（参见 Lichterman, 1996 及前文）。人格主义不同于表达型个人主义，它认为自我是在参与共同体中形成的，并由集体利益至上的信念维系。因此，文化塑造主体性的倾向在新型政治中得以实现。

鉴于个人主义有如此不同的概念，我们不能再把共同体看作个体的对立面。社会理论不再将个体和社会简单地一分为二，认为一方得益，另一方必然受损。因此，自我身份在集体行动中得以强化。正如德拉·波尔塔（Della Porta）和 M. 迪亚尼（M. Diani）所说，通过参与集体行动，社会运动参与者的身份逐渐形成，这表明个人主义可以从集体中产生，冲突也可以促进共同体的形成（Della Porta and Diani, 1999）。

苏珊娜·凯尔纳与共同体

苏珊娜·凯尔纳（Suzanne Kellner）对现代规划共同体的研究具有指导意义，也很好地解释了共同体与现代性和个人主义的关系（Kellner, 2003）。建于 1970 年的双子河社区（Twin Rivers）是新泽西州第一个开发的规划社区。对于凯尔纳来说，这个社区最引人注目的是其规划性，人们可以自主选择是否进入该社区，而非命运使然。从这个意义上来说，双子河社区延续了现代共同体的伟大规划，也确实是名副其实的现代共同体。它是一个实验性的乌托邦，在这里，个体能够找到在郊区难以寻觅的归属感。双子河社区是美国中产阶级社会的产物，也是将共同体的渴望与个人主义相调和的结果。家庭是其基础，这一点不足为奇。"在变化迅速、流动性加剧的现代环境里，对于那些常年奔波但又不忘寻根的个体来说，家庭是罕见的、恒久不变的主题"（同上，p.63）。与郊区的房子不同，双子河社区的房屋有很多公共设计，通常成片地出现，共享公共空间。20世纪70年代，居民对共同体的期望很高，许多人仍然相信共同体的承诺。面对社会现实，虽然共同体梦想必须妥协，但是从来未被完全放弃。尽管如此，共同体建设不仅耗时，还总是让人失望，毕竟梦想永远无法完全实现：

共同体生活中有一些关键时刻，例如，项目依然具有灵活性，公民能够发挥影响，参与创建影响其生活的管理机制。这些开放、互惠、统治者和被统治者可以直接接触的历史性时刻如昙花一现，导致一种犬儒主义，使得人们质疑个体塑造自己所生活于其中的世界的能力。

（同上，p.103）

要建成共同体，必须面对很多问题，例如，划分社交和隐私、公共空间和私人生活的界限等。现代共同体是由不同的个体构成的，因此冲突在所难免，例如对于公共责任的不同看法。当权力最终从受托管理者手中转移到居民手中时，居民们总是急于表达不满并谴责当权者，自治共同体的愿望导致了愤世嫉俗和冷漠情绪。双子河社区并不是一个缺乏现代性的原始社区，也必须应对犯罪、故意破坏、无动于衷、甚至冷漠、绝情等问题。重要的不是冲突本身，而是处理冲突的方式。凯尔纳认为，共同体的最终检验标准是建立信任、凝聚力和责任感。双子河社区也无法抗拒采取诉讼手段来解决冲突的考验。面对现代个人主义文化，集体身份并非不可能实现。确实，在这样的背景下，人们对共同体的信念越来越坚定：

> 千百年来，人们一直在思考这样一个问题：如何在千差万别的人类群体中打造共同体。在个人主义和竞争精神盛行的科技文明时代，这个问题仍然举足轻重，且亟待解决。

（同上，p.216）

冲突不可避免，实际上，冲突可能使共同体建设更加民主。凯尔纳的结论既表达了对共同体的信念，也意识到共同体的局限性。新居民没有预料到共同体并不完善，他们以为买了房子就等于拿到了进入共同体的门票。这个有规划的居民社区折射出现代性的历史回响以及对于国家历史的民族想象。

低碳共同体

由于环境政治和公众对气候变化的日益关注，共同体的角色具备了新意义。气候变化是国家和国际组织面临的重大挑战之一。后碳或低碳技术正逐步取代化石燃料，但这不仅仅是技术层面的问题。在当下人类世时代，当代社会需要改变自我认知本身。家用能源是需要变革的主要领域之一。据官方数据显示，在英国，家庭的二氧化碳排放量占比达 27%。人们已经普遍认识到，必须制定涵盖全球、国家和地方各级的政策。

在地方层面，共同体问题变得重要，因为地方共同体必须在减排方面发挥重要作用。这对"低碳共同体"提出了展望，这个词语来自 M. 彼得斯（M. Peters）等人编著的书名（Peters et al., 2010）。许多国家的地方政府积极倡导共同体参与，旨在推动城市可持续发展，助力实现逆转气候变化的国家目标和全球目标。共同体管理系统可能是实现国家目标和国际目标的有效措施。但要让这些系统发挥作用，个体需要具备强烈的奉献精神。作为个体，和共同体的成员，公民必须认识到新规则对他们自身的价值。低碳共同体是目标明确的共同体，旨在努力实现公共目标。更精细的低碳共同体形式是"生态乡村"和"过渡城镇"，即基层的共同体项目，它们努力增强自给自足，以减少气候破坏的负面影响。

许多这类项目是由政府主导的，因此可能受到第四章提到的政府共同体主义的限制，但它们对于建立集体行动的政治框架至关重要。但是，它们不能代替集体行动。这些举措可以为共同体动员和组织创造条件。彼得斯表示：

共同体不是同质化的群体，而是错综复杂、差异巨大的网络，具有不同程度的互动、共同的规范和沟通。呼吁改变生活方式以减少碳排放必须显示出充分的意义、价值和可行性，这样才能激励共同体成员加入进来。他们需要利用人们已有的对气候变化的担忧，并提供额外的动力，让人们认识到只有共同努力才能减少能源和碳消耗。

（Peters, 2010, p.28）

小　结

本章的论点是：社会和个体的关系发生了变化，因此出现了共同体空间。这一点在社会运动和集体斗争中最为明显。这表明，对共同体的理解是从建构主义出发的，由实践定义，而不是由组织或文化价值观定义。当代共同体的建构越来越具有意志性：它们是实践的产物，而非静态组织的产物。共同体是创造出来的，而不是复制出来的。按照 P. 布尔迪厄（P. Bourdieu）的观点，可以说共同体是让人拥有归属感的实践（Bourdieu，1990）。这些实践的独特之处在于，它们本质上源自沟通，在沟通中产生奇思妙想，这也是布尔迪厄所没有看到的。从这个意义上说，我们也超越了象征性共同体的概念，因为共同体不仅仅是意义的来源，而意义在界限划分中变得丰富。沟通共同体不能只依靠内部人和外部人的关系形塑，还应在参照共同体中进行扩展，并努力使归属感成为现实。因此，象征性边界和稳定的参照共同体并不能维持沟通共同体，因为后者是开放的。在讨论共同体概念的开放性的基础上，我们将会进入后现代共同体的讨论，这也是第七章的主题。

在讨论后现代共同体的概念之前，可以再最后讨论一下异见者的沟通共同体。构建共同体可能使人们获得权力。在过去 30 多年里，全世界的历史经验都是剥夺权力。由于新自由主义和全球化带来重大社会变革，地方共同体失去了力量，共同体因此已经支离破碎。共同体可以成为抵制新自由主义侵蚀社会生活的重要场所。它们也许并不能恢复所有失去的东西，但可以为社会生活的原子化提供可能的替代方案。这种共同体概念具有更多的实质内容，而不仅仅是呼吁国家共同体。共同体的一个决定因素是参与，真正的共同体建构以行动为基础，而不是简单的精神建构。

参 考 文 献

Apel, K.-O. (1980) 'The A priori of the Communication Community and the Foundation of Ethics: The Problem of a Rational Foundation of Ethics in the Scientific Age'. In: Apel, K.-O. *The Transformation of Philosophy*. London: Routledge & Kegan Paul.

Bauman, Z. (2001a) *Community: Seeking Safety in an Insecure World*. Cambridge: Polity Press.

Bauman, Z. (2001b) *The Individualized Society*. Cambridge: Polity Press.

Beck, U. (1997) *The Invention of Politics*. Cambridge: Polity Press.

Beck, U. (1998) *Democracy Without Enemies*. Cambridge: Polity Press.

Beck, U. and Beck-Gernsheim, E. (2002) *Individualization*. London: Sage.

Bourdieu, P. (1990) *The Logic of Practice*. Cambridge: Polity Press.

Castoriadis, C. (1987) *The Imaginary Institution of Society*. Cambridge: Polity Press.

Cortois, L. and Laemans, R. (2017) 'Rethinking Individualization: The Basic Script and the Three Variants of Institutionalized Individualism'. *European Journal of Social Theory*, 21(4).

Della Porta, D. and Diani, M. (1999) *Social Movements: An Introduction*. Oxford: Blackwell.

Eldridge, R. (ed.) (2003) *Contemporary Philosophers in Focus: Stanley Cavell*. Cambridge: Cambridge University Press.

Giddens, A. (1990) *The Consequences of Modernity*. Cambridge: Polity Press.

Giddens, A. (1991) *Modernity and Self Identity*. Cambridge: Polity Press.

Habermas, J. (1978) *Knowledge and Human Interests* (2nd edn). London: Heinemann.

Habermas, J. (1984) *The Theory of Communicative Action, Vol. 1: Reason and the Rationalization of Society*. London: Heinemann.

Habermas, J. (1987) *The Theory of Communicative Action, Vol. 2: Lifeworld and System: A Critique of Functionalist Reason*. Cambridge: Polity Press.

Habermas, J. (1989) *The Structural Transformation of the Public Sphere*. Cambridge: Polity Press.

Habermas, J. (1994) 'Struggles for Recognition in the Democratic Constitutional State'. In: Gutmann, A. (ed.) *Multiculturalism: Examining the Politics of Recognition*. Princeton, NJ: Princeton University Press.

Habermas, J. (1996) *Between Facts and Norms: Contributions to a Discourse Theory of Law and Democracy*. Cambridge: Polity Press.

Habermas, J. (1998) *The Inclusion of the Other: Studies in Political Theory*. Cambridge, MA: MIT Press.

Hobsbawm, E. (1994) *The Age of Extremes: The Short Twentieth Century, 1914–1991*. London: Michael Joseph.

Honneth, A. (1995) *The Struggle for Recognition*. Cambridge: Polity Press.

Joas, H. (1998) 'The Autonomy of the Self: The Meadian Heritage and its Postmodern Challenge'. *European Journal of Social Theory*, 1 (1): 7–18.

Kellner, S. (2003) *Community: Pursuing the Dream, Living the Reality*. Princeton: Princeton University Press.

Lasch, C. (1979) *The Culture of Narcissism*. New York: Norton.

Lichterman, P. (1996) *The Search for Political Community: American Activists Reinventing Commitment*. Cambridge: Cambridge University Press.

MacPherson, C. P. (1962) *The Political Theory of Possessive Individualism*. Oxford: Clarendon Press.

Mayo, M. (2000) *Cultures, Communities, Identities*. London: Palgrave.

Melucci, A. (1996) *Challenging Codes: Collective Action in the Information Age*. Cambridge: Cambridge University Press.

Norris, A. (ed.) (2006) *The Claim to Community: Essays on Stanley Cavell and Political Philosophy*. Stanford: Stanford University Press.

Pahl, R. (1995) *After Success: Fin de Siècle Anxiety and Identity*. Cambridge: Polity Press.

Peters, M. (2010) 'Introduction: Community Engagement and Social Organization'. In: Peters, M., Fudge, S. and Jackson, T. (eds) *Low Carbon Communities*. Cheltenham: Edward Elgar.

Peters, M., Fudge, S. and Jackson, T. (2010) (eds) *Low Carbon Communities*. Cheltenham: Edward Elgar.

Putnam, R. and Feldstein, L. (2003) *Better Together: Restoring the American Community*. New York: Simon and Schuster.

Taylor, C. (1975) *Hegel*. Cambridge: Cambridge University Press.

Taylor, C. (1990) *Sources of the Self*. Cambridge, MA: Harvard University Press.

Touraine, A. (1995) *Critique of Modernity*. Oxford: Blackwell.

Touraine, A. (1997) *What is Democracy?* Oxford: Westview Press.

Touraine, A. (2000) *Can We Live Together? Equal and Different*. Cambridge: Polity Press.

Wrong, D. (1961) 'The Oversocialized Conception of Man in Modern Sociology'. *American Sociological Review*, 26: 183–193.

Wuthnow, R. (1989) *Communities of Discourse: Ideology and Social Structure in the Reformation, the Enlightenment, and European Socialism*. Cambridge, MA: Harvard University Press.

第七章
后现代共同体：超越统一性的共同体

　　20 世纪 90 年代以来，"我们生活在后现代社会"已成为一个热议话题。在后现代社会中，成员组合比现代社会更松散、更具流动性。曾经确定的阶级、种族、民族和性别等概念是工业化社会的基础，但在多元化的当今时代，这些划分变得富有争议。后现代是一个不安全的时代，它对现代性的假设提出了质疑，使归属问题变得日益严峻。人们之所以寻求归属感，是因为不安全感是许多人的体验。社会概念本身也依然是一个问题，各种各样已然确定的参考点和稳定的身份也成为问题。在许多方面，它具有解放意义，但也导致了新的不平衡。这种对过去确信事物的质疑不可避免地影响了共同体的概念，有关民族、阶级、性别和种族的社会话语与共同体一样受到影响——都面临原子化的命运。

　　虽然原子化已进入共同体的范畴，但共同体并没有衰落，而是迎来了新机遇。对于一些人而言，这意味着危机，首当其冲的是承认基于共享的地方空间的地方共同体危机（参见第三章）。但是梅尔文·韦伯（Melvin Webber）指出，现代城市实际上为建立另一种共同体提供了可能性，这种共同体不是基于面对面的关系，而是一种"远距离共同体"（Webber, 1963）。这是最早提出共同体是基于未与特定空间相关的社会关系的论述，可谓后现代共同体理论的先声。后现代共同体的特征是差异性、偶然性和开放性，而非之前的同一性、确定性和封闭性。它超越统一性，拥抱阈限性。我们可以在都市中心，而非社会边缘发现阈限性。然而，后现代共同体非常脆弱，并非扎根于稳定的社会关系之中，因此有别于传统行业群体或者农村共同体。

后现代共同体存在于对日常生活的复魅中，不再存在于社会边缘。在后现代社会中，边缘性无处不在。后现代共同体是流动的、易变的、富有情感的，也是沟通性的。

这些沟通共同体由大众文化、审美情感和实践所维持，而非依靠自我和他者之间的象征性斗争。后现代主义的特征之一是边界的不稳定性。这种共同体的突出特征是跨越边界，而不是群体差异的符号化。后现代共同体是一种"破碎的共同体"，伴随着非基础性和异质社会的产生（Lindroos, 2001）。如 N. 舍费尔-休斯（N. Schefer-Huges）所言，它是每天的经历，并不总是一个象征性的整体（Schefer-Huges，1992）。在接下来关于后现代共同体的讨论中，我们先看看后现代主义的基本概念，随后讨论共同体的后现代理论，例如南希和埃斯波西托的理论。接下来的章节会重点关注关于阈限性和日常生活的后现代化的争论。我们将讨论一些例子，比如品位共同体，这是一种建立在友谊和新时代旅行者基础上的私人共同体。

后现代性与自我的再认识

在过去 20 年中，后现代主义思想的一大主题是自我身份。"我是谁？"这个问题在当今女权主义、多元文化主义、民族和种族等多元语境中卷土重来。老一辈后现代主义思想家，以米歇尔·福柯为代表的后结构主义者们，试图掩盖身份问题，并不将自我视作自我合法化的主体性，因此当"我是谁"成为后现代主义的核心问题时，一开始不免让人感到惊讶。

如果我们再仔细审视，尽管出现了反人文主义转向，但自我已经从众多后现代思想家试图打破的模式中解放出来，因此它成为后现代的核心问题就不足为奇。自我不再受缚于 19 世纪传承下来的社会制度，新型的集体斗争已经出现，同时还出现了各种科技，我们不能再轻易地用监控论来解释这些科技。福柯的自我概念已经难以描述当代主体性和基于网络的社会组织，包括"网络化自我"概念（Papacharan，2010）。疏离感成为当下自我的核心特点，既表现为自我内在的疏离，也体现在自我与他人之间的疏离。这种疏离感捕捉到了后现代情感的本质，即对世界和自我身份的不安全、偶然性和不确定性的感受。

现代主义者强调自我的统一、自治和一致性，而后现代主义强调多样性和差异性，尤其是后者，因为在每个自我内部都存在另一个自我（Critchley, 1998）。现代主义强调一致性和等同性，后现代主义则发现了多元、破碎的自我。在福柯、雅克·拉康（Jacques Lacan）、雅克·德里达（Jacques Derrida）、吉尔·德勒兹（Gilles Deleuze）和皮埃尔-菲利克斯·瓜塔里（Pierre-Félix Guattari）等人的论著中，自我是一个被建构的范畴，在有些阐述中被认为自我是精神分裂的（Elliott, 1999）。因此，其目标只是单纯地解构自我，而不提供替代方案。这些自我概念肯定受到了现代思潮下语言学转向的影响，认为一切事物都由语言塑造，因此允许多重解读。例如，对于福柯而言，自我是在"规训"权力话语中产生的。近来的后现代观点认为，在女权主义影响下，后现代的主张已有细微改变，由此修正了一些极端立场，使自我伦理成为可能。这种改变由主体性的复兴所激发，在当今普遍关注的差异性身份中表现得很明显。旧的解构主义运动与法国后结构主义者相关（例如德里达、巴特、福柯和拉康），实际上最不赞同的就是身份概念，其目的在于摆脱自我中心，消灭所有的归属愿望。他们驳斥所有关于身份的主张，认为它们追求错误的整体性，渴望某个创始源头，错误地认为历史基于某种有意义的叙事、主权原则或创建主体的原则。差异观认为，身份概念始终形成于对立之中，其对立面从不明晰，因为它必须被否认，但它又总是作为决定性的结构、一种结果存在。根据这种观点，自我从未达到前后一致，它必然抑制了部分自我。对德里达而言，事实上这意味着自我最终取决于对他者的否定（Delanty, 2000）。

然而近年来，即使是这些后结构主义者在后来的论著中也开始重新审视自我，看到人类主体性再次复兴的可能。主体性的衰落并不意味着自我的死亡。例如，在福柯最后的论著中，他开始对能否建立一个基于反抗的新伦理学更感兴趣，而德里达晚期作品中透露出他对政治、友谊和社会的复兴等主题的兴趣。深受解构主义影响的女权主义在这一方面发挥了尤为重要的作用。这是因为女权主义的目的不仅仅是瓦解父权身份，也包括定义女权主义政治。后殖民主义同样开始关注自我、身份和归属感（Spivak, 1987）。这些解构主义方法同样具有建构性，因为其目的是为那些边缘群体发声，而后者的自我身份无法与自身的边缘性剥离开来。由此，根据佳亚特里·斯皮瓦克（Gayatri Spivak）等理论家的观点，政治斗争起源于"下层的声音"。

总而言之，当人们认为自我不再是理所当然的时候，身份就变成了一个问题。这就是现代思潮不把身份作为核心问题的原因（Wagner, 2001, pp.66-69）。以传统的社会学家为例，由于自我具有一定程度的自主权，他们无法超越"自我由社会构建"这一概念，因此将自主权和统治权视为现代社会的两面。而今，由于自我的参照点变得灵活，身份成为关键问题；自主能力不再受到僵化结构的控制，比如阶级、性别、民族或种族。例如，凭借新的通信技术，可以创造多个自我。当代社会认为自我形成于差异之中，而不是统一或一致的社会性自我。当自我形成于对差异的认可，而非对同质的认可时，身份就成为问题。

后现代共同体哲学

在这一节中，我们将关注一些主要的共同体的后现代主义理论。尽管有些理论比较抽象，我们将尽量使用一些后现代共同体的具体例子。对于后现代共同体的探讨主要围绕早期哲学家的辩争展开，尤其是海德格尔和乔治·巴塔耶（Georges Bataille）。两位法国哲学家出版了关于共同体哲学的重要著作：让-吕克·南希（Jean-Luc Nancy）的《不运作的共同体》（*The Inoperative Community*，1991）和莫里斯·布朗肖（Maurice Blanchot）的《不可言明的共同体》（*The Unavowable Community*，1988）。[1]这两部以1983年发表的法语论文为基础的论著都是与法国思想家乔治·巴塔耶的一部早期作品的对话，就像他们的对话者一样，这两部著作也晦涩难懂。最近，南希发表了《被否定的共同体》（*The Disavowed Community*，2016），继续探讨共同体，也是对布朗肖的《不可言明的共同体》的细读。[2]

解构主义[3]传统下的其他后现代共同体作品包括威廉·科利特（William Corlett）的《不统一的共同体》（*Community Without Unity*，1989）、吉奥乔·阿甘本（Giorgio Agamben）的《即将到来的共同

1　南希的法文版《不运作的共同体》（*La Communauté désœuvrée*）于1986年在法国出版。该书的标题与他1983年在法国期刊上发表的一篇论文的标题一样，该论文是这本书的主要章节。布朗肖著作的主要内容"消极共同体"是对南希早先文章的回应，后来在1983年与另一篇文章一起以法文结集出版，名为《不可言明的共同体》（*La Communauté inavouable*）。

2　很难用社会科学的语言表达这些著作的用语。参见M.-E.莫兰（M.-E. Morin）对南希的较为易懂的介绍（Morin，2012）。另见Bird（2016）和Devisch（2014）。

3　这一传统也以海德格尔哲学的最新解读为基础。

体》（*The Coming Community*，1993）、罗伯托·埃斯波西托（Roberto Esposito）的《交融》（*Communitas*，2010）以及米歇尔·马菲索利（Michel Maffesoli）的《部落时代》（*The Time of the Tribes*，1996a）。

布朗肖和南希关于后现代共同体的中心思想是，共同体业已失去，因此在人们的生活中是缺席的。南希在《不运作的共同体》的序言中提到，他的疑虑在于，"如何呈现没有实质的共同体（即既不关于'人群'也不关于'民族'，既不关于'命运'也不关于'作为物种的人类'的共同体）？"（Nancy, 1991, pp.xxxix-xl）他揭示了历史上关于共同体的主流观点是共同体的失落：

> 它始终关乎一个失落的时代。在这个时代里，共同体由紧密、和谐和不可分裂的纽带编织而成，最重要的是，它通过共同体的制度、仪式、符号、表征，帮助自身反过来促进其内在的统一、亲密和自治。
>
> （同上，p.9）

这些共同体概念，都通过将某种本质赋予共同体而建构，例如法兰西共和国的格言"博爱"就是一种本质，认为这种本质让共同体具有家庭和爱的特征。《不运作的共同体》旨在克服这种关于失落共同体的追溯性概念，这种概念在很大程度上源自基督教传统。

南希并不认同复兴共同体的怀旧想法，而是认为共同体是不可能实现的。我们只能体验到共同体的缺席，我们可以憧憬共同体，但它不可能实现。共同体是一种缺失感，但并不是失去某种曾经拥有过的东西。"这个共同体已经'丧失'内在性和组织的亲密性，而这种'丧失'只有在一种意义上成立，即该'丧失'是'共同体'本身的组成部分"（同上，p.12）。

受巴塔耶启发，南希和布朗肖也认为共同体近似于朋友过世的体验。他们所说的就是这种丧失感，但同时还有一种发现了从未拥有过、也永远不可能拥有的事物的感受。1997 年，戴安娜（Diana）王妃的逝世[1] 引发了社会各界的悼念，这一公众哀悼的事例可能说明共同体对死亡的思考。哀悼共同体围绕着一个文化偶像浮现出来，这个偶像具有大量的想象成分。当代社会的公众悼念行为逐渐增加，通常围绕纪念性活动或者重大的创伤展开，我们可以把它们视作后现代共同体的例子（根据南希的观点）：共同的失去感。然而，公众悼念行为和分担他人苦难的行为似乎并不能提供社会团结的基础，一些评论家认为它们流于表面。这些公众哀悼的例子部分反映了南希的观点，但南希还认为，共同体是一种精神和情感的渴望，并且这种渴望总是已经失去，我们在下一节还会讨论这一点。

南希和布朗肖的共同体的特点是情感性和沟通性。[2] 那么，什么是共同体？它既不是创造性项目，也不是自我和他人团结起来的融合体。南希写道："共同体通过他人出现，并服务于他人"（同上，p.15）。在共同体中，自我在与他人的关系中找到身份。这种观点反对任何将其固化为制度或空间结构的尝试，因为它认为共同体仅仅是一种体验。也正因为如此，共同体是无效的，它永远不能被工具化或者制度化。重点在于，共同体是在交往关系中体验到的，并没有共同的联结，因为共同体并没有具体的形式。"沟通不是纽带"，南希写道（同上，p.29）。因此他提出了一种"没有的本质的共同体"，用于形容这种超越共识的共同体的意识。他坚称：

我们应当对失落的共同体及其身份的怀旧性意识保持怀疑。不论

1　参见 http://theconversation.com/public-mourning-a-brief-history-35670。
2　格雷格·厄本（Greg Urban）也认为共同体只存在于话语中（Urban，1996）。

这种怀旧性意识是否自视有效，或者它罔顾过去的现实，只是为了某种理想或愿景建构过去的图景。

（同上，p.10）

这种对于过去的怀旧图景一直存在：

社会并非建立在共同体的废墟之上。它发源于部落或帝国的消失或持续中，或许它与"社会"并不相干，与被称作"共同体"的东西可能也风牛马不相及。因此，共同体远非社会摧毁或丧失的东西，而是随着社会发展而发生在我们身上的事情：问题、等待、事件、命令、等等。

（同上，p.11）

布朗肖认为，共同体源于友谊，却总是因为某种方式被中断、打破或摧毁而永远无法实现，正如他的代表作的标题"消极的共同体"所示（Blanchot, 1988）。布朗肖潜心研究边缘化和神秘团体，例如诺斯替教徒和基督教派，它们非常神秘，试图颠覆社会秩序。对布朗肖而言，共同体表达的是社会的不完整性，并且社会无法实现共同体的到来。这似乎意味着，共同体蕴含一种社会无法维系的强烈体验。消极的共同体概念似乎也暗示了这一点，但是布朗肖所说的共同体是一种"选择共同体"，它不同于传统共同体，是选择的结果（同上，pp.46-47）。这说明共同体表达自由，这种自由需要远离社会，甚至跨越界限。

有学者指出，应该把南希和布朗肖的共同体思想体系用于解读共产主义对共同体的背叛。这两本书写于苏联解体之前，他们试图理解不同的共同体的可能性（见 Morin, 2012）。

两位意大利哲学家也讨论过共同体思想：阿甘本的《即将到来的共同体》（1993，首次出版于 1990）和罗伯托·埃斯波西托的《交融》（2010，首次出版于 1998 年）。两位哲学家沿用了法国后结构主义者的思想路径。阿甘本的共同体理念试图摆脱对共同身份或共同实质的假定。他借鉴海德格尔的哲学思想，试图将存在的本体论与独体概念联系起来，这种独体抵制试图将其简化为某种集体的任何尝试。简而言之，"即将到来的共同体"赞成多元化。埃斯波西托将共同体的概念，即"交融"，与拉丁词 Munus 联系起来。Munus 含有赠送礼物的意思。这是一种交换关系，在接受礼物的过程中产生义务。"换句话说，互惠或'互换'是赠送礼物的主要特点"（Esposito, 2010, p.5）。《交融》质疑私人与公共之间的区别。借鉴海德格尔的虚无或"无物"的概念，只有在无法固定为某种新的身份的情况下才能找到共同体的存在。简单来说，如同南希和阿甘本一样，埃斯波西托认为，"如果共同体总是由他人，而不是由自身组成，那就表明，共同体的存在，必然意味着主体性、身份和财产的不在场"（同上，p.138）。

威廉·科利特运用德里达的哲学思想阐释共同体，认为共同体表现在差异体验中（Corlett, 1989）。德里达对于共同体的激进观点超越了所有传统概念。他认为，共同体欢迎对差异的相互理解，要消解所有的对立。对科利特而言，可以动员共同体，去除自我的中心地位，从而反对压迫。他认为这是福柯和德里达所传授的思想。这些思想家反对主体的中心地位，主张共同体既非个人主义，也非集体主义，而是开放和共享的。他旨在超越共同体主义政治理论，因为它再现了个人与集体的二元对立。虽然许多有关后现代共同体的论点还不够清晰，并且具有自圆其说的话语特征，但其中一个重要观点是：共同体是超越统一性的存在，而统一性意味着消除差异。尽管抽象的哲学讨论没有具体事例，但是我们可以把共同体概念和一些当代体验联系起来。就这一点而言，也许有人会想到比尔·雷丁斯（Bill Readings）。他将大学看作一种体制，称之为"歧见共同体"。也就是说，这种共同体并非建立在共同的主体性之上，也不是以集体的"我们"或是某种潜在的文化认同为基础（Readings, 1996, pp.185-193）。[1] 这种共同体是开放的沟通共同体，表达了某种共同的体验，这种体验肯定是不完整的。这些经历的特点是在多样性中存在某种统一性，不存在基本参照点。这种共同体的形式与沟通网络产生的归属感有关，其共性往往是暂时的，基于共同的兴趣和经历，而非生活在同一空间。

斯科特·拉希（Scott Lash）也受到了南希的影响。在他关于后现代共同体的阐述中，共同体是一种自反性概念，因而它与当代重要社会理论分支有着重要的关联（Lash, 1994）。拉希也受到海德格尔的影响，强调共同体的共享本质，但与传统意义上的共同体不同。当今共同体更具选择性，因此也更有反思性。对此，拉希运用皮埃尔·布尔迪厄的社会学核心思想：反思性是对社会归属的自觉的质疑。反思性共同体包括三个方面：

第一，人不是"生于其中"或"被抛于其中"，而是"将自己投射"到共同体中；第二，共同体能在"抽象的"空间里得到广泛延伸，也许会超越时间；第三，共同体有意识地思考自我创造和永远自我更新的问题，远甚传统的共同体；第四，共同体的"工具"和产物往往是抽象的和文化的，而非实质的。

（同上, p.161; 也见 Lash, 2002, pp.20-37）

1　雷丁斯的著作根据 J. F. 利奥塔（J. F. Lyotard）、布朗肖和南希的思想对大学进行了批判，受他们的启发，他提出了歧见共同体的概念。

当今共同体的一个重要特征是它的自反成分，即自我转化的能力。因此，拉希强调要将审美领域作为反思共同体的主场，其中存在一种"无根的共同体"。尽管拉希并未举例，但我们可以将节日看作共同体的实例。不论是传统节日，还是后传统的艺术节，都是重新明确集体身份，并确认共同经历中集体参与感的场合。然而，比起传统节日，现代节日更容易引起对共同体的质疑，因为在现代经验中，对集体意识的简单诉求只会让人们争论共同体所代表的意义。当代节日，尤其是艺术类节日，肯定是更为开放的共同体时刻，比如世界主义共同体。

为了更好地从社会学角度理解后现代共同体，我们应该了解米歇尔·马菲索利的观点。马菲索利在两部著作中写道："'情感共同体'产生于当代社会的文化转型中"（Maffesoli, 1996a, 1996b，另见2016）。这些情感共同体更具审美情感，而不是象征性规范。这些后现代性的多元文化"部落"是越界的、没有实体的，甚至是违背常规的。"情感共同体是不稳定的、开放的。对于现有道德秩序而言，它的许多方面可能是违背常规"（Maffesoli, 1996a, p.15）。它们存在于无空间的近邻、去地域性的组群以及开放的网络中。情感共同体以"流动性、偶然的交汇和分散"为特征（同上，p.76）。马菲索利所指的是新教派，很有可能是神秘教，那种共同体为了"使世界复魅"而建立。这种共同体具有"秘密"特征，比如黑手党，它是一个"社会隐喻"（同上，p.119）。所以他把涂尔干的理论运用到当代文化语境中[1]，用"集体欢腾"（collective effervescence）来指代后现代共同体形式："部落"。然而，他的共同体观与涂尔干不同。涂尔干关注的是建

1　涂尔干在1912年出版的《宗教生活的基本结构》（*The Elementary Structures of the Religious Life*）中最早提出这个概念（Durkheim, 1995）。

构与大型社会相适应的现代共同体，并且能提供一种公民道德。与之相反，马菲索利对神秘的、有活力的，且高度情感化的类似宗教教派的运动很有兴趣，这些运动是从"部落"而非"民众"中诞生（Maffesoli，1996a）。这些新部落形成于"选择性社交"，而非义务关系，但可以产生团结甚至是奉献。从这个意义上来说，马菲索利更接近于齐美尔的强调小团体和非特定阶层的文化交流形式的文化理论，也接近维克多·特纳的阈限和共同体理论（见第二章）。然而，马菲索利认为依赖于具有阶级区分性的消费的大众社会正在衰退，而且正在被多样化的消费形式和基于新型群体构成的社会性所取代。随着大众的部落化，文化也变得碎片化，新型共同体类型也不断出现。在这方面，马菲索利的观点与特纳不同。特纳认为强有力的交融是共同体的纽带。正如马菲索利的著作的副标题"个人主义在大众社会的衰退"所示，他认为这些新部落既非个人主义的产物，也非社会的产物，因此个人主义正在衰退（同上）。

马菲索利认为，日常生活所维持的社会形式、消费形式和非正式的友谊网络中都存在后现代共同体（同上，p.23）。马菲索利的共同体指的是没有道德目的，也没有政治意图的群体，更重要的是，仅仅包含自身内部的社会关系。因此，从这个意义上来说，后现代共同体是没有根基的，它存在于临时的组合和生命的流动中。从这个意义上看，马菲索利的后现代主义观点不同于其主要竞争对手让·鲍德里亚（Jean Baudrillard）（Kellner, 1994），后者认为社会已经被仿真的人造文化所吸纳。但是马菲索利却认为，在特定的共同体经历中总有新的社交形式出现。

如果要总结后现代共同体理论，我们可以说，后现代共同体既非传统也非现代。它由自身的反思性、创造性和对自身局限性的自觉所维系。共同体的后现代概念强调自我和他人关系的流动性，因此共同体是开放的，而不是封闭的。这一切的结果是：共同体具有转型力量，能够填补大众文化空间。后现代共同体的出现填补了当代社会的真空，这个真空伴随着文化的表达型个人主义转向而来。尽管有学者可能批评这些共同体观模棱两可、游移不定（Burns, 2001），但它们至少暂时搁置了封闭性，对传统的静态、有序的共同体提供了重要修正。

阈限共同体：日常生活，友谊及私人共同体，新时代旅行者

讨论至此，有个观点是：后现代共同体是超越统一性和身份的。后现代共同体拒绝社会和传统，是一种新型群体。日常生活中的许多小群体蕴含着共同体。暂时性、脆弱性和阈限性是它们的显著特征。其阈限存在于"介于两者之间"的空间，而后者对人们的生活产生着日益重大的影响。[1]机场候机厅、通勤列车、娱乐中心、星巴克咖啡馆或者购物中心都是后期现代生活中阈限空间的例子，尽管它削弱了反结构性。在这些旅途中的场所，人们通过本身具有某种真实性的方式暂时从其他活动中抽离出来。然而，必须指出的是，这些阈限空间不再具有边缘性，它们是已对阈限和跨界习以为常的主流社会的一部分。

这些地方的社交形式很难构成传统意义上的共同体，但在某种意义上，它们的确呈现了共同的形式。一些批评家将这些无机空间单纯地看作非场所（non-places），认为它们排斥社会生活。这是马克·欧杰（Marc Augé）在著作《非场所》（*Non-Places*）中提出的观点。他认为非场所不同于有机社会生活场所，纯粹是因为"孤独的契约性"

1　第二章讨论过阈限的概念。

而存在（Augé, 1995, p.94）。然而，还有一种观点是将这些空间看作家庭化阈限，并构成某种基于临时组合的社会交往。这可以体现在许多层面上。阈限共同体并非符号性建构，常常由非语言的社会联系所维系，就像每天都在工作地点和家庭之间穿梭的通勤者群体一样。他们也许互不相识，生活轨迹大相径庭，但阈限空间创造了一种抽象且有自我意识的共同体。在这个例子中，阈限共同体拥有反思性时刻并通过该时刻维系，因为只有在非常事件发生时才会出现语言互动。这种共同体通常停留在共同意识上，只有在极端情况下才显得更加真实。吉奥乔·阿甘本所说的"即将到来的共同体"（Agamben, 1993）是所有共同体经历的一部分，铁路灾难或许是一个恰当的例子。2000年10月，在英国伦敦的哈特菲尔德车站发生了一起重大列车碰撞事故。20世纪90年代末，英国发生了一系列重大铁路事故。这起事故造成四名乘客死亡，大量乘客受伤[1]。幸存者以一种不寻常的方式向同行的旅客诉说他们的情感和感受。新闻媒体也更加关注个人经历和生活故事，在这种语境下，有关创伤和悲痛的经验分享形成了一种哀悼共同体伦理。2001年9月11日恐怖袭击之后，纽约也出现了同样的情况。在悲痛、愤怒和困惑中，纽约人团结起来，见证了由死亡经历维系的一种不同寻常的共同体精神。例如，2017年，伦敦格伦费尔大厦（Grenfell Tower）发生火灾，地方共同体通过公共哀悼认识到自身的存在。正如前面小节讨论过的，这些公众悼念的例子说明布朗肖所描述的共同体与死亡之间存在紧密联系。通过哀悼，人们通常在死亡和创伤的极端体验中发现交融。我们也可以把这种强烈的共同体叫作情感共同体（Gandhi, 2006; Hutchinson, 2016）。

　　还有品位共同体的问题。斯科特·拉希发现了贝克和吉登斯的自

1　由于安全措施失效，在1988–2000年间，94人在英国火车事故中丧生。

反性观点中的个人主义，在试图为这种个人主义寻找替代方案时，他讨论过品位共同体这一主题（Lash, 1994）。尽管当代时尚比阈限共同体拥有更持久的形式，但也包含社会交往的形式，其中"我"和"我们"以不抹杀自我自主权的方式被中立化。这是乔治·齐美尔的社会学的中心思想，他是最早讨论时尚的社会学意义的学者之一，其观点在品位文化和当今生活方式中引发了共鸣。用马菲索利的观点来看，这些是"选择性的共同体"或者说具有"意图性"：人们自行决定成为共同体的一部分，但这些共同体并没有约束性，因为它们并没有强烈的象征性纽带，而是建立在临时联系之上，其意义可能瞬息万变。基于品位的生活方式的共享特征可以是纯粹视觉性的，规范性内容不多。其阈限性在于时尚具有强烈的符号性特征，其中不乏对现状的符号性颠覆。然而，毋庸置疑的是，这样的品位共同体是非常有限的。如尤卡·格罗诺（Jukka Gronow）所言，它们永远处于正在形成或正在消亡的状态（Gronow, 1997, p.171），因此，我们最好不要把这种形式的联系称作"共同体"。

后现代共同体中，另一个可以避免这些麻烦事的例子是友谊，其归属感并不转瞬即逝。尽管社会学家雷·帕尔（Ray Pahl）没有明确地提倡后现代共同体的理论，但他在对友谊的研究中，为团体关系的新驱动力提供了有趣的解释（Pahl, 2001）。他认为友谊在社会关系中正变得越来越重要，尽管它没有取代家庭和亲属关系，但它提供了大量额外的人力资源。朋友承担起传统家庭和共同体中各种各样的任务、责任及功能。以家庭为中心的传统共同体通常沉溺于怀旧之中，缺乏真实的社会关系根基。帕尔称，以朋友为基础的私人网络正扮演着重要角色，甚至可能提供支持、维系家庭。由于人们很可能住得远离自己的父母，他们在处理育儿、疾病和日常生活中的实际困难时，必须依靠其他形式的支持。对于这些问题而言，距离很关键。随着更多的女性进入劳动力市场，以及离婚和分居案例的不断增加，人们需要新型社会纽带来应对越来越强烈的紧张感、不安全感、工作和情感的压力。双亲或单亲家庭并非始终是自给自足的单元，其背后通常有着私人的友谊共同体，这种共同体包括更大范围的家庭成员，他们通常与其他朋友的地位一样，扮演着大致相同的角色。当今家庭的重组方式与共同体转型大致相同。家庭并没有消失，只是改头换面（Beck and Beck-Gernsheim, 2002, pp.85-100）。家庭和共同体都变得越来越多元化、个性化。同时，年轻人的共同体认同也有衰退的迹象。

消费和工作带来了社会的原子化，它无益于维持社会融合，但是这并不意味着共同体的消失。更确切地说，个人身份和群体关系可能越来越受到工作和家庭以外的非正式网络的影响。鉴于当代社会中网络越来越重要，友谊也有可能扮演类似角色。因此，友谊也可能被看作一种灵活的、不受地域限制的共同体类型，根据形势可以轻松调动起来，因为友谊有多种形式，可深可浅。友谊跨越私人和公共领域，重视选择，也具有后现代共同体的特征。在大多数情况下，它被看作两人间纯粹的私人关系[1]，但是正如帕尔所述，它包含社会纽带，催生了适用于 21 世纪的私人共同体。在这些私人共同体中，身份和社会效用与强烈的功能性结合起来（Pahl, 2001）。这种依据网络组织起来的共同体具有更强的多元性，为共同纽带提供了养分。

在之后的研究中，帕尔和 L. 斯宾塞（L. Spencer）拓展了私人共同体的概念。他们总结道，对于许多人而言，私人共同体是真实且有界限的关联群体（Pahl, 2005; Pahl and Spencer, 2004）。私人共同体并不是职业共同体或者传统共同体研究中邻里关系的产物。在帕尔和斯

1　帕尔没有讨论这些伴随后现代共同体概念而出现的关于友谊的哲学文献。布朗肖和德里达曾经论及友谊，参见 Critchley（1998）。

宾塞研究的 60 个私人社区中，超过三分之二的成员居住在 20 英里以内的社区有 28 个，超过三分之二的成员居住在 20 英里以外的社区有 12 个（Pahl and Spencer, 2004）。私人共同体可能具有地方性，规模有限，但它们也是精神的共同体，是个性化的关系网，是由家庭和朋友构成的私人关系。这些共同体还蕴含选择和奉献。对帕尔和斯宾塞而言，私人共同体是个体在后现代共同体生活中最触手可及的（同上，p.205）。然而，苏·希斯（Sue Heath）沿袭了马菲索利的观点，认为共享空间对形成共同体伦理至关重要（Heath, 2004, p.168）。这些研究证明，共同体适用性很强，与现代生活的需求并行不悖，但它终究关乎归属感、共享团结和社会性。最近的一项研究强调，共享是交融的核心，是一种体验形式（Turner, 2012）。

最后，我们来看一看新时代的旅行者。与本章中讨论的其他类型的共同体不同，新时代的旅行者具有更清晰的阈限性。他们是典型的后现代阈限共同体。他们不是颠覆主流文化的亚文化，而是进入社会边缘的名副其实的旅行者。现代性总是对那些模糊不清的"边缘地带"——危险的、遥远的、秘密的和狂欢的地方——饶有兴趣，这些地方象征性地与世隔绝，同时却又展现出一种特殊的魅力（Shields, 1991）。现代旅游业以及宗教朝圣已经将这种阈限空间包括在空间组织中，并且去除了他者性。新时代旅行者再次创造了这类通常由社会构建的空间，他们的集体身份在越界中形成。正如 K. 赫瑟林顿（K. Hetherington）在对新时代旅行者的研究中所述，这些人通过越界行为建立和维持界限（Hetherington, 2000, pp.20–21）。

20 世纪 70 年代末，英国出现了新时代旅行者，他们是新型流动共同体，来自各种阶级背景。他们都抗拒工作、社会地位和家庭领域等主流价值观，寻找可持续、更有机的生活方式。他们体现了后物质价值观，代表了一种纯粹的文化社会运动。新时代旅行者并不想改变主流社会，而是想从中抽离，追寻一种完全自由的浪漫主义社会。但自由只能在有限的时刻或者道路的延伸空间里找到，其中的关键在于延缓抵达。这些共同体不是城市亚文化运动，我们可以在英国乡村的边缘处找到这些流动的共同体，尤其是与凯尔特或者神秘传统有关联的地方，例如巨石阵。如同赫瑟林顿所指出的那样，新时代旅行者现象引发了一种奇怪的悖论：在抗拒社会主流价值观的过程中，新时代旅行者也栖居于这种文化构建的空间里，例如一些特定的、大多也是想象的概念——英式乡村及其文化和历史遗迹。旅行者们更认同英国身份的丧失感，而不是英国身份的主要内涵（同上，p.117; Martin, 2002）。

新时代的旅行者与吉卜赛人和流浪者等旅行者不同，后者具有反主流文化和中产阶级的源头，前者则创造出了一种"在路上"的共同体。这是一种后现代共同体，因为它们强调自我身份（Heelas, 1996）。与社会中的其他群体一样，这些旅行者也在寻找自我身份。他们需要越界到阈限空间，这是支持新时代旅行者追求身份的东西。因此他们通常旅行去参加节日庆典，节日狂欢的精神维系着旅行者的阈限空间。嘉年华和节庆日在定义西方文化中的越界和界限方面一直扮演着重要角色（Stallybrass and White, 1986）。通过这种行为，它们界定了常规共同体，同时也促进了替代性共同体的兴起，后者围绕群体的阈限空间创造了归属形式。因此旅行者们积极地认同用边缘性和象征排他性。

赫瑟林顿在对新时代旅行者的研究中，注意到它和现代性的浪漫崇拜之间的关联，并将它与德国第一次世界大战之前的青年文化进行比较（Hetherington, 2000）。其相似之处包括：都认为社会主流价值观毫无生气并加以拒斥，接受浪漫且富有魅力的友谊、流浪以及对神话的回归。虽然现代文化中确实存在一种浪漫主义倾向，新时代旅行者拥有一种不同的共同体，更具个性和民主。他们不像德国青年运动，没有什么类似的政治抱负或组织形式，与主流文化的决绝显得更为强烈。总的来说，可以把新时代运动看作后现代共同体的一种表达。据保罗·希勒斯（Paul Heelas）所言，新时代运动展现了个人的去传统化，是一种超出传统的共同体表达主义学派（Heelas，1996）。但是，据希勒斯所述，现在的新时代运动已经变得体制化，更加主流，失去了与阈限、反结构和反文化的关联。这表明，由它催生的共同体出现了一定程度的失败，依照维克多·特纳的观点，这种共同体需要反结构来维系（Turner, 1969）。然而，已经不再可能用维克多·特纳设想的方式将结构和反结构分离开来，因为现今的许多共同体提供归属结构，同时也创造后传统和反结构趋势。

位于意大利[1]的皮埃蒙特的达曼胡尔（Damanhur）共同体是新型共同体的一个例子，它既不是阈限共同体，也完全没有传统特征。它成立于 1975 年，拥有 600 名左右成员，是基于团结、共享、关爱和尊重环境的精神共同体。[2]

小　结

在本章，我们在探讨共同体概念时回顾了广义的后现代思想。本章第一部分就一些抽象的哲学概念展开讨论，后现代共同体概念与传统的共同体形式不尽相同，它超越统一性、基于更加灵活的归属感形式。将这些观点与社会学案例关联起来并不容易，但是我们可以从现代社会的城市体验中找出一些相似的观点，即共同体存在于私人化的

1　译者注：原书误为法国。
2　参见 www.damanhur.org/en/what-is-damanhur。

后传统社会关系中。如果从阈限空间角度来看这种共同体的特征，我们可以在公共哀悼友谊网络和新时代旅行者等多种群体中发现更多例证。

本章探讨的后现代共同体形式体现了共同体对新形式社交的开放性。其中的许多哲学思想都与阈限空间中的共同体有关。但是，以友谊为基础的私人共同体的关联并不明显，因为它们已经变成社会组织的重要形式。但是，这些研究中描述的私人共同体并不具备其他后现代共同体所具有的脆弱性。

然而，私人共同体的群体界限是模糊的、不牢靠的，没有建立在统一的基础之上，这就迥异于现代社会学和人类学中较老的共同体概念。这些后现代共同体的例子往往体现了共同体的软弱或脆弱，尽管其中一些对城市体验来说意义重大。在城市生活中，已经越来越难以确定何谓浓厚体验、何谓稀薄体验，但事实是，大多数共同体关系兼具这两种形式，这一点在世界主义共同体中最为清晰，我们将在第八章进行讨论。

参考文献

Agamben, G. (1993) *The Coming Community.* Minneapolis: University of Minnesota Press.

Augé, M. (1995) *Non Places: Introduction to an Anthropology of Supermodernity.* London: Routledge.

Beck, U. and Beck-Gernsheim, E. (2002) *Individualization.* London: Sage.

Bird, G. (2016) *Containing Community: From Political Economy to Ontology in Agamben, Esposito and Nancy.* New York: State University of New York Press.

Blanchot, M. (1988) *The Unavowable Community.* Barrytown, NY: Station Hill Press.

Burns, L. (2001) 'Derrida and the Promise of Community'. *Philosophy and Social*

Criticism, 27 (6): 43–53.

Corlett, W. (1989) *Community Without Unity: A Politics of Derridian Extravagance.* Durham, NC: Duke University Press.

Critchley, S. (1998) 'The Other's Decision in Me: (What are the Politics of Friendship?)'. *European Journal of Social Theory*, 1 (2): 259–279.

Delanty, G. (2000) *Modernity and Postmodernity: Knowledge, Power, Self.* London: Sage.

Devisch, I. (2014) *Jean-Luc Nancy and the Question of Community.* London: Bloomsbury Academic.

Durkheim, E. (1995) *The Elementary Structures of the Religious Life.* New York: The Free Press.

Elliott, A. (1999) *Social Theory and Psychoanalysis in Transition: Self and Society from Freud to Kristeva.* London: Free Association Books.

Esposito, R. (2010) *Communitas: The Origin and Destiny of Community.* Stanford: Stanford University Press.

Gandhi, L. (2006) *Affective Communities: Anticolonial Thought, Fin-de-Siècle Radicalness, and the Politics of Friendship.* Durham, NC: Duke University Press.

Gronow, J. (1997) *The Sociology of Taste.* London: Routledge.

Heath, S. (2004) 'Shared Households, Quasi Communities and NeoTribes'. *Current Sociology*, 52(2): 161–179.

Heelas, P. (1996) *The New Age Movement: The Celebration of the Self and the Sacralization of Modernity.* Oxford: Blackwell.

Hetherington, K. (2000) *New Age Travellers.* London: Cassell.

Hutchinson, E. (2016) *Affective Communities in World Politics: Collective Emotion after Trauma.* Cambridge: Cambridge University Press.

Kellner, D. (1994) *Baudrillard: A Critical Reader.* Oxford: Blackwell.

Lash, S. (1994) 'Reflexivity and Its Doubles: Structures, Aesthetics, Community'. In: Beck, U., Giddens, A. and Lash, S. *Reflexive Modernization: Politics, Tradition and Aesthetics in the Modern Social Order.* Cambridge: Polity Press.

Lash, S. (2002) *Critique of Information.* London: Sage.

Lindroos, K. (2001) 'Scattering Community: Benjamin on Experience, Narrative and History'. *Philosophy and Social Criticism*, 27 (6): 19−41.

Maffesoli, M. (1996a) *The Time of the Tribes: The Decline of Individualism in Mass Society*. London: Sage.

Maffesoli, M. (1996b) *The Contemplation of the World*. Minneapolis: Minnesota University Press.

Maffesoli, M. (2016) 'From Society to Tribal Communities'. *The Sociological Review*, 64: 739−747.

Martin, G. (2002) 'New Age Travellers: Uproarious or Uprooted?'. *Sociology* 36(3): 723−735.

Morin, M.-E. (2012) *Jean-Luc Nancy*. Cambridge: Polity Press.

Morris, P. (1996) 'Community Beyond Tradition'. In: Hellas, P., Lash, S. and Morris, P. (eds) *Detraditionalization*. Oxford: Blackwell.

Nancy, J. L. (1991) *The Inoperative Community*. Minneapolis: University of Minnesota Press.

Nancy, J-L. (2016) *The Disavowed Community*. New York: Fordham University Press.

Pahl, R. (2001) *On Friendship*. Cambridge: Polity Press.

Pahl, R. (2005) 'Are All Communities Communities in the Mind?'. *Sociological Review* 53 (4): 621−640.

Pahl, R. and Spencer, L. (2004) 'Personal Communities: Not Simply Families of "Fate" or "Choice"', *Current Sociology*, 52 (2): 199−221.

Papacharan, Z. (2010). *The Networked Self: Identity, Culture and Community on Social Internet Sites*. London: Routledge.

Readings, B. (1996) *The University in Ruins*. Cambridge, MA: Harvard University Press.

Schefer-Huges, N. (1992) *Death Without Weeping: The Violence of Everyday Life in Brazil*. Berkeley: University of California Press.

Shields, R. (1991) *Places on the Margin: Alternative Geographies of Modernity*. London: Routledge.

Spivak, G. (1987) *In Other Words*. London: Routledge.

Stallybrass, P. and White, A. (1986) *The Politics and Poetics of Transgression*. London: Methuen.

Turner, E. (2012) *Communitas: The Anthropology of Collective Joy*. London: Palgrave.

Turner, V. (1969) *The Ritual Process: Structure and Anti-Structure*. London: Routledge & Kegan Paul.

Urban, G. (1996) *Metaphysical Community: The Intellect and the Senses*. Austin: University of Texas Press.

Wagner, P. (2001) *Theorizing Modernity*. London: Sage.

Webber, M. (1963) 'Order in Diversity: Community Without Propinquity'. In: Wingo, L. (ed.) *Cities and Space: The Future Use of Urban Land*. Baltimore, MD: Johns Hopkins University Press.

第八章
世界主义共同体：地方与全球之间

　　全球化使共同体的现状发生了巨大变化。尽管全球化打破了许多地方共同体，但同时它也重构了另一些共同体。如今，跨国性成为共同体最为普遍的特征。正如在第三章所讨论的，曼纽尔·卡斯特认为，全球化极大地推动了许多城市社会运动的发展，所谓的"全球本土化"（glocalization）是全球化的一个维度，即全球与地方的融合[1]。"我们并非生活在地球村，而是生活在全球化生产和地方性分销的定制小屋中"（Castells, 1996, p.341）。全球化并非自上而下运作，但其可以为各地方团体提供新的政治、经济和文化机遇，帮助它们重塑自我。在新型共同体方面，地方与全球的联系尤其耐人寻味。

　　本章的主要观点是，新型跨国共同体（或可称作世界主义共同体）是在地方和全球的杂糅中产生的，其主要特征是不受空间与时间的限制。共同体已经变得去地域化，以不同的形式散布在各地。但是，"超越邻近关系共同体"[2]的独特之处在于，沟通进程和跨国进程使得它们彼此关联。因此，也可以说跨国共同体是沟通共同体，是最具后传统特征的共同体。虽然并非全部如此，但许多这样的共

1　另见 Robertson（1992）和 Friedman（1994）。
2　这是梅尔文·韦伯（Melvin Webber）的著作中一个著名章节的标题（Webber, 1963）。

同体都呈世界主义样貌。本章稍后会讨论世界主义和跨国主义的具体区别。

　　我在第一章中说过，共同体的世界主义特征在早期共同体形式中就有所体现，比如基督教和现代社会的许多政治意识形态。但是，在第二章的讨论中，我们发现文化形塑共同体的态势日益显著。在其他章节中，我们讨论了政治共同体和地方共同体。本章将要讨论的是世界主义共同体。我们认为世界主义共同体主要有两种形式：世界共同体和跨国共同体。世界共同体指的是追求全球化，认同同一个世界和同一种人性的群体。跨国共同体则扎根于地方，并将全球联结视为实现其愿望的一种手段。跨国共同体往往形式上混杂，但实际上许多并不混杂。世界共同体和跨国共同体往往互不相让，因为在许多情况下，跨国共同体可能与世界共同体是对立的。我们将在第九章讨论虚拟共同体。虚拟共同体可以更好地维持地方和全球的平衡，并且几乎完全依靠沟通来维系。全球化为这些不同形式的共同体提供了强有力的表达机会。然而，全球化自身并不能创建共同体，反而可能阻碍共同体建设。不过，它能为世界主义共同体提供机遇。

　　这些共同体形式在未来可能变得越来越重要。我们说世界主义共同体有别于文化、政治或地方共同体，并不是说它有什么本质区别。更确切地说，世界主义共同体代表了共同体的新层次，它使文化、政治和地方主题在新的基调上产生共鸣，不再受时空限制。世界主义共同体不再受民族国家边界的束缚，已然成为当今世界的一股强大力量（参见 Amit, 2012; Delanty, 2009; Jones and Jackson, 2014; Nascimento, 2013; Thompson, 1998）。

　　本章将首先分析几种超越社会的共同体理论，然后论述世界共同体和跨国共同体。

超越社会的共同体

古典社会学十分关注共同体在现代社会中的存亡问题。社会与共同体之间存在张力，社会常常被视为对共同体精神的侵蚀。正如第二章所讲，涂尔干努力用共同体的公民概念来解决这种矛盾张力。如今有关全球化的新辩论已经出现，全球化正发挥着现代化和理性化在古典社会学中的作用。这场辩论主要关注全球化时代是否会导致社会的消亡。有趣的是，这场辩论与古典社会学中的共同体与社会之争并没有太大不同，而且受到该辩论缺陷的影响。人们通常认为，全球化不仅摧毁了社会这个概念，也摧毁了建构共同体的可能性。但如今，全球化理论家日益发现了构建共同体的新可能。

当代大多社会学理论认为，社会是现代性的产物。更具体地说，它代表了民族国家的地缘政治形势。约翰·厄里（John Urry）等理论家将社会等同于领土实体（例如民族国家），并自然而然地得出结论：社会已不合时宜，社会学需要新的范畴来替代它。对于厄里而言，这一替代物是流动性，新型共同体也由此而生（Urry, 2000）[1]。因此，与社会相比，共同体更易受到流动性的影响，并且在我们所生活的国际社会中，共同体的存在已成为客观事实。这个论点耐人寻味，这其中包含许多原因，尤其是它将共同体重新确立为适应全球化时代的范畴。但是，这个论点必须有两个限定条件。

首先，社会并没有被别的东西所取代。如果把曾赋予共同体的特征赋予社会范畴，运用对照手法将共同体定义成兼具灵活性和流动性的范畴几乎没有意义。共同体和社会都不属于领土范畴，它们指的是不同类型的社会关系，我在本书中一直强调，共同体和社会相互重

1　厄里的著作对共同体的新形式进行了广泛而有趣的讨论，参见第六章。

叠。如今，各社会群体日益相互渗透交融，因此，归属感可以以跨国性、地方性等多种形式呈现。因此，跨国流动以多种方式为不受边界约束的机构提供了机会。共同体并非固定不变，而是适时而变，它会通过移位和移植出现在符号空间中，流散群体和跨国移民所处的世界便是明证（Werbner, 2005）。

第二，全球化并未导致民族国家的消亡，但能导致其重构。国家和民族都不会消亡。可以肯定的是，国家很难对民族进行权威定义，也无法控制其内部和外部所有的现行力量，但国家仍然发挥着强有力的作用。另外，多种迹象表明，如今的全球化已经遭到遏制。可以说，全球化受到新兴国家、民族主义以及共同体的制约，其进程正在放缓。从欧洲的"慢餐"运动到反全球资本主义运动，再到复兴的民族主义、民粹主义和宗教运动，尽管国家共同体产生的不满无法解决问题，但它已成为世界上的强大力量。全球金融资本主义危机重申了国家的重要性。然而，国家共同体严重分裂，无法团结其多样化人口。

有一点很明确：伴随全球化而生的共同体与过去的共同体或带有民粹主义人民观的共同体没有任何联系。作为民族意识的共同体在政治和思想上都遭到质疑。从政治层面看，在欧洲，它与民粹主义政治和反动的浪漫主义者思想的联系过于紧密（例如海德格尔强调基于血缘与地缘的群众以及滕尼斯对于复兴田园时代的幼稚想法）。从思想层面看，克雷格·卡尔霍恩将共同体的概念世俗化，即共同体从一种具有道德价值的生活方式变成社会学变量（Calhoun, 1980），这使共同体概念失去了说服力。从政治层面看，在欧洲，第二次世界大战后在法国诞生的"融合"（communauté）和英语单词"共同体"（community）让德国的"共同体"（Gemeinschaft）概念黯然失色。促使欧盟成立的 1951 年《巴黎条约》和 1957 年《罗马条约》中的共同体概念显示出人们对于并不存在的团结的渴望。有人可能会说这一概念指和平带来的团结。德语"共同体"蕴含有机共同体的概念，法语中的"融合"和英语中的"共同体"则体现了更为积极的观点。在 20 世纪 60 年代日益国际化的大环境下，德语"共同体"渐渐失去了大众共鸣。

世界共同体

世界共同体与地方共同体正好相反，它在很大程度上是对共同体（即传统意义上的拥有共同习惯、居于共同空间的人之间面对面的交往）的否定。在相对同质的群体中，只要共同体以象征性的差异作为基础，它就不可能在更大范围内存在，因为必须有一个明确的参照共同体。但是，正如我们所见，这并不是共同体的唯一面目，世界共同体存在许多不同的形式。我们在第一章中已经有所提及，基督教、伊斯兰教和共产主义是基于对世界共同体的追求。即使不同国家有不同的传统，但是这些仍是历史上最具影响力的世界共同体形式。许多秘密组织，例如共济会，都是具有世界意识的全球组织。争取人权的斗争始终基于人类的根本统一性。第六章所讨论的新兴社会运动当然也是基于世界共同体的概念。具备全球责任意识的生态伦理让许多空洞言辞具备了实质性意义。民主本身已成为所有现代社会运动中最具全球性的运动之一。对民主的渴望是全球意识以及实现世界共同体合法化的最重要的体现。

世界共同体理念很容易运用在政治中。2001 年，纽约"9·11"恐怖主义袭击发生后，英国政府大力推动世界共同体的构想。全球恐怖主义可能成为现代性后期的决定性事件，这种观点不无道理。时任英国首相托尼·布莱尔呼吁建立世界共同体，要求对被指控的施害者及其赞助者采取军事行动。人们普遍认为，恐怖主义袭击针对的不仅仅是美国，更是对世界共同体的攻击，理应得到全世界的回应。尽管这种解释引起了激烈的争论，但是鉴于作为美国资本主义中心的世贸中心以及同时被袭击的五角大楼具有重要象征意义，英国政府以此作为支持美国对阿富汗进行反击的主要理由，并在 2003 年发动伊拉克战争。在 2001 年 10 月 2 日英国工党年会上的重要演讲中，托尼·布莱尔使用"共同体"一词多达 17 次[1]。他声称，"有一股力量正在汇聚，共同体的力量正在发挥作用。"他提出一个问题"世界如何成为一个共同体？"并回答说：全球化使所有国家在许多关键领域的利益越来越紧密地联系在一起。他认为，应该将世界共同体的主张与"共情力"联系起来，问题是"如何利用共同体的力量并且与正义相结合"。在演讲中，他继续呼吁国家政治中的"共同体力量"，即"现代社会民主的治理理念是共同体"，并且在国际政治中：

　　我们需要牢牢抓住这一时刻。万花筒已经摇动，里面无数的彩色碎片正不断发生变化。很快碎片会再次静止。在这之前，我们要重新定义世界秩序。如今，人类的科学技术既可以摧毁自身，也可以为全人类带来繁荣。然而，科学无法为我们做选择，只有世界成为共同体，其道德力量才能帮助我们做出选择。

在演讲中，他总结道：

　　一个人走得快，一群人走得远。对"9·11"事件的遇难者和哀悼者来说，现在正是凝聚力量、构建共同体的时候。让共同体成为他

1　该演讲发表在 2001 年 10 月 3 日的《卫报》上，第 4-5 页。

们的纪念碑。

尽管这些话有些老套，但这是对于世界共同体最清晰的表述之一。无论是在民族政治还是世界政治领域，共同体都是关键资源。正如我们在第四章讨论过的，托尼·布莱尔领导的英国"新"工党政治纲领在自我理解方面具有强烈的共同体主义色彩，呼吁共同体也符合英国新工党"第三条道路"的议程。任何熟悉这一运动的政治和思想议程的人都知道，"第三条道路"超越了民族语境，拥抱全球政治和市场[1]。对共同体的呼吁表明，共同体不仅可以外延到民族国家之外，也可以在国家内部发展，比社会更深入、更私人化。共同体避免了民族主义的特殊性，能够让自己轻松融入全球性。2001 年的"9·11"恐怖袭击为重新定义世界共同体政治开辟了空间。托尼·布莱尔所提出的"共同体的力量"与美国前总统老布什（George Bush）在 1991 年海湾战争期间宣布的"世界新秩序"形成了鲜明对比，前者更强调正义和共同体，而不仅仅是考虑国家安全利益。但是，不可否认的是，布莱尔的主张也存在军事目的，反映了国家需要为其军事机构进行新的定位。在战后西方世界的相对和平时期，西方国家之间发动战争的可能性较小，国家必须重新定义军事力量。因此，现在需要建立起的新安全理念应当远远超越传统的国家间体系，这一新理念的核心是应对国际恐怖主义和国际组织犯罪。在国际合作的背景下，国家安全问题正逐步提上日程。

托尼·布莱尔呼吁用共同体的力量改善世界的演讲反映了国家政府所持的世界共同体观，其他人更多则是在全球公民社会的背景下探索世界共同体。这使得重心从以国家为主转变为各种国家或非国家因

1　参见 Giddens（1998）。

素的共同参与，包括地方共同体行动主义。世界主义民主概念较多，戴维·赫尔德（David Held）提出以改进的联合国模式作为世界政府的基础设想，还有以更加非正式论坛为基础的后国家治理愿景，在此愿景下，国际非政府组织发挥着更突出的作用（Archibugi, 2008; Boli and Thomas, 1997, 1999; Falk, 1995; Held, 1995）。对于某些人来说，世界共同体只能以后国家世界的形式出现，国家已经被民主机构和代理人网络体系所取代，成为一个简化的实体。在目前关于世界主义的文献中[1]，一个主要分歧在于：世界共同体是在世界各国构成的国际共同体所保障的全球宪法中体现出来，还是被更广泛的行动者和话语巩固。从全球公民社会的角度来看，世界共同体可以由四个因素构成：国家；非国家因素（例如非政府组织）；国际政府机构（例如联合国、国际红十字会、欧盟和其他跨国组织）；国际法庭。这些是使世界共同体成为可能的组织形式。

除此之外，还必须补充一点：世界共同体更重要的表达形式在于文化话语的形成。共同体的力量在于提供了想象世界的定义、原则和认知模型。本质上，共同体的力量是沟通的力量。生态运动、人权运动、人道主义组织和一系列社会运动使人们的世界观发生了巨大转变。例如，围绕保护自然和消除苦难的全球责任意识伦理的新式话语已经出现（Strydom, 2002）。相比国家行为，这些思考方式最终将会在塑造世界共同体中发挥更加重要的作用。这种非国家主义的世界共同体意识指向共同的话语，而不是一种新的世界秩序。这些话语产生于不同的语境，无论是地方、国家，还是国际舞台。把世界共同体看作在沟通过程中的话语建构，使它具备了更强烈的世界主义特征。

1　有关此问题的讨论，参见 Delanty（2000）。

世界主义本质上是这种状态：主体与他人交往后产生更多反思，从而产生变化。普世原则（例如和平、人的尊严等）能够拓宽道德和政治视野。尽管当今世界存在普遍的反世界主义趋势，但全球对世界主义原则的认可度有所提高，而世界主义原则的体现者，往往是反对派运动和寻求促进社会正义的地方共同体。从这个意义上讲，与其说世界主义是源自全球精英文化或跨国组织，不如说它是一场自下而上的运动。被人普遍接受的世界主义的概念被用于描述这种日常世界主义观。在社会科学和后殖民思想中，世界主义与实践性的社会现象联系起来，因此说世界主义只是一种精英现象就站不住脚了。曾经被排除在政治共同体之外的群体努力争取权利，世界主义与他们的联系越来越紧密。世界主义之所以受到欢迎，是因为它可以替代占据 20 世纪大部分时间的暴力民族主义，也源自对全球化进行规范化批判的愿望。它不是一种肯定性的理论，也不能简化为跨国主义，它能促进社会的转变，是从社会斗争中产生的。

正如本书所论，共同体既不是已经在具体制度结构（如职业）中形成和表述的，也不是只适用于某些传统的生活方式或是作为对现代性的抵抗。共同体存在于表达之中。如同托尼·布莱尔的演讲所示，世界共同体是话语建构，并不直接对应于潜在的现实。因此，世界共同体难以捉摸。从政府领导人到社会活动家，许多社会行动者都可以宣称建立了共同体。到了某个时刻，世界共同体逐渐演变为所谓的"全球共同体"。一些有关世界共同体的主要论述（如托尼·布莱尔的演讲）都坚持全球世界原则，但在确定政治行动主体方面，世界共同体也可以不必太具体。一旦主体变得不确定，越来越多的行动者便会参与入其中，从而颠覆旧的话语，使之适应新的目标。在这种情况下，世界共同体话语裂变成许多项目，在这种语境下，我们就可以讨论跨国共同体。

跨国共同体

跨国共同体产生于地方对于全球的占有。在与地方的关联形式方面，跨国共同体和世界共同体有所不同。从这个意义上来说，跨国共同体虽然在全球范围内运作，但它们是基于地方的共同体项目。世界共同体的主要表现形式之一是全球公民社会以及日益发展的国际公共领域，但是跨国共同体的形成是由于移民和全球范围人员的大规模流动。世界共同体与全球公民社会不同，它不把话语融合作为前提。跨国共同体具有迁移、流散和混杂的特点。跨国共同体的世界主义属性来自流动性，通过流动性这一特点，跨国共同体超越了地方的局限，随之而来的文化融合产生了身份认同，并且身份的定义在不断地发生变化[1]。在全球移民的时代，不同的文化相互渗透融合。这可能会产生纯粹的混合文化，或产生在不同程度上基于原始或占主导地位的民族身份的文化。按照罗宾·科恩（Robin Cohen）的分类，流散可以分为受害者流散、贸易流散、文化流散、帝国流散和劳动流散（Cohen, 1997）。

学界对于流散的解释各不相同。保罗·吉尔罗伊（Paul Gilroy）、斯图尔特·霍尔（Stuart Hall）和霍米·巴巴（Homi Bhabha）等英国后殖民主义者强调黑人流散共同体的殖民遗产，这一共同体意识是在双重意识的背景下形成的。在这种双重意识中，流散者的集体身份由过去的文化遗产和对现在文化的抵抗共同塑造。与黑人流散的两极化构成形成鲜明对比，王爱华（Aihwa Ong）并不强调全球流散人群和边缘人群的双重性和反应性，因为其中的许多流散人口

1　这种视角的例子见 Joseph（1999）和 Urry（2000）。

并非仅由殖民主义所致，而是新文化自信和经济自信的产物（Ong，1999）。例如，她认为，流散华裔生活在一个后发展时代，这样的时代对从东南亚国家向其他众多国家迁徙的新一代中国专业人员非常有利。一个高度去地域化、灵活的华侨共同体应运而生。王爱华指出，华人流散现象具有多重地理特征，而不是双重意识（同上）。其结果是，华人已经变成一个开放的概念。但是，如上所述，流散可以有多种形式。虽然后殖民主义作家强调黑人流散或大西洋流散，王爱华聚焦的是华人流散，但需要指出的是，许多流散者都生活在边境地区，而非西方的大城市或东南亚的繁华都市。并非所有跨国移民现象都可以构成流散，"流散"一词本身暗含了身份的宗教基础，因此这意味着我们不能再强调流散者，而更应该关注迁徙活动本身。此外，后殖民主义研究方法过度强调跨国共同体的混杂性和不断生产的差异。尽管这些因素在后殖民主义后现代的研究方法中更为明显，例如，斯皮瓦克在其论著中非常强调差异性，但是这种趋势也已经成为越来越多的流散文献的一部分（Spivak，1987）。但是，并非所有的流散或跨国共同体都像通常所说的那么具有混杂性，在某种程度上，混杂性本身就是新的实质性身份。在许多跨国共同体中，占统治地位的族裔或宗教身份限制了差异的生产。

　　跨国共同体中一个最好的例子是难民营，它是由地区与全球的关系造成的。在难民营里，创伤、集体记忆和流亡经历都可以促使人们产生强烈的共同体意识。对国内流离失所者（IDPs）总数的预估各不相同。联合国难民事务高级专员办事处（UNHCR）[1] 资料显示，2015年，全世界有 6 530 万人因冲突或迫害而被迫流亡。许多人是本国的

1　可参见 http://www.unhcr.org/4a2fd52412d.html。

难民，在全球大约 191 个国家中，有半数以上的难民都是流离失所者，难民人数达 2 130 万。数百万的国内流离失所者被安置在世界各地的难民营中，这些最边缘的地方形成了难民共同体。难民营大多位于边境地区，其独特之处在于其阈限性，而不是混杂性。就像西方的多元文化城市一样，流散群体构成共同体的语境各异，这些群体最终会在这些西方城市安定下来，从而告别难民营的暂时流亡。在难民营的阈限空间中，产生了两种层次的地方性。许多难民营大同小异，其人员包括从邻近国家逃亡而来寻求庇护的某国家或族裔群体，例如从塔利班政权掌控下逃往巴基斯坦的阿富汗人，或在以色列占领之后逃往黎巴嫩的巴勒斯坦人。不论是受收容国政府还是国际救济机构的保护，难民营往往会复刻被迫逃离的难民曾居住村庄的空间地理环境。在难民营中，由于过去的共同经历和受歧视、被边缘化的现状，难民产生了强烈的身份认同。对于难民营而言，地点是至关重要的，因为难民营首先是一个空间组织，这里空间隔离与控制程度都很高。

人类学家朱莉·佩蒂特（Julie Peteet）认为，过去近 50 年的流亡时间里，黎巴嫩难民营里的巴勒斯坦难民已经形成了共同体意识，流离失所是他们共同的经历，流亡生活使他们产生了共同的政治期望（Peteet, 2000, pp.200-203）[1]。在难民营，文化、政治、地方和世界主义共同体结合在一起，产生了一种强大的共同体意识：一种集体赋能和集体行动的意识。重建 1948 年以前的村庄进一步强化了难民营中形成的共同体，难民营中有许多区域以原来的村庄命名，这些村庄的边界逐渐与抵抗运动的政治组织联系起来。但是，难民营本身也可以作为共同体，而不仅局限在地区范围内。黎巴嫩的每个难民营，根据对抵抗运动的贡献大小，都拥有自己的共同体身份。

1　以下关于难民营的讨论借鉴了佩蒂特的论著。

在流亡中，抵抗运动培养了共同体意识，这些情感在抵抗运动的政治、社会和军事活动及其体制中形成了组织形式。抵抗运动还将各地区的团体联系起来，使他们具有凝聚力，能够团结一致地采取行动，尤其是军事行动（同上，p.201）。

难民营的案例与上文提到的其他跨国共同体的例子形成鲜明对比：西方的流散共同体只是部分地稳定下来，在许多情况下，这些共同体已经实现了高度融合，甚至高度分化。对于后者来说，跨国共同体既不存在于国内，也不存在于流亡地，而是同时存在于这两个地方。跨国共同体为流亡者收容国及其原籍国都带来了重大文化变革。在欧盟各国中，移民已经获得重要的权利，并在地位确立方面发挥了重要作用。其结果是，公民身份已被后民族时代的政治身份所取代，公民权不再仅仅局限于国民（Kastoryano, 2002; Soysal, 1994）。在很多时候，故乡是一个遥远的记忆，特别是对于第二代和第三代移民，他们可能不再讲民族共同体的通用语言。但是记忆是被构建之物，怀旧的第三代移民在想象的共同体中构建了更加真实的故乡，他们不再寻求同父辈或祖父辈所追求的融合。这可能导致某种程度的去差异化，正如在对全球化和早期现代化浪潮的抵抗中产生的新的公同体身份一样。

在新的差异性政治中，跨国共同体可以产生新的意识流，从而唤醒流散群体的愿望。这些记忆共同体超越了具体经验，且诞生于跨国共同体的集体意识中，因此它们非常强大。实际上，跨国共同体与其他任何全球分散的群体一样差异巨大，但其具有高度同质化的身份。在这些记忆中，想象的集体主体常常被更新。由边缘化、歧视和被迫流放所引起的创伤记忆可能是这些共同身份中的潜在因素。曼纽尔·卡斯特认为，在这样的压力下，族裔这个概念被其他文化和政治力量掩盖，又被赋予新的含义：

族裔是社会的基本特征，尤其是作为歧视和羞辱行为的来源，但它本身并不能催生共同体。相反，宗教、民族和地域容易对族裔产生影响，而族裔会强化其特殊性。

（Castells, 1997, p.65）

卡斯特认为，许多社会行动者正在远离或抵制现代世界带来的身份的个体化。许多社会角色正在文化共同体中寻求崭新、独特的身份认同。这些身份大多是文化塑造的防御性身份，是对现代世界的回应，但它们本身是现代性的产物，而不是在危机时期神秘出现的某种历史身份的表达。因此，有人认为，某些跨国主义中体现的文化共同体可能是现代性的抽离，是对惊人的个体化和差异化的形式所做出的反应。族裔需要更具全球组织性的话语来产生跨国共同体。卡斯特认为，族裔建立在核心纽带之上，当这种纽带转化为更具全球性的文化产物后，就失去了其重要性（Castells, 1997）。

合法化身份的基础是统治性机制，抵抗性身份则对抗统治，通常源自边缘群体，规划性身份的目的则在于建立新的体制。在区别这些身份时，卡斯特认为，共同体在很大程度上是对全球化的反应，是为抵抗全球化而提供的防御性"共同体天堂"（communal heaven）（同上）。一旦他们走出抵抗阵营，去建立新的积极身份时，抵抗性身份便能转化为规划性身份，女权主义便是如此。卡斯特同时指出，抵抗性身份主要形成社群或共同体：

与多元、分化的公民社会相反，文化群体内部几乎不存在分化。的确，群体的集体特征和集体责任使它们拥有提供庇护、慰藉以及确定性的力量和能力，但是这也造成了对个性化的舍弃。因此，在反应的第一阶段，防御性身份对意义的（重新）建构脱离了社会体制，承诺自下而上进行重建，同时又在共同体天堂中淡化自己的意义。

（同上，p.67）

按照这种观点，当代世界充满抵抗性身份的共同体例子，例如民族主义、宗教原教旨主义以及反全球化运动等。全球化时代也是共同体时代。起初，对共同体的追寻是对全球化的反应，即对稳定的社会制度破裂、生活世界的连续性被打断的反应。同时，它也是对时代的进步大潮，例如当下的个体化和父权家庭危机的反应。根据卡斯特的理论，合法化身份的功能似乎难以为继，其结果是陷入抵抗性身份与规划性身份的战争。我们似乎可以这样来表述卡斯特的问题：抵抗性身份是否可以转换为规划性身份？阿兰·图海纳认为新共同体主义身份与工具理性之间的斗争正在分裂世界，因此规划性身份出现的可能性相对比较大（Touraine, 1995, 2000）。

尽管卡斯特和图海纳对此都持乐观态度，但并非所有学者都认为会出现一个新"主题"（图海纳的术语）来调和现有的两极分化情况。2001 年 9 月 11 日美国遭受恐怖袭击以来，文明冲突的概念甚嚣尘上，已成为对当今局势最受关注的解释之一。然而，并非所有关于文明冲突的描述都像塞缪尔·亨廷顿（Samuel Huntington）的观点那样简单粗暴，即西方基督教民主文化面临着伊斯兰-儒家文明的复兴。本杰明·巴伯（Benjamin Barber）在《圣战与麦当劳世界》（*Jihad vs. McWorld*）中对全球社会进行了更为精细的分析，其观点更接近于卡斯特和图海纳（Barber, 1996）。奥巴马任期内曾试图使美国重返多边主义。弗朗西斯·福山（Francis Fukuyama）认为，"单一世界"秩序正在形成的观点过于简单，说两种宗教文明陷入了不可调和的斗争也不尽准确（Fukuyama, 1992）。巴伯认为全球冲突是基于资本主义价值观的全球文化之间的冲突，是彻底退回到极权共同体和部落式情感的冲突。他的解决方案是用公民社会的包容性价值观来替代麦当劳世界和圣战世界的价值观。巴伯指出，"有能力抵抗圣战世界和麦当劳世界等反民主倾向的全球性民主，不能从某个国家的国库中借来，也无法从抽象的宪法模板中复制而来。无论是在全球还是地方，公民身份都是第一位的"（Barber, 1996, p.279）。

总之，可以说，跨国共同体是世界主义共同体的重要例证。跨国共同体拒绝"同一个世界"共同体构想，也不寻找地方乌托邦，从而在全球秩序中发现了许多自我复制的可能性。从这个意义上来说，跨国共同体与许多后传统共同体都有基本的沟通形式。当流散现象出现时，全球化提供的沟通可能性使许多传统共同体形式得到重塑和维持。

世界主义共同体：以欧洲的归属感为例

在欧洲，我们可以从很多欧洲人的身份中发现一种世界主义归属感。几十年的欧洲一体化催生了典型的欧洲身份认同。在许多情况下，这可能是一个次级身份，为诸如国家和地区的身份提供补充（Bruter, 2005；Checkel and Katzenstein, 2009；Herrmann et al., 2004；Risse, 2010）。现在，这样的身份认同在欧洲的自我认识中非常重要（见 Jones and Jackson，2014）。

欧洲归属感的出现是一个相对较新的现象，受到欧洲文化政策的影响，如欧洲文化之都计划、伊拉斯谟交流计划、关于沟通政策的欧洲研究以及欧洲公民权等（Sassatelli, 2009；Schrag, 2013）。"欧洲晴雨表"（Eurobarometer）创始于1974年，自那时起，它一直用来判断并同时影响欧洲人的身份认同程度。正因为如此，我们才有可能谈论欧洲人共同体，不再把国家当作身份认同的唯一参照点，这是一个重大转变。2016

年 6 月 23 日，英国脱欧公投后，欧洲共同体的归属感得到了明确体现：具有相对较强的欧洲认同的人和主要认同国家共同体的人之间的新分歧变得尖锐和明显。正如尼尔·弗利格斯坦（Neil Fligstein）所述，前者更可能是年轻、受过教育和流动性大的群体，持这种身份认同的人的价值观也更加自由和世界主义化；与之相反的是强烈的国家认同，有此类认同的人的观点往往更加保守和专制（Fligstein, 2008）。流动性是欧洲认同的一个重要维度。欧洲人旅行的次数越多，就越有可能对欧洲产生一定程度的认同感和归属感。由于教育、工作、婚姻或退休等原因，越来越多的欧洲人居住在出生地以外的国家。但是，这种欧洲归属感不一定只取决于流动性，还源于教育和多样性体验所带来的开阔视野。

对很多人来说，欧洲归属感的存在并不意味着欧洲已经盛行世界主义。反世界主义的潮流也依然存在，欧洲极权民粹主义的兴起就是例证。尽管如此，世界主义共同体已经具备了存在的空间。欧洲一体化催生了深刻并且影响深远的宪政进程，它从根本上改变了民族国家。由于在欧洲层面共享国家主权，新的权利已经诞生，民族国家已成为后主权政体。

小　　结

在讨论共同体是稀薄还是浓厚时，我们可以说世界共同体是稀薄型，而跨国共同体和赛博虚拟共同体（参阅第九章）既可以是稀薄型，也可以是浓厚型，具体取决于其对地方的依赖程度（参见 Olsen, 2010）。这两者都是世界主义共同体的主要表现形式，其基本特征是沟通。尽管所有类型的世界主义共同体都具有流动性，但这并不是它们的关键特征，流动性更多充当形成共同体的前提。在世界主义共同体中，归属感具有强烈的话语性，它是围绕着从未完全封闭或固定的参照点所包含的话语而构建的。世界共同体在很大程度上是措辞与话语的产物，例如演讲、会议和峰会。虚拟共同体仅存在于网络空间的社交和信息结构中（例如网站和聊天室）。跨国共同体的存在同样也基于行动者网络所建立的沟通联系。从这个意义上说，它们是沟通共同体，其中所表达的归属感话语永远不可能封闭。其结果是，黑格尔用来描绘现代状况的"不幸意识"现已成为共同体的核心，因为它所追求的归属感永远无法实现。

世界主义沟通共同体以归属感话语为基础，它们以相当的开放方式构建了参照共同体。就世界共同体而言，这将参照共同体扩展到整个人类社会或全球公民社会。这种包容性共同体形式不可避免地冲淡了归属感，成为一种稀薄的普遍性身份。同样不可避免的是，共同体的这种普遍主义话语将会和更具体且封闭的共同体产生冲突。跨国共同体也反映了全球意识，但它以某种方式为地方赋能，并且打开新的维度。因此，跨国共同体虽然比传统的地方共同体更加开放，但与"同一个世界"共同体相比，具有更强的封闭性。

从本章以及目前全书的分析中，我们可得出一个结论：共同体拥有多种形式，因此需要一种更为差异化的方法来进行区分。对于共同体来说，并不存在哪种形式更真实的说法，各种共同体也并不一定是从某个基本共同体衍生出来的。共同体的形式多种多样，包括传统共同体、面对面共同体、虚拟共同体、跨国共同体和"同一个世界"共同体，它们往往相辅相成。因此，虚拟性可以强化跨国共同体，而虚拟性本身也许只能提供十分有限的共同体范畴。第九章将探讨虚拟共同体。

参 考 文 献

Amit, V. (2012) *Community, Cosmopolitanism and the Problem of Human Commonality.*

London: Pluto Press.

Archibugi, D. (2008) *The Global Commonwealth of Citizens*. Princeton, NJ: Princeton University Press.

Barber, B. (1996) *Jihad vs. McWorld*. New York: Ballantine Press.

Boli, J. and Thomas, G. (1997)‘World Culture in the World Polity: A Century of International Nongovernmental Organization’. *American Sociological Review*, 62: 171−190.

Boli, J. and Thomas, G. (eds) (1999) *Constructing World Culture: International Non-governmental Organizations since 1875*. Stanford, CA: Stanford University Press.

Bruter, M. (2005) *Citizens of Europe? The Emergence of a Mass European Identity*. London: Palgrave.

Calhoun, C. (1980)‘Community: Toward a Variable Conceptualization for Comparative Research’. *Social History*, 5(1): 105−129.

Castells, M. (1996) *The Information Age, Vol. 1: The Rise of the Network Society*. Oxford: Blackwell.

Castells, M. (1997) *The Information Age, Vol. 2: The Power of Identity*. Oxford: Blackwell.

Checkel, J. and Katzenstein, P. (eds) (2009) *European Identity*. Cambridge: Cambridge University Press.

Cohen, R. (1997) *Global Diasporas*. London: UCL Press.

Delanty, G. (2000) *Citizenship in a Global Age: Culture, Society and Politics*. Buckingham: Open University Press.

Delanty, G. (2009) *The Cosmopolitan Imagination: The Renewal of Critical Social Theory*. Cambridge: Cambridge University Press.

Falk, R. (1995) *On Humane Governance: Toward a New Global Politics*. Cambridge: Polity Press.

Fligstein, N. (2008) *Euroclash: The EU, European Identity, and the Future of Europe*. Oxford: Oxford University Press.

Friedman, J. (1994) *Cultural Identity and Global Process*. London: Sage.

Frisby, D. and Sayer, D. (1986) *Society*. London: Tavistock.

Fukuyama, F. (1992) *The End of History and the Last Man*. Harmondsworth: Penguin.

Giddens, A. (1998) *The Third Way: The Renewal of Social Democracy*. Cambridge: Polity Press.

Held, D. (1995) *Democracy and the Global Order: From the Modern State to Cosmopolitan Governance*. Cambridge: Polity Press.

Herrmann, R. K., Risse, T. and Brewer, M. B. (eds) (2004) *Transnational Identities: Becoming European in the EU*. Lanham, MD: Rowman & Littlefield.

Jones, H. and Jackson, E. (eds) (2014) *Stories of Cosmopolitan Belonging*. London: Routledge.

Joseph, M. (1999) *Nomadic Identities: The Performance of Citizenship*. Minneapolis: University of Minnesota Press.

Kastoryano, R. (2002) *Negotiating Identity: States and Immigration in France and Germany*. Princeton, NJ: Princeton University Press.

Nascimento, A. (2013) *Building Cosmopolitan Communities*. London: Palgrave.

Olsen, M. (2010) *Towards a Global Thin Community: Nietzsche, Foucault and the Cosmopolitan Commitment*. London: Routledge.

Ong, A. (1999) *Flexible Citizenship: The Cultural Logics of Transnationality*. Durham, NC: Duke University Press.

Peteet, J. (2000) 'Refugees, Resistance, and Identity'. In: Guidry, J., Kennedy, M. and Zald, M. (eds) *Globalization and Social Movements: Culture, Power, and the Transnational Public Sphere*. Ann Arbor: University of Michigan Press.

Risse, T. (2010) *A Community of Europeans? Transnational Identities and Public Spheres*. Ithaca, NY: Cornell University Press.

Robertson, R. (1992) *Globalization: Social Theory and Global Culture*. London: Sage.

Sassatelli, M. (2009) *Becoming Europeans: Cultural Identity and Cultural Politics*. London: Palgrave.

Schrag, C. (2013) *The Struggle for EU Legitimacy: Public Contestation, 1950–2005*. London: Palgrave.

Soysal, Y. N. (1994) *Limits of Citizenship: Migrants and Postnational Membership in Europe*. Chicago: Chicago University Press.

Spivak, G. (1987) *In Other Words*. London: Routledge.

Strydom, P. (2002) *Risk, Environment and Society*. Buckingham: Open University Press.

Thompson, J. (1998) 'Community, Identity and World Citizenship'. In: Archibugi, D., Held, D. and Köhler, M. (eds) *Reimagining Political Community*. Oxford: Blackwell.

Touraine, A. (1995) *Critique of Modernity*. Oxford: Blackwell.

Touraine, A. (2000) *Can We Live Together? Equal and Different*. Cambridge: Polity Press.

Urry, J. (2000) *Sociology Beyond Societies: Mobilities for the Twenty First Century*. London: Routledge.

Webber, M. (1963) 'Order in Diversity: Community Without Propinquity'. In: Wingo, L. (ed.) *Cities and Space: The Future Use of Urban Land*. Baltimore, MD: Johns Hopkins University Press.

Werbner, P. (2005) 'The Translocation of Culture: "Community Cohesion" and the Force of Multiculturalism in History'. *The Sociological Review*, 53(4): 745–767.

第九章
虚拟共同体：沟通带来归属感

技术在塑造人类社会方面一直发挥着重要作用。自 20 世纪 90 年代以来，互联网和通信技术已引发社会关系的根本性变革。年轻一代已在新兴的短信文化和虚拟现实中成长起来，人们开始探讨这种文化对社会关系的影响。自 1962 年马歇尔·麦克卢汉（Marshall McLuhan）的《古登堡星系》（*The Gutenberg Galaxy*）出版以来，社会思潮中融入了全球未来沟通共同体的理念（McLuhan, 1962）。虽然目前的形势与麦克卢汉设想的有所不同，但这种理念在一定程度上已经变成现实。信息和通信技术为共同体创造了强大的新型表达形式，远远超越目前人们已知的共同体形式。过去，人们认为科技会削弱共同体的力量，但在今天的软技术时代，共同体被赋予新的表达形式。这也让我们必须用新的视角来研究共同体。虚拟转向为讨论信息技术对共同体生活的影响等相关问题提供了新方法（Castells, 2001; Feenberg and Barney, 2004; Jones, 1995; Rheingold, 1993; Shields, 1996; Smith and Kollock, 1999）。但新技术中也潜藏着破坏性力量，可能削弱共同体的可能性。

技术导向的共同体（通常被称为 TMC）——赛博共同体、在线共同体或虚拟共同体，正在催生新型社会群体。这些社群形式多样，有明显的私人化特征，关注生活方式，但这些社群也可以回归较传统的形式，重构家庭和农村地区，甚至重组政治运动。在这些去空间化的共同体中，归属感已经被彻底重塑，许多人因此质疑归属感会不会消失在通讯浪潮之中。其结果是，地点、地域以及符号性联结已失去了固有内容，取而代之的是更具流动性和暂时性的社会关系形式，它们只有通过沟通过程才能维持，一旦脱离便失去现实性[1]。对于这些通讯时间和空间（如脸书、推特、WhatsApp）能否构成共同体，尚无明确的答案，很大程度上取决于人们对"共同体"的定义，因为它们可能仅仅是工具性网络，缺乏共同体的规范性推动力。本章将探讨虚拟共同体的利弊以及互联网对社会关系的积极贡献。

我们先来看看虚拟共同体中存在的一些问题，尤其是真实与虚拟的关系问题。本章第二节将讨论虚拟共同体的三位主要理论家：霍华德·莱茵戈德（Howard Rheingold）、曼纽尔·卡斯特和克雷格·卡尔霍恩。我们将在最后一节批判性地讨论虚拟共同体的影响。本章的主要观点是：虚拟共同体的真实性不亚于传统共同体或其他类型的共同体，其独特性在于沟通是归属感的关键特征。沟通已经成为当今人们表达归属感的重要手段。区分真实共同体和想象共同体是毫无意义的，因为在某种意义上所有共同体都是想象的，但这并不意味着共同体不是客观存在。虚拟共同体只是共同体的一种形式，通常与其他类型的共同体并存。共同体是一种归属感体验，因此，如果人们以虚拟形式体验归属感，那么对这些人而言，共同体的确是一种具体经历。它并没有丧失具体性，只是以不同的形式呈现而已。

技术与共同体转型

技术的社会形态多种多样，归纳起来有三种：工具型、乌托邦型

1　米歇尔·威尔逊（Michele Wilson）对此进行了讨论（Wilson，2002）。

和文化型。工具型技术是实现人类目标的一种手段。对技术的经典理解是：技术是塑造某种事物的工具，也是服务人类的需求或目的的工具。智人的特征之一是依赖工具。它们的进化与掌握工具有关。大约 12 000 年前，农业技术的发明带来不可逆转的变化，引发了向第一次文明的过渡。现代性使技术具备了第二种形式，即技术本身即目的。启蒙运动树立了对于技术的终极价值的强大信念，认为技术由科学驱动，其目的在于主宰自然。随着现代性的演进，对技术的渴望越来越具有乌托邦色彩，最终导致人类世的反乌托邦状态，在这种状态下，人类发明的技术大大改变了地球物理结构。

如今，另一类新技术已经出现，包括信息通信技术、生物技术、新繁殖技术、监测技术和社交网站等，它们更多地受到技术和市场的驱动，而不是科学的驱动，往往以技术科学的形式呈现出来。这些新技术拥有重组世界的强大力量，但与高度现代化的技术截然不同的是，首先，它们更多地交织在日常生活结构中，并且能够改变人性本身；其次，许多新技术是软科技，而不是现代性的硬技术；最后一点，新技术以速度和即时性为特征，反映了全球化时代的高速资本主义[1]。文化型新技术的文化性在于，它们正日益融入社会生活形式中，而不是仅仅集中在工业园区、工厂、办公室等地，这并不是说它们没有物质存在。互联网的碳排放超过了航空工业。例如，为了获取这一信息进行一次谷歌搜索，相当于排放 0.2–7 克碳（0.7 克相当于一辆汽车行驶 12 米的碳排放）。

技术与日常生活和生命工程融为一体；技术已经社会化。我们现在对技术的理解已远远超出了古典主义和现代主义时期，当时技术

1　这并不是说这些技术没有硬技术支持，也不是说它们微不足道。例如，卫星军事技术是卫星导航系统的基础。

被视为中性或正面的概念。所谓的第二代互联网（Web 2.0）尤其如此。与第一代互联网（Web 1.0）不同的是，第二代互联网是由用户生成的，意味着生产和消费之间的区别已经瓦解，一个新词"产消合一"（prosumption）应运而生（Ritzer and Juergenson, 2010, p.19. 另参见 Beer and Burrows, 2013）。旧资本主义由生产驱动；在后工业社会，消费变得越来越重要，但直到最近，生产和消费的界限才逐渐模糊。用户生成的在线内容已经改变了生产和消费之间的关系。发明"产消合一"一词的阿尔文·托夫勒（Alvin Toffler）认为，后工业社会中就已经出现了"产消合一"，如今在互联网经济和社会中占据了更核心的地位。

移动电话、电子邮件、社交网站（如脸书、聚友网、推特及其他社交网络和博客）和互联网都是有史以来最具社交性的技术形式，它们消除了以往所有通信技术所要求的距离条件，并为大规模政治动员提供了新机会。它们不仅反映社会生活，还构成社会生活本身。数字网络的特点是支持分散访问，具有同时性和互连性（Sassen, 2002, p.366）。这些特征有助于沟通，特别是全球沟通，并由个体直接控制。同时，用户也受到"大数据"的监控。

在这样的背景下，我们才能考虑信息和通信技术在塑造新型流动共同体中的作用，例如超级沟通共同体。

关于虚拟共同体的出现，首要的一点是，它是由高度个性化技术催生的共同体形式。我们所说的技术，不仅仅指工具或非社会性机器，因为当今的技术已经社会化，许多道德问题都与之相关。因此，我们应该摒弃任何认为技术与社会不相兼容的观念。无论是在家庭中，还是在工厂里，我们都可以看到新技术的应用。巴拉克·奥巴马担任社区组织者长约 20 年。在 2008 年的总统大选中，他运用共同体的力量获得了大量选民支持。奥巴马认为网络技术是将传统共同体组织上升到国家层面的唯一途径。奥巴马团队的网络战略的运作模式和其他带有政治目的的社交网站一样。志愿者和捐赠者在网上注册，被鼓励去招募更多的志愿者，召开会议，发布信息[1]。其结果是建立起以为了共同体意识为核心的国家集体认同，这一共同体拥有共同的集体目标。

还需要强调的一点是：我们不必再讨论真实共同体和想象共同体的区别。正如本尼迪克特·安德森（Benedict Anderson）在他的《想象的共同体》（*Imagined Communities*）中所提出的，随着现代性和印刷话语时代的到来，共同体必须拓展认知能力来描绘自我形象。原因很简单：传统的面对面的方式无法维系伴随现代性而形成的共同体（如国家）（Anderson, 1983）。互联网不仅使共同体想象变得更加容易，还使无法以非虚拟形式存在的共同体构建成为可能，例如化身共同体（Avatar community）——一个纯粹基于互联网的共同体，它允许人们打造自己的化身虚拟形象。[2]在这种情况下，共同体不单是想象的产物，而是虚构的，因为其在虚拟现实之外并不存在。

安德森认为，信息和通信技术是印刷文化发展的产物，但它们超越了作为社会组织媒介的印刷品的局限。马克·波斯特（Mark Poster）在《第二媒介时代》（*The Second Media Age*）中拓展了共同体的想象维度，他认为：

互联网和虚拟现实打开了新型互动性的可能，其结果是，真实共同体与非真实共同体相对立的观念不足以说明不同纽带模式之间的区

---

1 参见 2009 年 2 月 18 日《卫报》对托马斯·根斯默（Tomas Gensemer）的访谈，他是奥巴马互联网战略的领袖人物。
2 参见 K. 克里斯滕森（K. Christensen）和 P. 利文森（P. Levenson）编写的《共同体百科全书》（*Encyclopedia of Community*）中关于"化身共同体"的条目（Christensen and Levenson, 2003）。

别。相反，这一观念模糊了共同体形式的历史建构方式。

（Poster, 1995, p.35）

任何一个共同体，即使是传统的、基于共同职业的共同体，如煤矿工人或农村共同体，如果不能象征性地将自身想象成共同体，就不能作为共同体存在。虚拟共同体更接近于超越统一性的后现代共同体，新型个人主义已经出现，其特点是拥有短暂的现实和去大众化的社会关系。如布莱恩·特纳（Brian Turner）所言，与传统乡村生活中浓厚或有机共同体相比，或许可以称这些共同体为稀薄共同体（Turner, 2001, p.29）。稀薄共同体不以紧密的联系作为基础，往往是由陌生人组成的脆弱共同体。互联网把陌生人聚集起来，其社交通常以匿名形式进行，在这种"新型亲密关系"中，政治和主体性互相交织。"可以把当代互联网看作陌生人交换信息的全球市场，其结果是创造了稀薄共同体。随着地方文化认同日益浓厚，作为呼应去殖民化的政治网络也在稀薄的交流渠道中延展"（同上）。虚拟共同体是目前沟通共同体的最佳案例之一。虚拟共同体的目标之一是共享信息，但它也具有更广泛的社交功能，例如脸书等社交网站。在这种情况下，虚拟共同体与已经建立的团体（如家庭或亲属群体）进行互动，克服了距离局限，为确定感情提供机会，从而进一步促进了虚拟共同体。

虽然休伯特·德莱弗斯（Hubert Dreyfus）等批评家认为互联网是一个缺乏价值的空间，只提供毫无意义的交流，是后现代虚无主义的表现形式（Dreyfus, 2004），但其他学者却持更积极的态度[1]。互联网是许多缺乏传统社会关系基础的纯粹虚拟共同体以及完全由

---

1 参见 A. 芬伯格（A. Feenberg）和 D. 巴尼（D. Barney）的各种论著（Feenberg and Barney, 2004）。

互联网重组的共同体的基础，然而，一些前现代邪教和习俗已被互联网完全改造。例如基于网络的邪恶团体和神秘团体。其中最大的一个是巫术崇拜异教团体，由英国神秘共同体发展成为一个全球范围的虚拟共同体。

受技术影响的共同体并不一定意味着道德的缺失。肯尼斯·格根（Kenneth Gergen）认为技术已经重塑了道德。为了理解这一点，我们不能再将共同体看作一个共同地域内面对面的关系，而是将其看作一种开放的沟通过程，并与其他类型共同体保持灵活的关系。在《饱和的自我》（*Saturated Self*）一书中，格根认为，人们所认为的面对面关系的共同体已经被现代科技侵蚀（Gergen, 1991）。现代性带来了流动性，给日常生活带来了太多距离，比如家和工作场所分隔两地，家人和朋友们分散而居，人们去度假的次数越来越多，等等。因此，对于越来越依赖其他沟通形式来维系现实生活、价值观念和日常事务的大多数人来说，面对面的共同体已经无法实现（同上，p.192）。无论是电话、电视、收音机、CD 播放器还是互联网，以技术为基础的沟通提高了人们日常生活的流动性和速度。从社会学的角度来看，上述形式的现实真实性并不会低于其他形式。约翰·厄里也强调了这一点。对他来说，流动性是当今社会生活的一个重要特征；与过去固定的生活形式相比，流动性正变得更加重要（Urry, 2000）。厄里认为，虚拟互动正在催生新的"居所"。在区分"邻近性、本地性和交融性"时，他认为新兴的电子场所可以在远距离产生交融性，因为人们可以想象自己属于一个虚拟共同体。在这个新领域中，旅游与归属的壁垒被打破，地方性得到重塑，正如数字游民可以用不同的方式来组合身份（同上，pp.73-74）。

可以说，虚拟性是现代性的产物。用安东尼·吉登斯的话说，现代性使个体"流离失所"，使地点越来越变幻不定（Giddens, 1990, p.140）。现代性正不断地改变个人、地点和熟悉的日常世界的位置，将它们重新嵌入不同的语境，使熟悉和疏远重新组合。本地的购物中心似乎是人们熟悉的，但大多数商店都是连锁店，因此在共同体意识中我们深知全球与地方互相关联。关于虚拟共同体，其反面也可能是对的：这种迁移和重新嵌入机制使天涯变咫尺，使陌生变熟悉。在这种语境下，"接近即王道"（"tyranny of proximity"）的说法具备了当下性[1]。信息时代也许带来了通信饱和，但是人们的生活出现了越来越多的接近感。移动电话、互联网、电子商务（如 eBay）、社交网络、在线通话（如 Skype）和电子邮件为人们创造了更多不同形式的、更强烈的归属感，由此产生了更多的接近感。但这种接近感与面对面产生的接近感不同，它显然更为脆弱。然而，虚拟共同体通常是从稳固的共同体中延伸出来的，并不仅仅基于纯粹的虚拟关系。像脸书这样的社交网站能够将已经认识的人重新联系起来，从而将共同体扩展开来，不再受传统的地点和时间限制。

虚拟共同体理论

我们前面提到过，关于是否有可能建构虚拟共同体，社会、科学和哲学等领域的文献越来越多。然而，这些文献在很大程度上还不完善，理论上还很模糊，相关研究者很少提出明确的观点。在此，我们将讨论霍华德·莱因戈德、曼纽尔·卡斯特和克雷格·卡尔霍恩的主要理论立场，他们已经就虚拟共同体发表了最有趣、最具影响力的著述。本节将批判性地讨论他们的观点，以便为进一步评价信息和通信技术的影响提供基础。

1　D. 博登（D. Boden）和 H. 摩洛奇（H. Molotch）提出了这个概念（Boden and Molotch, 1994）。

霍华德·莱因戈德

霍华德·莱因戈德的《虚拟共同体：电子边疆的家园》(*The Virtual Community: Homesteading on the Electronic Frontier*)是首部研究虚拟共同体的重要著作，为所有后续相关研究提供了参考。虽然在1993年该书出版时，人们对互联网的应用远没有今天如此广泛，信息和通信技术也远不如今天发达，但它仍然是专注于研究归属感转型的经典著作[1]。莱因戈德将互联网视作客观现实的替代性现实，具有改造社会的能力。它不是对现有关系的补充，而是提供了一种全新的、不同层次的互动体验。总体而言，他对互联网持积极看法，认为人们可以从"真实"现实逃离到互联网所营造的替代性现实中。"我怀疑，之所以出现这种现象，是因为随着越来越多非正式公共空间从真实生活中消失，全世界人们对共同体的渴望与日俱增"(Rheingold, 1993, p.62)。但虚拟现实不仅仅是对现实的补偿，它也是对现实的逃避，这一论点体现了某种技术决定论。信息和通信技术本身不仅能够改变社会关系，还能创造新的社会关系。然而，莱因戈德所持观点的独到之处在于，虚拟共同体是"网上共同体"，在日常生活中并不存在。由此可以得出这样的假设：互联网所构成的群体在其他条件下并不存在。该观点也许反映了这样一个事实：莱因戈德的著作是对20世纪80年代中后期美国互联网文化的一种回应，当时的用户相对较少，由此构成了一个实际上由相同类型的人组成的共同体。他的观点遭到了批评，理由是它夸大了互联网创造新型共同体的能力，而且忽略了由互联网维持的共同体与互联网之外的共同体在形式上的相似性[2]。此外，这一观点不太适用于20年后更加多样化的形势。

1　该书新版本在2000年面世。
2　参见Bell（2001, pp.97-100）和Slevin（2000, pp.90-91）。

在莱茵戈德的著作中，我们看到人们从日常生活中抽离出来，进入陌生的虚拟世界，步入新型关系，采用新型交流方式。从某种意义上说，这几乎是一个现代主义的虚拟共同体愿景，一个可以由技术创造、比实体共同体更优越的乌托邦。之所以说这一观点具有现代主义特点，是因为他认为虚拟共同体与真实社群不仅相距甚远，而且截然不同。然而，讽刺的是，这种共同体观念借用了"真实"共同体的语言，因此莱茵戈德实际上将虚拟共同体视作科技版的传统共同体。例如，在莱茵戈德的著作中，地域的概念非常强烈，他认为互联网使村庄、住宅和社区等传统形式的地点重新空间化。莱茵戈德认为互联网与电报、邮政和电话等现代通信技术不同，它可以为具有共同身份的人提供新空间，以有意义的形式重建共同体。曼纽尔·卡斯特对于虚拟共同体社会理论持不同观点，尽管他认可莱茵戈德理论中的信息和通信技术，但他认为虚拟共同体是真实共同体的一部分。简言之，他避开了莱茵戈德的虚拟与现实的二元论，也回避了对浓厚虚拟共同体的假设。如今，现实世界中的浓厚共同体比较罕见，虚拟性已经成为现实世界的一部分，虚拟与现实的关系越来越复杂，越来越具有自反性。

曼纽尔·卡斯特

卡斯特在其三卷本的《信息时代》（*The Information Age*）中介绍了真实虚拟的概念：

在这个系统里，现实本身（即人们的物质与象征性存在）完全陷入且浸淫于虚拟意象的情境之中。在这个假装的世界里，表象不仅仅显示在屏幕上，并且通过屏幕来沟通体验，而且表象本身也成为体验。

（Castells, 1996, p.373）

现在我们把这种层次的体验视作现实层面，而非脱离现实。而且，它有能力改变社会关系。与莱茵戈德不同的是，卡斯特对虚拟共同体的研究采取了差异化路径。鉴于用户类型和使用目的方面存在着广泛的社会和文化差异，他提出了这样一个假设：

> 两个完全不同的群体"生活"在这样的虚拟共同体中：定居于电子边疆的少数电子村村民以及网络游民，后者可以随意进入各种网络，在短暂模式下探索多种存在方式。
>
> （同上，p.362）

卡斯特对后者尤其感兴趣。他认为，尽管用户存在差异，但在新的虚拟媒体中，体验是趋同的，由此导致制度领域的模糊化或去差异化。他坚持认为，虚拟共同体本身就是一种能够改变社会关系的新型现实。

在后一部著作《互联网星系》（*The Internet Galaxy*）中，卡斯特重新评估了互联网社交的新兴模式，并重申了他的主张，认为当今的虚拟共同体是一种社会现实（Castells, 2001）。尽管卡斯特对虚拟共同体实质的看法较为谨慎，给出了较为客观的解释，但他认为，互联网已经被社会实践所占据，并在一定程度上改变了社会实践。他提出了一个明确的观点，即互联网对社会互动有积极影响，增加了民主的可能性，为组织人际关系提供了更具沟通性的方式。例如，至少对于受过高等教育的人来说，电子邮件是维持亲友关系的一种手段。卡斯特关于互联网用户的真实虚拟性的理论已经有所变化，他认为真实虚拟包括不断变化的社交模式，而不是日常社交关系的替代品。地理邻近性作为构建社会关系的一种手段，其重要性正逐渐减弱，共同体由其他因素决定。这并不是因为人们不再定居于某地，而是因为居住地不是建构共同体的决定性因素，因此不能成为共同体转型的主要条件。事实上，卡斯特认为，居民的流动性可能被夸大了。他提出了一个重要观点，即在农业社会和早期工业化时期，地理位置无疑是形成共同体的一个因素，但这是由于它与工作相关，并非仅仅是居住地。也许正是工作性质的变化以及更为广泛的社会和文化变化造成了这种差异，而非居民的流动性。

对卡斯特来说，虚拟共同体的现实是由其社会性质构成的。他认为，新型共同体正在网络中建立起来：

> 不管是个人、家庭还是社会团体，网络是由社会角色的选择和战略构建的。因此，网络取代空间共同体，成为社交的主要形式，使得复杂社会中的社会性发生了重大转型。
>
> （同上，p.127）

沿袭巴里·韦尔曼的理论，卡斯特提出了"私人化共同体"一词，用以描述网络中以个人为中心的新型共同体。韦尔曼对共同体的定义是准确的："共同体是人际纽带网络，它提供社交、支持、信息、归属感和社会身份"（Wellman, 2001, p.227; 转引自 Castells, 2001, p.127）。

以上论述似乎都认为虚拟共同体是一种稀薄共同体。互联网在维系远距离的积极社交方面发挥了有效作用，否则远距离的社交可能会由于精力投入和情感的重要性等原因而无法维持。例如，卫星电视为移民共同体提供了加入文化共同体的方式，否则只有文化迁移中留存下来的小部分群体才能参与其中。虚拟共同体可以支持现有的关系，但很少创建新的关系（需要共享信息的除外）。基于这个原因，卡斯特认为大多数线上共同体是"短暂的共同体"（Castells, 1996, p.362），即"社交网络"。在这项研究中，卡斯特弱化了他早期著作中存在的科技决定论的观点。改变社会关系的不是信息和通信技术本身，而是个人主义，尤其是网络化个人主义的出现。虚拟共同体的意义恰恰在于使网络化个人主义得以显形。虽然有一些虚拟共同体是高度实验性的，基于纯粹虚拟的关系，但实际上，许多虚拟共同体能够为现有关系提供补充。因此，在互联网所产生的种种社会影响中，最好的影响可能是它重新定义了所有机构中最传统的元素：家庭。但对卡斯特来说，虚拟共同体最重要的功能是建立在各种各样的人所交织的人际网络之上，使人们能够为他们的关系增添新维度。因此，家庭关系可以通过赛博家庭的形式维系。赛博家庭是由高度个性化的个人组成的稀薄网络，这些人除了网络这一层关系之外没有太多共通之处。然而，在这一点上，克雷格·卡尔霍恩与卡斯特持相反意见。对卡尔霍恩来说，虚拟共同体联结不同事物的能力有限。

克雷格·卡尔霍恩

我们在第二章讨论了克雷格·卡尔霍恩对"传统的激进性"的研究（Calhoun, 1983）。卡尔霍恩并没有接受传统与现代之间决裂的常规假设，他认为，由于传统共同体为共同利益提供了重要的组织结构，并为集体行为提供了可供发展的空间，所以过去的社团主义与现代社会主义之间存在着连续性。因此，传统价值观本身的约束力并不重要，重要的是集体资源和集体行为的能力。一系列研究共同体性质变化的论文都将共同体视为社会关系体系，尤其是在信息和通信技术的背景下（Calhoun, 1980, 1986, 1988, 1991, 1992, 1998）。

卡尔霍恩与卡斯特的共同体理论存在一个关键性差异。虽然卡斯特大幅度修正了20世纪80年代莱茵戈德和自己早期有关虚拟共同体的理论，但他保留了一个基本信念，即互联网具有以新方式重建社会关系的能力。事实上，他仍然坚持认为虚拟共同体改变了社会关系，成为网络化社会和全球化社会中民主进程的主要推动力量。相比之下，卡尔霍恩提供了一个更具差异性的分析，更多采用了社会学视角，其结论也更加严谨。

卡尔霍恩和卡斯特都认为，间接或需要媒介的关系正变得越来越重要。然而，他并没有把这样的关系完全定位为信息时代的产物或全球化的产物。伴随着现代化进程而来的大规模市场、运输系统、行政组织和民族国家，都产生了这种间接的社会关系形式。虽然前现代社会主要依赖于直接的人际关系，但"现代性的显著特征是间接社会关系的频率、规模和重要性不断增加"（Calhoun, 1992, p.211）。这是我们审视虚拟共同体的社会背景，虚拟共同体并没有突破这个语境。卡尔霍恩认为，必须把虚拟共同体视为间接社会关系形式的表达。我们不应夸大这些关系形式，而且不能误解直接和间接互动之间的区别："互联网更多的是作为面对面共同体组织和运动活动的补充，而不是其替代品"（Calhoun, 1998, p.382）。在这方面，他同意卡斯特的观点，认为互联网最显著的影响是强化了已经存在的社会关系。但不同的是，卡尔霍恩认为互联网并不一定会创造或促进新的关系网络。例如，大多数电子邮件不是发给陌生人的，而是发给家人、朋友、同事或是共处于同一生活世界的人。随着互联网的扩张，其产生的影响也在复归传统，因为它促进并加强了基于共同纽带的现有社会关系，为新的关系表达方式提供了可能性，并帮助它们适应距离变化。我们应当把共同体理解为社会关系体系，而不是由地点决定的事物。但是，从共享的角度来说，共同体也意味着归属：

可以这样理解共同体生活：人们生活在密集、多元、相对自治的社会关系网络中。因此，共同体生活不是一个地方或小规模的人口聚集，而是一种联系方式，触及的范围各异。虽然共同体可能比个体间直接的私人网络范围更大，但原则上还是可以用扩展的相同生活世界的语言去理解它。

（Calhoun, 1988, p.391; 也见 Calhoun, 1980, 1986）

卡尔霍恩与卡斯特的观点不同之处在于，前者认为互联网更能产生具有相似性的群体，而不是强化不同人群的地方网络。他认为，以计算机为媒介的通讯为现有的通讯形式（其中许多已经高度中介化和网络化）增强了基于个人品位和文化选择的互动能力，他将其称为"群类身份"。因此，这些共同体更有可能以共享单一兴趣的群体为基础，而不是以将人们联系起来进行跨领域活动的关系网络为基础。从本质上看，这个观点属于温和的互联网观，同时也强调了互联网的一些负面影响，这一点与卡斯特不同。卡尔霍恩说："共同体生活的区隔与重要公共领域的社会构成背道而驰"（Calhoun, 1998, p.389）。作为民主化的推动者，它远远落后于其商业和娱乐的可能性，但是也许并非落后，因为互联网的本质可能会使政治具备流动性，从而不再具有效力。卡尔霍恩所思考的核心问题在于，一旦虚拟共同体超出了特定文化群体的范围，就成了稀薄共同体，在促进民主化方面变得微不足道。虚拟共同体的存在无疑以共同身份为基础，其成员可能很少见面。

　　这种共同体不会促进民主。与卡斯特观点不同的是，卡尔霍恩认为虚拟共同体并不一定会创造新的社会和政治现实；虚拟共同体会强化已有的现实，尤其是提供了将志同道合的人联系起来的渠道，但不会有多少新事物。我们必须谨慎看待卡斯特理论中所讨论的更加网络化的社会出现的可能性。当涉及将不同的人联系起来时，这就是另一回事了，正是在这种情况下，创造民主契机方面就会问题重重。

　　总而言之，在上述三种研究共同体的路径中，卡尔霍恩的视角似乎是最可信的。他认为，必须从社会归属关系的角度对共同体进行理论化，这对于建立虚拟共同体的概念具有重要意义。虚拟共同体是对去空间化的现有共同体形式的补充，这一主张得到了最新社会学研究的支持：

> 线上共同体的形式和规模各不相同，既有将相距遥远但志同道合的陌生人联结起来的虚拟共同体，也能推动不同地理位置的社区居民就社会相关事宜进行互动。
>
> （DiMaggio et al., 2001, p.317）

本节的结论是：虚拟共同体的概念需要缩小为一种新型共同体，要更加差异化地看待信息和通信技术的影响，它们为各种形式的社会归属感提供了表达的可能性，但并不会创造出全新的事物。虚拟共同体种类繁多，难以概括。但是，如前所述，共同体一直具备多种形式，互联网延续这种趋势也就不足为奇了。

虚拟共同体的政治影响：得与失

尽管目前已经就虚拟共同体的社会性质得出结论，但我们不能说虚拟共同体不重要，也不能说信息和通信技术对社会的影响很小。就政治共同体而言，我们现在更具体地考虑这些技术的社会政治后果。有些人对科技发展整体上持肯定态度，而另一些人则持批评态度。持肯定立场的主要有三个方面：

首先，虚拟共同体为人们赋能。正如我们在前面所看到的，曼纽尔·卡斯特着力强调新的信息和通信技术中蕴含着赋能机会，尤其是妇女、残疾人、青年人和少数民族等更容易被排除在其他权力之外的人群，他们也可以通过信息和通信技术获得权力。因此，从公民共和主义的意义上说，在信息和通信技术能够提升社会包容度的观点中存在着一种共同体主义倾向。然而，这种观点认为社会接触的可能性在增加，因此挑战了普特南关于共同体衰落的看法。虽然半数美国人的朋友数量可能有所减少，但一项研究表明，对许多人来说，朋友总数有所增加（Wang and Wellman, 2010）。根据文森特·蔡（Vincent Chua）等人的观点，互联网不仅使人们能够维持和加强现有联系，还能帮助建立新联系（Chua et al. 2011. p.105）。此书的作者们认为，互联网与个人共同体融合无间，互联网本身不能独立存在。人们可能在公共场所见面的次数减少，但在家并不意味着孤独一人。距离的消失可以是一种优势："有了互联网和电子邮件，距离不再是障碍，因为社会准入、而非空间准入越来越决定着沟通"（同上，pp.102-103）。

第二，虚拟共同体比其他沟通形式更加民主。在这种情况下，与其他被动的沟通形式（如电视）相比，虚拟共同体更具有互动性。另外，有研究者认为虚拟共同体是横向组织的，而不是分层级的。这一观点与全球化的本质有关，并且得到了吉登斯和卡斯特的支持（Giddens, 1998; Castells, 1996）。在吉登斯的"第三条道路"理论中，他专门提到这一观点，认为全球化能促进而非限制民主。我们前面提到过，奥巴马团队的网络战略使用了线上动员和草根志愿服务相结合的方法，让那些在为该战略而设立的推进网站上的注册者们有一种被赋能的感觉。L. 索尔特（L. Salter）认为，互联网可以充当"公民社会的基础媒介"，使跨国形式的民主沟通成为可能（Salter, 2003）。作为一个"去中心化"的文本沟通系统，互联网为社会运动提供了宝贵资源，为跨境沟通提供了便宜且灵活的非正式媒介。W. 张（W. Zhang）也认为，在线交流空间中涌现的虚拟共同体可以团结底层民众，让边缘人群能够发声，增强意识，批判性地参与到更广泛的（主流）公共领域的议题中，并将其政治化，在国家社会群体内部展开讨论（Zhang, 2012）。

第三，从后现代主义的观点来看，虚拟共同体在促进新身份中更显实验性和创新性，它可以创造传统共同体无法实现的新体验。许多从正面讨论虚拟共同体的文献都受到后现代思想中文化融合和文化杂糅的影响。因此，它们很少强调共同体是由受空间限制的纽带和义务构成的，而更多强调共同体在构建身份和为社交网络提供机会等方面的作用，由此可能产生不同类型的团结。这一观点在最近许多有关虚拟共同体的论著中得到充分体现。虚拟共同体不是受空间限制的共同体（邻里和村庄）的弱化版本，而只是不同类型的共同体。J. 普鲁德尼克（J. Prodnik）反对前者真实、后者虚假的观点（Prodnik, 2012）。后者可能是暂时的，但所有形式的共同体也都可能是暂时的。A. 格鲁兹等人（A. Gruzd）认为，自 2006 年问世以来，推特之所以成为个人共同体的基础，是因为它可以创建此类共同体或提升现有的共同体（Gruzd et al., 2011）。推特的一个优势是，尽管存在不对等性（关注者不一定会被关注），但它总是向新来者敞开大门。然而，这种技术本身并没有决定它具有建设共同体的潜力，问题在于我们如何运用它。

关于信息和通信技术构成新型政治共同体的观点也引起了一定争议，对其批判立场可概括如下：

首先，自由主义观点认为虚拟共同体并不是政治中立的力量，实际上它可以成为国家和市场新型监督的一部分。不断收集有关互联网用户的信息可能构成对个人权利的侵犯。J. 费恩巴克（J. Fernback）认为，共同体概念也是刺激消费的一种营销策略和机制（Fernback, 2007）。

第二，与上述自由主义立场相关的一个观点是，虚拟共同体代表了一种新的空间的商品化（Dreyfus, 2004）。虽然许多公共机构的确在使用信息和通信技术为共同体提供服务，但虚拟通信主要是资本主义的延伸。人们越来越担心新形式的依赖性和不平等。谷歌等互联网搜索引擎对空间制图的影响尚不明确，但表明私人和公众之间的界限正在逐渐消失。例如，据估计，几乎一半的互联网用户是美国人。"数字鸿沟"的恐慌已成为当前信息和通信技术辩论中的一个热门话题（DiMaggio et al., 2001; Hargittai, 2002; Norris, 2001）。然而，随着互联网在中国的迅速扩张，这种鸿沟正在发生变化。费恩巴克认为，"共同体"是一个"稀释的概念"，它过于宽泛，无法提供任何有效的分析，但可以用来表示"奉献"和"责任"（Fernback, 2007）。在大多数表述中，虚拟共同体意味着"方便聚集但不需真正担责"。因此，"共同体最深刻的意义在于我们彼此之间日常的、直接的实体互动。"费恩巴克呼应了威廉·A. 盖尔斯敦（William A. Galston）和德莱弗斯早期对虚拟共同体的批评观点。

第三，有人认为虚拟共同体缺乏规范，这是一个常见的批判立场，对民主观发出了挑战。缺少法律规范的约束、纯粹形式的民主可能是危险的。许多虚拟共同体都是不受道德价值约束的非法区域，例如儿童色情、恐怖组织和新法西斯网站等。此外，还有人认为，虚拟共同体并非有意义的共同体形式，而是高度个性化和碎片化的。因此，凯斯·桑斯坦（Cass Sunstein）认为互联网的去个性化和信息过滤是对民主的重大威胁（Sunstein, 2001）。M. 帕塞尔（M. Parsell）认为，在第二代互联网时代，随着互联网提供越来越多的自主性，出现了"恶性共同体"，这些共同体关注面狭窄，并带有极度狭隘的两极分化观、世界观和偏见，造成了社会分裂、区隔与碎片化。互联网无疑摧毁了"无情的距离"，使跨越广阔空间的沟通成为可能；它能够支持建立新共同体，但总的来说，他的观点是，互联网容易让具有相似兴趣和偏见的人找到彼此，处于这样的群体中的人往往会强化自己的偏见（Parsell, 2008）。然而，应该注意的是，绝大多数社会组织也都是如此。这种现象可能会导致更大的社会分裂和共同体之间的分歧，互联网则加强、而不是削弱了这些共同体。

第四，由于忽视了强大的文化纽带和奉献精神，虚拟共同体的网络概念将高度西化、个人主义化的观点强加给了社会成员。根据伊莱恩·袁（Elaine Yuan）的说法，在这种条件下，网络化的个体不过是追求自身物质利益效用最大化者（Yuan, 2012）。因此，在线共同体只是网络化个体的流动集合体，是"网络化个人主义"的体现。这一观点具有强烈的个人主义性质，去除了"共同体"一词强烈的集体意识。这里所讨论的共同体只是原子化的个体。例如，东亚社会的现代化道路与西方社会不同，并不涉及共同体与社会之间的冲突，而这种冲突正是西方社会的特征。在东亚社会，共同体共识和个人自治之间的关系更为密切。

尽管不乏对虚拟共同体的反对意见，但不可否认，虚拟共同体的真实性并不亚于其他类型的共同体。虚拟共同体是更宽泛意义上世界主义共同体的重要维度。因此，卡斯特用"真实的虚拟"文化来强调这一点（Castells, 1996）。网络现实建立在不同于其他类型的现实秩序之上，由话语塑造，并处于恒久的运动之中。

小　结

"赛博"（Cyber）源自希腊语"库伯内特斯"（Kubernetes），意为"驾驶"（pilot）船的"舵手"（helmsman）一词。这是对当前流动时代的一个恰当的比喻，在这个时代里，个人超越了空间和时间的限制，在全球共同体网络中航行。然而，行进方向并不明确。这种"真实的虚拟"文化无疑导致了不同的赋能形式：公共服务的民主化、电子宗教和新时代异教，等等。由支持者组成的虚拟共同体为国际非政府组织提供助力的同时，也不乏极端右翼群体和极端宗教团体。虚拟共同体能够构建社会和政治世界，为创建和设想共同体提供了无限的可能性。但是，正如米歇尔·威尔逊所指出的，虚拟共同体所具有的非实体性质可能意味着脱离共同体（Wilson, 2002）。以计算机为媒介的通信方式非常强调自我的地位，因此，为他人奉献的效力就会减弱。这样的共同体只能是稀薄的，除非共同体与非虚拟生活之间存有互动关系，否则不太可能产生强有力的参与和奉献形式。

本章从得失两方面强调了虚拟共同体的复杂性，指出虚拟共同体经常与更为空间化的共同体共存的事实。但是，最近的研究表明，情况似乎更为复杂，因此，不能盲信过于夸张的观点。信息和通信技术催生了多种归属表达形式，既有家庭层面的，也涉及政治运动。也许虚拟共同体的独特之处在于它增强了沟通的作用。虚拟共同体是通信共同体，它使归属感更具沟通性。人们在全球化的社交网络中使用新技术相互联系，而不是仅局限于当地共同体。但这并不意味着地方变得无关紧要，因为以计算机为媒介的沟通不是在社会真空中发生的，而是在社交网络中进行的，这些网络可以加强而非削弱地方归属感。由此可以得出一个初步结论：信息和通信技术使现存的共同体网络更加强大，但在大多数情况下并没有创造出新型共同体。

参 考 文 献

Anderson, B. (1983) *Imagined Communities: Reflections on the Origin and Spread of Nationalism*. London: Verso.

Andrejvic, M. (2008) 'Social Network Exploitation'. In: Papacharissi, Z. (ed.) *A Networked Self: Identity, Community and Culture on Social Network Sites*. London: Routledge.

Beer, D. and Burrows, R. (2013) 'Popular Culture, Digital Archives and the New Social

Life of Data'. *Theory, Culture and Society*, 30(4): 47–71.

Bell, D. (2001) *An Introduction to Cybercultures*. London: Sage.

Boden, D. and Molotch, H. (1994) 'The Compulsion to Proximity'. In: Fridland, R. and Boden, D. (eds) *Now/Where: Time, Space and Modernity*. Berkeley: University of California Press.

Calhoun, C. (1980) 'Community: Toward a Variable Conceptualization for Comparative Research'. *Social History*, 5(1): 105–129.

Calhoun, C. (1983) 'The Radicalness of Tradition: Community Strength or Venerable Disguise and Borrowed Language'. *American Journal of Sociology*, 88(5): 886–914.

Calhoun, C. (1986) 'Computer Technology, Large Scale Social Integration and the Local Community'. *Urban Affairs Quarterly*, 22(2): 329–349.

Calhoun, C. (1988) 'Populist Politics, Communications Media, and Large Scale Social Integration'. *Sociological Theory*, 6(2): 219–241.

Calhoun, C. (1991) 'Imagined Communities and Indirect Relationships: Large Scale Social Integration and the Transformation of Everyday Life'. In: Bourdieu, P. and Coleman, J. S. (eds) *Social Theory for a Changing Society*. Boulder, CO: Westview Press.

Calhoun, C. (1992) 'The Infrastructure of Modernity: Indirect Relationships, Information Technology, and Social Integration'. In: Haferkamp, H. and Smelser, N. (eds) *Social Change and Modernity*. Berkeley: University of California Press.

Calhoun, C. (1998) 'Community Without Propinquity Revisited: Communications Technology and the Transformation of the Urban Public Sphere'. *Sociological Inquiry*, 68(3): 373–397.

Carty, V. (2015) *Social Movements and New Technology*. Boulder, CO: Westview Press.

Castells, M. (1996) *The Information Age, Vol. 1: The Rise of the Network Society*. Oxford: Blackwell.

Castells, M. (1997) *The Information Age, Vol. 2: The Power of Identity*. Oxford: Blackwell.

Castells, M. (1998) *The Information Age, Vol. 3: End of Millennium*. Oxford:

Blackwell.

Castells, M. (2001) *The Internet Galaxy: Reflections on the Internet, Business, and Society*. Oxford: Oxford University Press.

Christensen, K. and Levenson, P. (eds) (2003/2007) *Encyclopedia of Community*. Online edn. London: Sage.

Chua, V., Mades, J. and Wellmann, B. (2011) 'Personal Communities: The World According to Me'. In: Scott, J. and Carrington, P. (eds) *The Sage Handbook of Network Analysis*. London: Sage.

DiMaggio, P., Hargittai, E., Neuman,W. R. and Robinson, J. P.(2001) 'Social Implications of the Internet'. *Annual Review of Sociology*, 27: 307–336.

Dreyfus, H. (2004) 'Nihilism on the Information Highway: Anonymity versus Commitment in the Present Age'. In: Feenberg, A. and Barney, D. (eds) *Community in the Digital Age*. New York: Rowman & Littlefield.

Feenberg, A. and Barney, D. (2004) *Community in the Digital Age*. New York: Rowman & Littlefield.

Fenton, N. (2016) *Digital, Political, Radical*. Cambridge: Polity Press.

Fernback, J. (2007) 'Beyond the Diluted Concept of Community: A Symbolic Interactionist Perspective on On-line Social Relations'. *New Media and Society*, 9(1): 49–69.

Gergen, K. (1991) *The Saturated Self*. New York: Basic Books.

Gergen, K. (2001) *Social Construction in Context*. London: Sage.

Giddens, A. (1990) *The Consequences of Modernity*. Cambridge: Polity Press.

Giddens, A. (1998) *The Third Way: The Renewal of Social Democracy*. Cambridge: Polity Press.

Gruzd, A., Wellmann, B. and Takhteneyer, Y. (2011) 'Imagining Twitter as an Imagined Community'. *American Behavioural Scientist*, 55(10): 1294–1318.

Hargittai, E. (2002) 'Second Level Digital Divide: Differences in People's Online Skills'. *First Monday*. http://firstmonday.org/issues/issue/_4/hargittai/.

Jones, S. (ed.) (1995) *Cybersociety: Computer Mediated Communication and Community*. London: Sage.

McLuhan, M. (1962) *The Gutenberg Galaxy: The Making of Typographic Man*. Toronto: University of Toronto Press.

Norris, P. (2001) *Digital Divide: Civic Engagement, Information Poverty and the Internet in Democratic Societies*. Cambridge: Cambridge University Press.

Parsell, M. (2008) 'Pernicious Virtual Communities: Identity, Polarisation and Web 2.0'. *Ethics and Information Technology*, 10: 41–56.

Poster, M. (1995) *The Second Media Age*. Cambridge: Polity Press.

Prodnik, J. (2012) 'Post-Fordist Communities and Cyberspace: A Critical Approach'. In: Breslow, H. and Mousoutzanis, A. (eds) *Cybercultures: Mediations of Community, Culture, Politics*. Amsterdam: Rodopi.

Rheingold, H. (1993) *The Virtual Community: Homesteading on the Electronic Frontier*. Reading, MA: Addison-Wesley.

Ritzer, G. and Juergenson, N. (2010) 'Production, Consumption, Prosumption'. *Journal of Consumer Culture*, 10(1): 13–36.

Salter, L. (2003) 'Democracy, New Social Movements and the Internet'. In: McCaughey, M. and Ayers, M. (eds) *Cyberactivism: Online Activism in Theory and Practice*. London: Routledge.

Sassen, S. (2002) 'Toward a Sociology of Information Technology'. *Current Sociology*, 50(3): 365–388.

Shields, R. (ed.) (1996) *Cultures of the Internet*. London: Sage.

Slevin, J. (2000) *The Internet and Society*. Cambridge: Polity Press.

Smith, M. and Kollock, P. (eds) (1999) *Communities in Cyberspace*. London: Routledge.

Sunstein, C. (2001) *Republic.com*. Princeton, NJ: Princeton University Press.

Turner, B. (2001) 'Outline of a General Theory of Cultural Citizenship'. In: Stevenson, N. (ed.) *Culture and Citizenship*. London: Sage.

Urry, J. (2000) *Sociology Beyond Societies: Mobilities for the Twenty First Century*. London: Routledge.

Wang, H. and Wellman, B. (2010) 'Social Connectivity in America'. *American Behavioral Scientist*, 53(8): 1148–1169.

Wellman, B. (2001) 'Physical Place and Cyberplace: The Rise of Networked

Individualism'. *International Journal of Urban and Regional Research*, 25(2): 227–252.

Wellman, B. and Leighton, B. (1979) 'Networks, Neighbourhoods, and Communities: Approaches to the Study of the Community Question'. *Urban Affairs Quarterly*, 14: 363–390.

Wilson, M. (2002) 'Community in the Abstract: A Political and Ethical Dilemma?' In: Bell, D. and Kennedy, B. (eds) *The CyberCultures Reader*. London: Routledge.

Yuan, E. (2012) 'A Culturalist Critique of Online Community in New Media Studies'. *New Media and Society*, 15(5): 665–679.

Zhang, W. (2012) 'Virtual Communities as Subaltern Public Spheres: A Theoretical Development and an Application to the Chinese Internet'. In: Li, H. (ed.) *Virtual Community Participation and Motivation: Cross-Disciplinary Theories*. Hershey, PA: IGI Global.

结 论
当代共同体的理论构建

　　本书探讨了共同体理念的持久魅力。现代世界不仅是自由、个人主义和理性的时代，也是对共同体、归属感和团结的舒适世界情有独钟的时代。在这个流离失所、越来越不安全的世界里，个体可以感受到家一般的温暖。长期以来，共同体与社会之间存在着张力，但成功的社会离不开共同体。近代以来，由于对现代性的许诺感到失望，许多人呼吁复兴共同体，使其成为政治的基础。毫无疑问，民族主义成功的关键，在于它能够体现出一种共同体意识，而这种意识往往被现代国家所摧毁、被政党所破坏。一场政治运动的成功最终将取决于其能否产生共同体意识，但强烈的反对的声音也无法避免。很明显，民族主义无法控制共同体的权威定义。

　　民族主义运动催生了文化和政治归属感，这是其他运动难以匹敌的。在文化层面上，民族主义能增加亲近感和共同性；在政治层面上，它能迎合某个共同体的自决主张。因此，民族主义的核心是意识形态诉求。民族主义在很多方面都是共同体的意识形态，表达了对身份、管辖权和领土方面的规范性诉求。当民族主义以政治运动的形式去寻求独立时，民族主义共同体的力量最引人注目。共同体的魅力在很大程度上取决于它能够唤起人们对解放的普遍记忆。尽管现代民族主义带来了破坏性的后果，但民族国家一直是社会融合和团结最重要的语境。不过，民族的表面统一掩盖了其内部的分裂。民族共同体像所有类型的共同体一样，大多时候都是分裂的，即便是苏格兰或加泰罗尼亚的民族主义，也都持分离主义观，主要看公民的自我理解。

正如 J. 哈钦森（J. Hutchinson）所言，统一的大众民族只是一个神话，因为多种相互矛盾的信仰总是存在（Hutchinson, 2005）。这种看待民族性的方式，倾向于将重点从自我与他人的关系转移到自我内部的冲突上。所以，在民族表面统一的背后，是对民族的各种对立的阐释。由于人们对民族性的理解各不相同，因此民族内部是有争议的，并不是同质的、统一的。这不仅体现在政治层面，也同样适用于文化层面的族裔和地域情感。国家共同体充满相互对立的阐释。这表明可以把共同体看作拥有各种相互竞争的阐释的领域。归属感从来不会一劳永逸地建立起来，总会出现数量更多、观点各异的阐释，并引发有关共同体主张的争论。许多迹象表明，尽管人们在不断呼吁建立国家共同体，但民族主义已经失去了为共同体提供基础的能力，这就导致共同体的表达方式增多，而不是减少。换句话说，共同体已经摆脱了民族身份的束缚。

世界上许多地方呈现一种明显的趋势，即一个国家从内部分裂为两个世界：因全球化受益的世界和不受益的世界。英国脱欧就是个很好的例子。2016 年 6 月 23 日，英国公投脱欧，英国国家共同体就此彻底分裂。英国民众此前认为，英国是一个国家；然而，公投后的第二天，这种信念即刻粉碎，因为他们发现，任何可能将国家联系在一起的东西一夜之间化为乌有。这里有一个悖论：现在的英国可能是一个更加欧洲化的国家，因为亲欧盟派和"留欧"选民的政治化程度得到提高。许多人和共同体不再受制于民族主义，因为他们觉得自己可以有多种归属。这种情况也引起那些通过国家共同体的排外性的概念来定义自身的人的极度不满。其结果是，在英国以及欧洲，仇外的民族主义更普遍地被过分渲染。

　　美国也是一个深度分裂的国家。特朗普于 2016 年 11 月当选总统，说明了美国分裂的严重性。共和党和民主党人之间的意识形态立场相差甚远，他们对国家和世界的文化理解存在重大差异（见 Campbell，2016）。现代晚期社会越来越分裂，一个社会内部的分裂可能比不同社会之间的差异更大，英国脱欧和特朗普当选就是这种分裂的表现。可以说，这种分裂的部分原因是 30 年来的新自由主义和经济全球化，社会因此分为两个主要群体：全球化的赢家和输家。大多数西方社会都存在不同程度的分裂，这种分裂还会重组旧有的裂痕。

　　西方社会中的旧分歧主要是再分配政治，反映在劳资冲突中，大多分歧被中右翼和中左翼政党弥合。自 20 世纪 80 年代以来，新型分歧凸显，使旧裂痕变得更加复杂，左翼和右翼失去了明显的界限。20 世纪 60 年代开始，新左翼文化政治中产生的激进多元政治对旧左翼和老牌右翼都造成了挑战。然而，它也要面对新右翼的挑战。到 20 世纪 90 年代，左翼和右翼之间的分界线已经变得模糊不清。21 世纪初以来，世界主义政治运动兴起，新的裂痕出现。世界主义政治运动与早期的左翼运动不同，它并不局限于民族国家范围，因此，国家的意义本身受到挑战。自全球社会论坛和反资本主义运动（如 2008 年以来的“占领华尔街”运动）以来，该裂痕已成为构建国家和全球性政治的强大力量。全球政治的崛起导致基本与国家想认同的人和不认同的人之间出现新分歧，这种分歧受到强调单一国家的民族主义和民粹主义对全球化的反应的驱动，同时与激进的文化多元主义相对立；它会同时利用左翼和右翼的力量。因此，我们发现，国家文化对于惯习越来越多元和杂糅的人带来的影响越来越小，反极权和后物质价值观已经改变了他们的世界。由于工作日益不同、多样性日益增强，人们价值观的差异非常大。在英国，该类群体很可能在自我认同和生活方式上呈现欧洲化倾向，但会反映出左右翼分化的不同立场。英国公投脱欧就是国家共同体内部分裂的生动说明，国家文化的统一性本身受到质疑。[1] 然而，正如英国脱欧和特朗普当选所揭示的那样，当前形势确实为重塑政治领域的新型共同体打开了思路。英国脱欧和特朗普当选显然都是人们对新自由主义失望的结果，这种失望导致了共同体的破坏，但是没有人提供解决方案。

共同体的概念似乎暗含对现状的批判，因此成为社会和国家的替代方案。从某种意义上说，共同体体现了人们对被现代性摧毁的事物的探索、对无法挽回的过去的追求。正如鲍曼所言，之所以无法挽回这种过去，可能是因为它原本就不存在（Bauman, 2001）。但是，不能仅仅把对共同体的追求看作以回顾过去来弃绝现代性，以怀旧之情无望地呼吁复兴失落之物。它是对非常现代的价值观的表达，也是对如今生活体验关键情境的表达，我们可以称之为在不安全的世界中的沟通性归属的体验。我前面说过，共同体的构成越来越具有话语特征。本书的论点是，可以把当代共同体理解为一种基于新型归属感的沟通共同体。这里所说的归属感是指现代生活环境所特有的归属感，是不稳定的、流动的、非常开放的、高度个性化的群体所表达的。由于这种形式的共同体往往靠沟通来维持，因此具有脆弱性。与过去的共同体相比，今天的共同体较少受到空间束缚。与工业社会和传统社会相比，在全球化时代，当代社会的沟通纽带和文化结构具备许多开放性和可能性，其基础包括宗教、民族主义、种族、生活方式、性别，等等。正是在这个多元而非封闭的世界里，新型共同体层出不穷。

共同体的持久性在于其表达"归属感"的能力，特别是在一个日

1　关于这一点，我在 2017 年发表的文章中有过详细讨论（Delanty, 2017）。

益不安全的世界里。从这个意义上说，作为归属的共同体是在沟通过程中构建的，无论是发生在组织机构、社交网站还是政治运动中。我更关注归属感，而不是意义。我更强调共同体作为话语的沟通本质，认为它是一种体验形式，而不是潜在的道德感、群体或地方，这些是旧的共同体研究文献的特征。在我看来，其中许多文献把归属感与特定种类的社会组织混为一谈。今天，全球性的沟通形式为共同体构建提供了许多机会。这使人们在理解共同体时，既不把它看作社会融合的形式，也不是意义形式，而是一种关于归属感的开放式沟通系统。

现如今，归属感更强调参与沟通，而沟通的多种形式也反映在归属感的多元话语中，我们称之为"沟通共同体"。邻里共同体，如电视肥皂剧中的社区（如《加冕街》和《东窗事发》），尽管并不对应真实的共同体，但在建构共同体话语的能力方面更显真实。但是我们不能过于强调其新颖性。共同体一直是以沟通为基础的。传统的小社区、工人阶级的城市团体、移民社区和邻里之间都是通过沟通纽带组织起来的，即使是其他结构，如符号代码和权威体系，也在其中发挥了作用。然而，本书的观点是，当今沟通越来越脱离旧有文化结构，例如传统意义上的家庭、亲属关系和阶级等，基于不同的沟通模式，共同体正在产生新的归属形式。但是，这些形式的共同体更加脆弱，更容易引起争论，使共同体成为互相对立的阐释共存的场域。

现代社会大大提高和加强了对归属感的追求，并创造了许多新型归属方式，从地方到国家乃至全球。共同体规模越大，越依赖于沟通。个体并非只与一个共同体密切相关，而是可能有多种、重叠的联系。由于加入和退出团体的可能性增多，长时间来看，群体也许会缺乏延续性，更关键的是，由于间接的社会关系变得越来越重要，新的社会纽带往往建立在全球范围。如今的共同体是抽象的，缺乏可见度和统一性，在组织上更像一个网络，因此它更像是一种想象的状态，而不是根据固定参照物而象征性建构的现实。共同体的边界也更具争议性。因此，共同体也是一个充满冲突矛盾的场所。共同体的生命力首先在于它的想象能力：它既存在于人们对它的追寻与渴望之中，也体现在它能够提供持久的象征意义形式。为此，我认为，共同体并非仅仅是人类学家所认为的那样由符号构成（Cohen, 1985; Gusfield, 1975; Turner, 1969）。它不仅仅是由边界结构塑造的，也不会通过更具规范性的秩序获得合法性。

共同体还有一个额外的功能，即它必须存在于想象当中，它并不是简单地再现意义，而是生产意义。因此，共同体不能与体制结构混为一谈，比如职业或有组织团体。作为一种意识模式，共同体体现了象征层面的经验和意义，这些经验和意义在边界的建构中被表达出来。但是，要理解共同体，我们需要超越符号层面的意义，着眼于群体构成的附加的想象层面，这是因为共同体的意义不仅仅关乎边界的象征性建构，它更关注归属而不是边界。最近的研究已经非常清晰地论证了这一点（Amit, 2002; Jodhka, 2002）。在象征性边界的建构中，自我和他人得到了界定，这当然是共同体和所有群体构成的重要内容，但它并不是唯一内容，寻根和追求归属感同样重要。尤其是在当代的多元文化、多民族和跨国主义语境下，群体之间的差异越来越小，重叠之处越来越多。共同体更可能表现为积极寻找归属感，而不是维护边界。此外，还存在着高度个性化的共同体形式，它们不能与早期传统共同体相提并论。

共同体与个人主义并不是对立的，这一点可以用以下事实来说明：人们要参与多种共同体，需要有高度个性化的自我，这些人愿意自觉地支持集体目标和价值。今天的共同体是现代性的产物，而不是现代化之前传统世界的产物，它以个人主义、适应力和特定的反思性为前提，因此，在建构共同体的过程中，自我和他人之间的界限不再重要。既然有传统型的共同体，就有后传统型的共同体。简单地说，个人并非单纯被社会力量推入到共同体之中，涂尔干和大部分古典社会学和人类学持类似的观点。相反，是人们将自己置身于共同体的情境之中（Lash, 1994, pp.146-153）。共同体的独特之处不是象征意义的力量，而是个体的想象力以及自我再创造的能力。因此，共同体的符号层面——即通过共享意义来建构边界——与共同体作为行动系统的实用性角色之间存在张力。除了象征性作用之外，文化也是一种行动形式。它不仅仅是社会现实的符号创造，在沟通过程中以话语方式建构社会现实，同时也带来了冲突与共识、同一性与差异性。关键在于：共同体是一种符号结构，在当今世界，符号已经高度碎片化，并且几乎都是通过公共传播媒介来表达。也正是出于这个原因，共同体欢迎各种不同的阐释。

现在，追求共同体的人们更难以通过符号编码的意义来进行自我定位，比如过去的共同体所赖以依存的价值。诚然，精英们总是操纵着符号的意义，但与今天的情况相比，过去那些占主导地位的符号形式所产生的回响是相对稳定的，新的传播媒介和其他社会变革过程（如全球化等），给共同体所表达的符号意义形式带来了不确定性、偶然性和分歧性。现代生活中的符号形式不再规定人们的行为模式，因为这些形式已经失去了定义价值的能力，成为构建许多不同项目的资源。简而言之，意义不是被赋予的，而是日益被各种各样的社会行动者所建构，它们取代了社会的符号资源，正在创造新的意义世界。换句话说，现在的共同体存在于一个无意义的世界中。有意义的不是这个世界，而是社会群体的身份认同。共同体正是在这个以沟通为本质的世界中经历着复兴。在讨论超越共同体的象征性视角时，我主张采用更确定的建构性方法。共同体的象征性建构论过于肯定共同体意识，忽视了其文化转型能力。我的建构主义视角认为，共同体是沟通性的，能够表达新的文化符号和归属形式。

今天，共同体的复兴体现了文化斗争和归属冲突的普遍趋势。面对多数群体的压迫，少数群体奋起反抗，宣告自己的身份、团结、归属和根源，同时坚持个体的独特性。在当下世界，每个人都可以归属到某个少数群体，共同体冲动获得强化。人们普遍认为，后现代政治文化仅仅包括少数群体。尽管人们认可共享价值的可能性，但是无论它们以民族主义形式、种族形式、多元文化形式还是共同体主义政治的形式出现，关于共同体的新的后传统特质的主张几乎都无法包容共享的公共文化。为此，受到后现代共同体理论启发，我认为当代共同体的复兴是一种激进的多元化（Agamben, 1993; Corlett, 1989; Nancy, 1991）。共同体的形式是多种多样的，从本质上表现为抽象或想象的沟通结构，并不对应任何切实可见的东西或潜在的身份。

共同体的想象特征意味着共同体的激进性。共同体为人们提供了社会和国家都无法提供的东西：在不安全的世界中的归属感。但是，共同体也通过展示不可能的结局破坏了这一归属感。新型共同体本身就像大社会一样，过于分散和多元，无法提供持久的归属形式。很多时候，共同体并不具备意义，其意义总是必须由个人创造，最终共同体会被个人主义摧毁，而正是后者创造出对它的渴望。因此，共同体不能像社会学中的古典传统那样，成为社会整合的基础。现代共同体主义再现了这个神话，它期待共同体能提供社会和国家都无法提供的东西：规范性社会融合，这种融合根植于为集体利益奉献的关联原则。作为一个规范性的概念，共同体是现代民主的重要组成部分，为参与政治提供了公民基础。但是，这种规范性的共同体概念容易变成统治意识形态，最终成为社会制度结构的一部分（Rose, 1999）。在极端的情况下，共同体可能成为极权意识形态，赫尔穆特·普利斯纳（Helmut Plessner）在对共同体观念的经典批判中论述了这种情况

（Plessner,［1924］1999）。

现代性无法摆脱对共同体的追求，正如彼得·瓦格纳（Peter Wagner）对现代性的哲学要素的论述那样，共同体可能既无法实现，又无法避免（Wagner, 2001）。现代社会和政治秩序的问题催生了完美共同体的乌托邦。从托马斯·莫尔爵士到洛克、卢梭，再到马克思，他们所代表的现代思想相信政治共同体有可能在国家内外诞生。古典社会学理论大多希望现代社会能够调和社会与共同体。在后乌托邦时代的今天，我们对于这种现代主义的梦想不再感到乐观，但是对未来共同体的憧憬却一直存在，并且这种憧憬在当代变得更加强烈。这并不是出于对失去事物的怀念，而是因为归属的问题变得更加尖锐，这也是本书的中心论点。共同体之所以在今天具有现实意义，一方面，是因为社会分化引发了世界范围内对共同体的追寻；另一方面，如前所述，文化进步和全球通信促进了共同体建构。摆脱了工作、家庭、消费、国家和教育等传统社会关系的束缚后，个体变得更加自由，同时也更加依赖其他社会纽带。

关于第一点，我们可以说，全球化、新自由主义以及信息和通信技术的发展并没有带来更大的包容。恰恰相反，社会排斥、不安全和剥削在不断增加，社会纽带已被严重割裂，人们对更加严重的暴力、压力、自杀和焦虑的关注证明了这一点。鲍曼称之为"流动的现代性"：一切都在溶解、流动（Bauman, 2000）。社会的原子化为共同体的复兴创造了条件。全球化是一把双刃剑，从好的一面来看，我们必须认识到，全球时代的新兴结构为个人提供了许多创建共同体的机会，他们至少可以相信共同体对于归属感的许诺。对共同体的追求并非发生在真空中，而是发生在新技术世界里。但正如阿米特所言，有的观点是共同体可以轻易地从一个环境转移到另一个环境并且一切事物都具有灵活机动性，这是将共同体与网络和类别混为一谈：

　　其结果可能不仅仅是扭曲人们切身经历和参与流动和社会分裂的方式。我们认为在当代流动形式中，跨国共同体建构是不可避免的，因此我们可能不知不觉地支持新自由主义倾向，即把人类当作可以无限移动的、不受约束的经济代理人。

（Amit, 2002，见 Amit and Rapport 2002, p.25）

当代各种社交的特征是，它们以媒介化形式出现，而不是直接的社会互动形式。自我与他人之间的距离不一定会拉大，但这种距离更多以文化形式为媒介，新型的通信技术为之提供了便利。正是由于人们在这些新的、以沟通为本质特征的空间里找到了亲近感，共同体才得以创造。亲近是共同体体验的核心，它可以采取不同形式，从文化层面的去地域性亲近到更加后现代的表现形式，例如以消费为媒介的共同体。在这种共同体中，文化不以地域或共同价值观为基础。这种后现代形式的共同体必须被视为想象的，而不仅仅是话语的符号世界，其原因在于它们创造价值（我们想当然地认为它们有意创造价值）的能力是有限的，并且自我和他人之间的界限更加散乱不清。

　　共同体是想象的，但这并不意味它不真实。我们需要摒弃真实共同体与想象共同体之间的区别。区域性共同体不同于后传统共同体的新表现形式，例如虚拟共同体、新时代共同体、同性恋共同体、民族共同体、种族共同体和宗教共同体，等等，这些也是创造现实的力量。这类新型共同体具有强大的界定新形势的能力，因此能够建构社会现实。正如科尼利厄斯·卡斯托里亚迪斯所言，激进的想象是每一种社会结构的强大组成部分，它深深地扎根于心理和社会纽带之中（Castoriadis, 1987）。虽然共同体可能常常以保守形式维持现状，但也一直是一种激进的力量。借用本尼迪克特·安德森的想象共同体理论，我们也可以说共同体具有想象的认知能力，能够定义那些无法即刻领悟的生活领域（Anderson，1983）。现代社会拓宽了这种认知经验的范围及人们对它的需求。在安德森看来，民族主义就是这种想象共同体的例子。尽管如此，我们依旧可以概括地说，诸多不同环境下共同体理念实现了这种功能。虽然国家经验和想象的框架正在崩溃，但共同体依然保持着韧性，在许多情况下为创造其他话语提供基本模式、认知框架和符号资源。

按照这种观点，共同体比它给人的最初印象更加灵活。在过去，我们将共同体视作在传统价值观念基础上建立起来的地域性、小规模群体，而今，我们认为它是现代性中沟通力量的表达形式，因此，共同体是世界的一部分。随着社会的原子化和国家社会的腐朽化，共同体在全球沟通中被释放出来，并被赋予了新的生命。同样，我们不能忽视一个重要视角，因为在全球化进程中，共同体也带来了巨大的危险。正如阿米特在上述引文中所论述的，这种状况很容易成为共同体的一个碎片。共同体虽然提供了一种归属感，为无家可归和不安全感提供了一剂解药，但它最终往往无法抵御全球化的力量，它所提供的不同选择也不过是在共同体天堂里的舒适幻觉。

如今，共同体的复兴无疑与归属感危机有关，这种危机则与地域密切相关。资本主义破坏了传统的归属形式，与此同时，全球化的通信、世界主义政治计划和跨国流动为共同体提供了新的可能性。但是，这些新型共同体实际上是由个体成员组成的社会网络，它们只能替代对归属感和地方的渴望。共同体能否与地方建立联系，或者依旧是一种想象，这将是未来共同体研究的一个重要课题。

参考文献

Agamben, G. (1993) *The Coming Community.* Minneapolis: University of Minnesota

Press.

Amit, V. (ed.) (2002) *Realizing Community: Concepts, Social Relationships and Sentiments.* London: Routledge.

Amit, V. and Rapport, N. (2002) *The Trouble with Community: Anthropological Reflections on Movement, Identity and Collectivity.* London: Pluto Press.

Anderson, B. (1983) *Imaginary Communities: Reflections on the Origin and Spread of Nationalism.* London: Verso.

Bauman, Z. (2000) *Liquid Modernity.* Cambridge: Polity Press.

Bauman, Z. (2001) *Community: Seeking Safety in an Insecure World.* Cambridge: Polity Press.

Campbell, J. (2016) *Polarized: Making Sense of a Divided America.* Princeton, NJ: Princeton University Press.

Castoriadis, C. (1987) *The Imaginary Institution of Society*. Cambridge: Polity Press.

Cohen, A. (1985) *The Symbolic Construction of Community*. London: Tavistock.

Corlett, W. (1989) *Community Without Unity: A Politics of Derridian Extravagance.* Durham, NC: Duke University Press.

Delanty, G. (2017) 'A Divided Nation in a Divided Europe: Emerging Cleavages and the Crisis of European Integration'. In: Outhwaite, W(ed.) *Brexit: Sociological Responses.* London: Anthem Press.

Esposito, R. (2010) *Communitas: The Origin and Destiny of Community.* Stanford, CA: Stanford University Press.

Gusfield, J. (1975) *Community: A Critical Response*. Oxford: Blackwell.

Hutchinson, J. (2005) *Nations as Zones of Conflict*. London, Sage.

Jodhka, S. (ed.) (2002) *Community and Identity: Contemporary Discourses on Cultures and Politics in India*. New Delhi and London: Sage.

Lash, S. (1994) 'Reflexivity and its Doubles: Structures, Aesthetics, Community'. In: Beck, U., Giddens, A. and Lash, S. *Reflexive Modernization: Politics, Tradition and Aesthetics in the Modern Social Order*. Cambridge: Polity Press.

Nancy, J. L. (1991) *The Inoperative Community*. Minneapolis: University of Minnesota Press.

Plessner, H. (1999) *The Limits of Community*. New York: Humanities Books. First published 1924.

Rose, N. (1999) *Powers of Freedom*. Cambridge: Cambridge University Press.

Turner, V. (1969) *The Ritual Process: Structure and Anti-Structure*. London: Routledge & Kegan Paul.

Wagner, P. (2001) *Theorizing Modernity*. London: Sage.

共同体研究重要文献

　　每章结尾已经附上引用文献，此处列出的是一些常见的共同体研究论著。

Amit, V. (ed.) (2002) *Realizing Community: Concepts, Social Relationships and Sentiments.* London: Routledge.

Anderson, B. (1983) *Imagined Communities: Reflections on the Origin and Spread of Nationalism.* London: Verso.

Bauman, Z. (2001) *Community: Seeking Safety in an Insecure World.* Cambridge: Polity Press.

Blackshaw, T. (2009) *Key Concepts in Community Studies.* London: Sage.

Calhoun, C. (1998) 'Community Without Propinquity Revisited: Communications Technology and the Transformation of the Urban Public Sphere'. *Sociological Inquiry*, 68(3): 373–397.

Christensen, K. and Levenson, P. (eds) (2003/2007) *Encyclopedia of Community* (Online edn). London: Sage.

Cohen, A. (1985) *The Symbolic Construction of Community.* London: Tavistock.

Crow, G. and Allan, G. (1994) *Community Life.* London: Harvester Wheatsheaf.

DiMaggio, P., Hargittai, E., Neuman, W. R. and Robinson, J. P. (2001) 'Social Implications of the Internet'. *Annual Review of Sociology*, 27: 307–336.

Feenberg, A. and Barney, D. (2004) *Community in the Digital Age.* New York: Rowman & Littlefield.

Giuffre, K. (2013) *Communities and Networks.* Cambridge: Polity Press.

Ife, J. (2006) *Community Development in an Uncertain World* (2nd edn). Cambridge: Cambridge University Press.

Kellner, S. (2003) *Community: Pursuing the Dream, Living the Reality*. Princeton, NJ: Princeton University Press.

Ledwith, M. (2005) *Community Development*. Bristol: Policy Press.

Mayo, M. (2000) *Cultures, Communities, Identities*. London: Palgrave.

Nisbet, R. (1953) *The Quest for Community*. Oxford: Oxford University Press.

Pahl, R. (2005) 'Are All Communities Communities in the Mind?' *Sociological Review*, 53(4): 621−640.

Pahl, R. and Spencer, L. (2004) 'Personal Communities: Not Simply Families of "Fate" or "Choice"'. *Current Sociology*, 52(2): 199−221.

Putnam, R. and Feldstein, L. (2003) *Better Together: Restoring the American Community*. New York: Simon and Schuster.

Rheingold, H. (1993) *The Virtual Community: Homesteading on the Electronic Frontier*. Reading, MA: Addison Wesley.

Studdert, D. (2006) *Conceptualising Community: Beyond the State and the Individual.* London: Palgrave.

Studdert, D. and Walkerdine, V. (2016) *Rethinking Community Research*. London: Palgrave.

Wellman, B. and Leighton, B. (1979) 'Networks, Neighbourhoods, and Communities: Approaches to the Study of the Community Question'. *Urban Affairs Quarterly*, 14: 363−390.

Werbner, P. (2005) 'The Translocation of Culture: "Community Cohesion" and the Force of Multiculturalism in History'. *The Sociological Review*, 53(4): 745−767.

译者简介

曾桂娥，文学博士，上海大学教授，博导，爱尔兰研究中心主任。美国加州大学洛杉矶分校访问学者，英国卡迪夫大学访问学者。上海市"浦江人才"学者，上海市"育才奖"获得者。主要研究当代英美文学、乌托邦、命运共同体等。著有《乌托邦的女性想象》（2012），主编教材《英美文学研究论文写作：案例与方法》（2021）。参与编著6种，独立译著13种，发表学术论文20余篇。主持并完成国家社科基金项目（"科伦·麦凯恩的命运共同体书写研究"）、教育部人文社会科学研究青年基金项目（"美国'9·11'主题小说研究"）等。